PIA PERA

Die Weisheit meines Gartens

Wie die Natur mich
lehrte, worauf es am Ende
ankommt im Leben

Aus dem Italienischen
von Maja Pflug

btb

Die Originalausgabe erschien 2016 unter dem Titel
»Al Giardino ancora non l'ho detto« bei Ponte alle Grazie, Mailand.

Dieses Buch ist auch als E-Book erhältlich.

FSC www.fsc.org
MIX
Papier aus verantwortungsvollen Quellen
FSC® C014496

Verlagsgruppe Random House FSC® N001967

1. Auflage
Deutsche Erstveröffentlichung April 2019
btb Verlag in der Verlagsgruppe Random House GmbH,
Neumarkter Str. 28, 81673 München

Covergestaltung: semper smile, München
Covermotiv: © Jessica Tcherepnine/Private Collection/
Bridgeman Images
Redaktion: Viktoria von Schirach
Satz: Uhl + Massopust, Aalen
Druck und Einband: GGP Media GmbH, Pößneck
Klü · Herstellung: sc
Printed in Germany
ISBN 978-3-442-71729-3

www.btb-verlag.de
www.facebook.com/btbverlag

Für Macchia und für Nino

Too dark in the woods for a bird
By sleight of wing
To better its perch for the night
Though it still could sing.

ROBERT FROST

Gott sagte zu Moses: »Tu mir einen Gefallen,
sag du es Aaron, von seinem Tod,
denn ich schäme mich, es ihm zu sagen.«

YALKUT SHIMONI

And does it not seem hard to you,
When all the sky is clear und blue,
And I should like so much to play,
To have to go to bed by day?

ROBERT LOUIS STEVENSON

Vorwort

An einem Herbstabend in Mantua fiel mein Blick in einer Buchhandlung in der Altstadt auf einen schmalen Band mit Gedichten von Emily Dickinson (1). Eines davon – *Noch sagt ich meinem Garten nichts* – war für mich wie eine Offenbarung. Es enthielt eine radikal andere Einstellung zum Tod. Darüber sprach ich auch bei einem Vortrag, den ich in Rom in der Orangerie der Villa Borghese hielt. Man hatte mich eingeladen, etwas über meinen Garten zu erzählen. Es ist einfach ein Ort, an dem ich glücklich bin, hatte ich begonnen. Dass er für andere Leute interessant sein könnte, war mir nie in den Sinn gekommen: Es gibt dort weder umfangreiche Pflanzensammlungen noch besonders seltene Gewächse – oder zumindest sehr wenige. Und auch architektonisch macht er nicht viel her. Ich versuchte einfach, einige der schönsten Augenblicke in meinem Garten zu schildern. Den durch die Blüten der Kirschbäume leuchtenden Himmel an manchen Tagen im April. Die duftigen Wolken aus smaragdgrünem, mit Feldblumen betupftem Gras – wie es im übermütigen Windhauch wogte. Als ich so von meinem Garten erzählte, wurde mir klar, dass ich im Lauf der Jahre gestalterisch eingegriffen hatte, ohne es zu merken. Ich hatte mir immer eingeredet, keinen großen Anteil daran zu haben, wie mein Garten aussah, auch nicht an seiner scheinbaren Verwilderung. Es gefiel mir, nach draußen zu gehen und jedes Mal gespannt nachzuschauen, was er für mich bereithielt. Als könnte ich es nicht vorab wissen. Als wäre ich nicht diejenige, die diesen Ort geschaffen hatte. So ähnlich wie die Kinder, die beim Spielen das Szenarium und die Rollen festlegen. Und die dann so tun, als glaubten sie wirklich daran, bevor sie sich ganz dem Ernst des Spiels hingeben. Um aber diejenigen nicht zu enttäuschen, die von meinem Vortrag etwas lernen wollten, erklärte ich nach diesen einleitenden Worten, wie ich jenes brachliegende Anwesen verwandelt hatte. Und zwar in einen Ort, an dem man zwischen kleinen Wäldchen, Olivenbäumen, dem Obst-, Gemüse- und schließlich dem Buchsbaumgarten hinter dem Haus wandeln kann – ein sanfter, möglichst unauffälliger Übergang von scheinbar spontaner Vegetation zu den von mir angelegten Pflanzungen. Ich hatte mir vorgenommen, meine eigenen Spuren auszulöschen oder zumindest zu verwischen, die Indizien, die auf einen Plan, eine Absicht hätten hinweisen können. Ich wollte ein Gefühl der Verschmelzung mit der Natur vermitteln, eines Schiffbruchs in einer größeren Landschaft, wie in den Bildern von Shi Tao oder den *Gedichten vom kalten Berg*. Da mein Garten quasi ohne einen richtigen Gärtner auskam, also einfach so vor sich hinwuchs, dachte ich gern, oder besser gesagt, bildete ich mir ein, dass ihn der unvermeidliche Verrat weniger hart treffen würde: das Verschwinden der Person, die ihn betreute. Und hier komme ich nun zu Emily Dickinsons Gedicht Nr. 50, *Noch sagt ich meinem Garten nichts*. Darin ist die Rede davon, dass der Tag kommen wird, an dem der Gärtner die gewohnte Verabredung nicht einhalten kann. Der Garten weiß das jedoch nicht. Von einem Tag auf den anderen sorgt niemand mehr für ihn. Die Natur wird wieder die einzige Kraft sein; der Dialog zwischen Mensch und Landschaft, der im

Garten, dieser vergänglichsten aller Künste, zum Ausdruck kommt, wird abreißen. Ein Maler, ein Bildhauer, ein Architekt, ganz zu schweigen von einem Dichter, sie alle sorgen besser für ihr Werk. Sie erschaffen etwas, was auch nach ihnen weiterleben kann. Mit dem Garten ist das anders. Der Jasminstrauch glaubt vermutlich, dass die Hand nie fehlen wird, die ihn gießt und das feiste Unkraut ausreißt, das ihn erwürgen könnte. Die Hand, die Blättermulch auf seine Wurzeln streut, damit sie feucht bleiben und geschützt sind. Doch weit gefehlt. Eines Tages wird er auf einmal allein zurechtkommen müssen mit anderen, kräftigeren Pflanzen. Die regelmäßig gestutzte Pergola wird verwildern. Die Steineichenhecke wird zum Wald. Es gibt zwar einen Plan, doch der wird in kürzester Zeit zunichtegemacht sein. Wenig, sehr wenig wird von dem Garten in seiner ursprünglichen Gestalt übrig bleiben. Einige Pflanzen werden eingehen, andere vielleicht bisher gebremste Ambitionen verwirklichen.

An der Stelle las ich meinen Zuhörern das Gedicht von Emily Dickinson vor, zuerst in der Übersetzung, dann im Original:

Noch sagt ich meinem Garten nichts –
Das könnt mich unterkriegen.
Ich bin jetzt auch nicht stark genug,
es Bienen zu erzählen -

I haven't told my garden yet –
Lest that should conquer me.
I haven't quite the strength now
To break it to the bee.

Erwähn es auf der Straße nicht
Die Läden gafften bloß –
Dass dreist zu sterben Eine wagt
So scheu – so ahnungslos.

I will not name it in the street
For shops would stare at me –
That one so shy – so ignorant
Should have the face to die.

Nicht wissen dürfen's Hügel –
wo ich umhergestrolcht –
Ich nenn den Tag, an dem ich geh
auch lieben Wäldern nicht –

The hillsides must not know it –
Where I have rambled so –
Nor tell the loving forests
The day that I shall go –

Ich flüster's nicht bei Tisch
noch leichthin, unbedacht
verweis ich drauf, dass Eine heut
ins Herz des Rätsels tritt –

Nor lisp it at the table –
Nor heedless by the way
Hint that within the Riddle
One will walk today –

Zum Abschluss sagte ich, wie sehr mich an diesen Versen die Umkehrung der Perspektive gegenüber dem Tod beeindruckt hatte. Die Sorge um die beseelten und unbeseelten Wesen, die wir in gewisser Weise getäuscht haben, indem wir sie an unsere Gegenwart gewöhnt haben. Ohne sie vor der unvermeidlichen *défaillance* zu warnen: dass wir hier und jetzt da sind, weckt die Erwartung, dass wir immer da sein werden – ein unhaltbares Versprechen. Mir gefiel die Idee, dass durch eine solche Umkehrung der Egoismus gedämpft würde, dass man beim Gedanken an den eigenen Tod quasi um Entschuldigung bitten möchte für das unfreiwillige Verschwinden. Und dass man sich, statt sich um sich selbst zu sorgen, fragen würde, wie es für die anderen sein wird, nicht für uns.

Heute zweifle ich an dieser ersten Lesart. Sie erscheint mir gar nicht mehr als Ausdruck eines abgeschwächten Egoismus, der Demut und Sorge um die Pflanzen, die wir nicht mehr pflegen, das Hündchen, das wir nicht mehr füttern können. Für mich ist es eher eine weitere Möglichkeit, sich wichtigzumachen, sich für unentbehrlich zu halten.

Dennoch versuchte ich lange, dieser Spur zu folgen. Und nachdem ich mir nun ausgemalt hatte, wie Emily Dickinson voll Entsagung dem Tod entgegensieht, nur darum besorgt, was nach ihrem Ableben aus dem von ihr gepflegten Garten werden würde, begann ich an Maria Magdalena zu denken. Nach der Auferstehung hatte Jesus sich ihr im Gewand eines Gärtners gezeigt. Wer weiß, ob diese Episode näher ausgeführt war in jenem Evangelium der Maria aus Magdala, welches in seiner Gesamtheit später verloren gegangen war und von dem uns nur wenige, undeutliche Fragmente überliefert sind. Vielleicht lautete dessen Botschaft so: Nach der Erlösung würde die Menschheit auf der in ein Paradies zurückverwandelten Erde leben können, in dem ein jeder Mensch die Aufgabe hätte, es zu pflegen.

Ich wünschte mir, das Evangelium der Maria aus Magdala enthielte die Aufforderung, alle Menschen sollten Gärtner werden. Um schließlich die Aufgabe zu verwirklichen, die ein möglicher Schöpfer der Menschheit hätte stellen können: über das Wohlergehen jedes vernunftbegabten Wesens zu wachen und jeder Art zu erlauben zu gedeihen, solange sie nicht die Existenzmöglichkeiten der anderen gefährdet. Diese Überlegungen fanden durch den Diebstahl einer Tasche, die meine Notizen enthielt, ein jähes Ende. Ich gönnte mir ein Sabbatjahr, um alles zu überdenken, als wollte ich prüfen, ob dieser Ansatz der Zersetzung durch meine eigene Kritik standhielt. So verebbte der Schwung meiner ursprünglichen Eingebung, bis schließlich wegen des vielen Grübelns und weil sie keine Nahrung mehr erhielt, fast nichts mehr davon übrig war. Nachdem ich also die Gewissheit verloren hatte, Emily Dickinsons Verse richtig verstanden zu haben, und vielmehr vermutete, sie hätten mir nur als Vorwand gedient, um eine eigene Idee zu entwickeln, blieb nur noch das Thema übrig: der Gärtner und der Tod. Das passte allerdings umso mehr, als mittlerweile meine Gesundheit nicht mehr so wie früher war.

An einem Junitag vor einigen Jahren bemerkte ein Mann, der sagte, er liebe mich, in vorwurfsvollem Ton, dass ich hinkte. Mir war nichts aufgefallen. Es war ein kaum merkliches Hinken, wenig mehr als eine Disharmonie im Schritt, ein falscher Rhythmus. Lange begriff man nicht, warum. Es war ein Gefühl, als würde mein rechtes Bein verdorren, so wie ein Ast an einem Baum verdorren kann. Ich welkte. Sterben war keine intellektuelle Spekulation mehr, es geschah wirklich. Sehr langsam, und früher als vorgesehen. Vielleicht, um mir die Zeit zu lassen, über den Gärtner im Angesicht des Todes zu berichten.

Auch wenn ich in gewissem Sinne gar kein Gärtner mehr war. Jedenfalls nicht oder nur sehr wenig in eigener Person. Von Umgraben, Hacken, Grasmähen konnte keine Rede mehr sein. Selbst das Ernten war kompliziert geworden: Mir fehlte das Gleichgewicht; bevor ich Obst und Gemüse pflückte, brauchte mein wackeliger Körper einen Halt, oft einen Stock als Stütze für die Beine. Ich stellte den Korb auf den Boden, denn mir blieb nur eine freie Hand. Im Lauf der Zeit gewöhnte ich mich daran, meinen Körper als eine Art große Puppe zu betrachten, die ich bewegen, aber nicht anhalten konnte – es sei denn, ich fand einen Platz für sie und eine Stütze. Eine Winzigkeit genügte. Ein Knie an den Stuhlrand gelehnt, den Kopf an die

Wand, auch nur einen Finger an einen Baumstamm. Ich begriff, dass sich mein Wunsch, im Stehen zu sterben, nicht erfüllen würde. Dabei hatte ich das doch stets als mein gutes Recht betrachtet. Als etwas, worauf ich jahrelang schon im Voraus stolz war. Zu weit im Voraus.

Ich habe mich daran gewöhnt. Nicht nur: Seit ich mein früheres Selbst verloren habe – die Frau, die blitzschnell kreuz und quer durch die Stadt lief, die unermüdlich in den Bergen wanderte, die alle bedauerte, die mit dem Taxi und mit öffentlichen Verkehrsmitteln fuhren, anstatt zu Fuß zu gehen –, war ich nie mehr schlechter Laune. Ich weiß nicht, warum. Vielleicht ist mir klargeworden, dass wenig Zeit bleibt, warum sie also verschwenden? Oder steckt noch etwas anderes hinter dieser paradoxen Gelassenheit?

Was hat sich in meinem Verhältnis zum Garten verändert?

Das Einfühlungsvermögen ist gewachsen. Das Bewusstsein, dass auch ich, nicht anders als eine Pflanze, durch Unwetter Schäden erleide, dass ich verdorren, welken, Teile verlieren kann, und vor allem: dass ich mich nicht bewegen kann, wie ich möchte. Weit davon entfernt, mich als diejenige zu betrachten, von der das Wohlergehen des Gartens abhängt, weiß ich, dass ich den Umständen unterworfen und verletzlich bin. War der Garten lange der Ort, wo ich Metamorphosen und Vergänglichkeit beobachtete, zwingt mich die beschleunigte Strömung nun zu akzeptieren, dass ich selbst darin eingetaucht bin. Kein äußerer Beobachter mehr, jemand, der entscheidet und verwaltet. Ich bin ihr selbst ausgeliefert. Das weckt ein Gefühl der Verwandtschaft mit dem Garten, verschärft die Empfindung, ein Teil davon zu sein. Ebenso wehrlos, ebenso sterblich. Weniger allein, in gewisser Weise. Ebenso allein?

Während ich mich früher um den Garten kümmerte und völlig unabhängig alle Arbeiten erledigte, muss ich mich jetzt um mich selber kümmern. Die Zeit, die ich vorher mit Bäume ausschneiden, Löcher graben, Laub verbrennen, hacken und Gras mähen verbrachte, stehlen mir jetzt die Behandlungen, die nötig sind, um mich am Leben zu erhalten. Fast so, als wäre ich selbst der Garten geworden. Zum Arbeiten rufe ich die Gärtner. Ich wandere mit dem Stock herum, zeige, was zu tun ist, und ich komme mir vor wie die alte Prinzessin Greta Sturdza auf einem der Fotos in dem Buch über ihr normannisches Gut Vasterival.

Ich bin nicht mehr dieselbe. Dem anderen Gang, der Langsamkeit beim Gehen, der Umsicht, mit der ich einen Fuß vor den anderen setze, der Achtsamkeit, mit der ich abwäge, ob es sich wirklich lohnt, sich irgendwohin zu begeben oder nicht, entspricht eine neue Weltsicht. Ich glaube, heute würde ich nicht mehr dieselbe Mischung aus Staunen und Misstrauen angesichts der Werke einer skandinavischen Künstlerin empfinden, die mich vor Jahren auf meinem Gehöft besuchte. Auf unserem Spaziergang bückte sie sich ständig, um vertrocknete Früchte, verwelkte Blätter, von der Witterung schwarz gewordene Schoten aufzusammeln. Pah!, hatte ich bei mir gedacht, heutzutage gilt doch einfach alles als Kunst. Ich hatte sie machen lassen, innerlich kein bisschen überzeugt von der Qualität oder auch nur dem Sinn ihres Tuns. Und gänzlich gleichgültig gegen ihre »Abstauberei«; letztlich war das, was sie zusammenklaubte, ja Abfall: faules Obst, verblühte Blumen, alles, was nichts mehr wert und in der Welt unbrauchbar war.

Es hat eine Weile gedauert, bis ich anfing, zu verstehen. Dennoch konnte ich mir nicht vorstellen, dass ich mich selbst schon bald genauso wahrnehmen würde wie diese armseligen, aufgelesenen Dinge, am Übergang zwischen zwei Energien: Erhaltung und Zerstörung. Organismen im Verfall, in der Schwebe zwischen Sein und Nichtsein. Wer weiß, ob sie nicht ganz kurz vor dem Vergehen noch eine wahre Schönheit oder zumindest ein Pathos, eine ungeahnte Ausdruckskraft entwickeln. Als verströmten die Dinge, wenn die Seele zu Gott zurückkehrt, für einen Augenblick und nur in diesem Augenblick eine Qualität, die verborgen bleibt, solange der Körper bei voller Gesundheit ist, zu prall, zu matt, zu fest. Zu materiell.

Nun, da ich mich wie einer dieser Abfälle fühle, empfinde ich eine andere Gelassenheit, die zum ersten Mal echt und tief ist. Sie kommt jetzt zum Vorschein, da der Körper etwas von seiner Festigkeit eingebüßt hat.

Die innere Leichtigkeit entsteht vielleicht dadurch, dass ich mich vom schrecklichen Ballast der Zukunft befreit fühle und die Sorge um das Vergangene mich gleichgültig lässt. Eingetaucht in den gegenwärtigen Augenblick, wie es mir früher nie passiert war, bin ich endlich ein Teil des Gartens, Teil dieser fluktuierenden Welt der ständigen Verwandlungen.

Louise schreibt mir, ich solle mich fragen, wie ich gern leben würde, wenn es mir wieder gut ginge; ob die Krankheit das Einzige sei, was mich daran hindert, so zu leben, wie ich es mir wünschte.

Weise Frage. Heute ist das Licht wunderbar. Aus dem Schwimmbad zurückgekehrt (ich bin fast eine Stunde geschwommen: dort fühle ich mich vollkommen gesund, es gibt keinen Teil von mir, der nicht reagiert, sogar die Füße scheinen wieder ganz die alten zu sein – doch sobald ich aus dem Wasser komme: ein Fisch auf dem Trockenen) habe ich die Blumenzwiebeln gesetzt, die gestern mit Fabios Weihnachtspaket gekommen sind. Tulpen, Traubenhyazinthen, Narzissen. Ich habe sie gemischt und zum Teil in die Töpfe gepflanzt, in denen im Sommer Basilikum wächst, zum Teil zu Füßen eines Rosenstocks und einer Kamelie. Eine einfache Arbeit, man braucht nur eine kleine Schaufel und eine minimale, kaum spürbare Anstrengung, um ein kleines Loch für die Zwiebel zu graben. Die niedrig stehende Wintersonne warf lange Schatten. Meine Füße waren im Dunkeln, mein Gesicht erleuchtet. Ich fühlte mich leicht. Wie ich gerne leben möchte? So, so wie ich jetzt lebe, habe ich gedacht, so wie ich früher lebte, ohne mich um meinen Körper zu sorgen. Wirklich genau wie früher? Nein, all diese anstrengenden Arbeiten würde ich vielleicht nicht mehr machen. Die reizen mich jetzt nicht mehr. Wenn die Kräfte schwinden, lockert sich auch das Verhältnis zu den materiellen Dingen. Sich langsam und konzentriert zu bewegen hat mich gelehrt, mich auf die passende Wellenlänge einzustellen, auf der ich Empfindungen wahrnehmen kann, die ich früher, ganz auf mein Ziel fixiert und ohne Wahrnehmung all dessen, was mich hätte ablenken können, nur gestreift hatte.

Mir kommt ein Abschnitt aus *Vom anderen Ufer* von Aleksander Herzen wieder in den Sinn, in dem er schreibt, dass der Gesang nichts sein will als Gesang, das Leben nichts als Leben. Es ist nutzlos und kleinlich, sie einem anderen Ziel unterordnen zu wollen. Ist so mein Dasein?

Ich habe stets, auch wenn es nicht so wirkte, zwischen Zielen und Projekten gelebt, oder vielleicht wäre es ehrlicher zu sagen, dass ich mich den Erwartungen, die andere diesbezüglich an mich hatten, anpasste. Denn im Grunde meines Herzens war ich immer schon so, ohne bemerkenswerte Ziele.

Bei der letzten Kontrolluntersuchung wurde mir gesagt, mein Zustand habe sich verschlechtert, vom zweiten Motoneuron habe die Krankheit auf das erste übergegriffen. Das zeige die Elektromyografie.

Am nächsten Tag überfällt mich der Zweifel, ob ich das Ergebnis der Untersuchung durch meinen Wunsch, zu hören, dass es mir bessergehe, ungewollt beeinflusst hatte. Seit Monaten lebte ich beharrlich nach der Grinberg-Methode, hatte eine Diät gegen Lebensmittelunverträglichkeiten begonnen und eine Chelat-Therapie zur Ausleitung der Schwermetalle, die ich anscheinend in abnormen Mengen in mir hatte. Ich fühlte mich so gut, dass ich erklärt hatte, am Ende der Diät würde ich gesund sein. Vielleicht hat mich mein Wunsch, meine Lebendigkeit zu demonstrieren, dazu gebracht, lebhafter auf die elektrischen Reize zu reagieren, lebhafter als nötig. Ich glaube nicht, dass ich es getan habe, um die Ärzte zu täuschen, sondern eher aus Begeisterung, um meine perfekte Gesundheit zu beweisen, vielleicht aus dem Geist heraus, mit dem ich früher an der Universität die Prüfungen ablegte. Ich wusste nicht, dass diese lebhaften Reaktionen als Symptom einer Verschlechterung ausgelegt werden würden, dass sie als unausgeglichen interpretiert würden anstatt als vital. Wer weiß, ob dieser Zweifel der x-te Versuch ist, vor einer unbegreiflichen Realität zu fliehen. Der Geist lehnt sich gegen das Urteil auf, er vermutet lieber, das Untersuchungsergebnis ungewollt beeinflusst zu haben, als die Niederlage anzuerkennen. Dennoch, der Zweifel bleibt. Kann denn eine Elektromyografie wirklich die gleiche Objektivität beanspruchen wie eine Blutuntersuchung oder ein Urintest? Ist man nicht, mit Nadeln gespickt, in einer ähnlichen Lage wie das Teilchen von Heisenberg, das abweicht, sobald es unter Beobachtung steht? Das Teilchen bin ich.

Ich fühle mich nicht schlechter, auch wenn ich nicht bestreiten kann, dass ich beim Gehen sehr vorsichtig bin und wenig Gleichgewicht habe. Es ist nicht ausgeschlossen, dass sich der Spielraum, der mich vom Rollstuhl trennt, weiter verringert hat. Nicht aber beim Schwimmen. Da ist alles wie früher. Vielleicht ist Wasser ein freundlicheres Element. Oder vielleicht liegt es an meiner alten Phantasie, ein Fisch zu werden, meiner Liebe zum Meer. Könnte ich doch immer im Wasser leben! Mir genügte sehr wenig Energie, um an der Oberfläche zu schwimmen, eine minimale Anstrengung, um die Richtung zu wechseln. Von der Schwerkraft befreit würde ich den Verlust der Motoneuronen nicht so stark spüren. Sollte ich einen Asylantrag in einem Aquarium stellen?

Während ich versuche, im Haus ein wenig Ordnung zu schaffen (wie mühsam ist es jetzt, Bücher und Lexika von einem

Stockwerk ins andere zu tragen! Bin ich etwa dabei, mich zum E-Reader zu bekehren?), fällt mein Blick auf das Buch von Woodward, *In Ruins*. Mir kommt wieder in den Sinn, wie fasziniert ich war von dem Gedanken, dass sich die wahre Schönheit der Gebäude erst dann zeigt, wenn sie der Zeit erliegen, Kräften, gegen die sie nichts ausrichten können – Erdbeben, aber auch: Wind, Wasser, Motten, Mäuse. Mit einem Wort, der Zerfall. Mein lange aufgeschobener Vorsatz, eine Botanik der Ruinen zu schreiben. Nun habe ich keine Zeit mehr dazu, doch ich frage mich: Kommt jetzt, da der Körper verfällt, vielleicht eine anders geartete Schönheit zum Vorschein? Oder ist es vielleicht auch bei den Gebäuden keine Schönheit, die im Verfall zum Vorschein kommt? Ist Schönheit vielleicht genau das, in der Auflösung das Unsichtbare zu erkennen?

Ich fühle mich wie eine bestrafte Ästhetin. Zwar bin ich nicht Ästhetin in jeder Hinsicht, aber doch: Es liegt eine unmenschliche, ästhetisierende Kälte darin, den verstorbenen Gebäuden mehr Zauber zuzuerkennen als denen, in denen das Leben brodelt. Und außerdem, kann für beseelte Wesen denn das gleiche Kriterium gelten? Puschkin – *Eugen Onegin* (8, III) – sah in der Natur, im Frühling, Möglichkeiten zur Erneuerung, die dem Individuum versagt sind, da es von Jahr zu Jahr unweigerlich altert, sich verschleißt, die Kräfte verliert und nicht erneut blühen kann.

Was mich immer schon gerührt hat an den wunderschönen Pflanzen, die wie mutige Pioniere zwischen den archäologischen Ruinen sprießen, ist die Vitalität, nicht der Tod. Ich erinnere mich an Mozia, eine kleine Insel in der Lagune von Marsala, Sitz des kleinen Museums, das Joseph Whitaker für seine Sammlung gebaut hat, vor allem für *Il Giovinetto*. Dort war ich dem herrlichen Blütenschirm der *Ammi visnaga*, dem Bischofskraut, begegnet, einer Pflanze, die in den arabischen Ländern Khella genannt wird und deren getrocknete Stiele man im Orient als Zahnstocher verwendet. Wer weiß, vielleicht war sie mit den Schiffen der Phönizier, die auf der Insel ihre Kolonie errichtet hatten, vom Nil-Delta nach Mozia gekommen. Jedenfalls ist es nicht ausgeschlossen, dass diese prächtige Pflanze, die sandige Böden liebt, die einzige Nachfahrin ist, die seit jenen fernen Zeiten immer gleich überlebt hat. Mit ihrer Höhe von fast eineinhalb Metern, den großen, graugrünen Blättern und den Blütenständen mit bis zu hundert weiß blühenden Doldenstrahlen thronte sie zwischen Johannisbrotbäumen und Zypressen, Myrten und Mastixsträuchern, Steinlinden und Terebinthen, Aleppo-Kiefern, Zistrosen und korallenrot blühender Dornen-Aloe. Als ich dann im Spätsommer nach Mozia zurückkam, als längst jedes Blütenblatt abgefallen war, hatte ich Spiralen von gipsweißen winzigen Muscheln vorgefunden, die an mittlerweile vertrockneten Stielen klebten, so zart wie die Blüten der Nachtkerze. Noch mehr herrliche »Ruinenflora« – ein Fachausdruck, der sehr wenig von der Pracht dieser Schwingung von Leben und Verklärung des Lichts vermittelt – entdeckte ich hinter dem griechischen Theater bei Palazzolo Acreide, wo ich zwischen den Felsengräbern herumspazierte, denen Akanthus, die eleganten mattweißen Klöppelspitzen der wilden Möhren und leuchtend gelbe Disteln die Strenge nahmen. Die Stimmung war so zauberhaft, dass man meinen konnte, die majestätischen Ruinen seien dazu bestimmt, für die so viel bescheideneren Pflanzen einen würdigen Rahmen abzugeben. Während ich – wie vorgeschrieben von dem Fremdenführer begleitet – zu den sogenannten *santoni*, den heiligen Priestern hinunterging (man hätte besser von Priesterinnen sprechen sollen, denn es handelte sich um in Europa einzigartige Darstellungen, die mit dem Kult der Kybele zusammenhängen), hatte ich mich unterwegs an der Vielfalt der Vegetation erfreut. Bis sich der Führer für das viele Unkraut überall entschuldigte und mir bei dem Gedanken an die bevorstehende Säuberungsaktion angst und bang wurde. Wie gern würde ich noch einmal an diese Orte zurückkehren.

Sicherlich bin ich in den Augen der anderen nicht mehr attraktiv, und dennoch: Innerlich fühle ich mich jetzt mehr denn je mit einer Art immaterieller Schönheit und Harmonie verbunden. Einer Schönheit, die sich nach und nach offenbart, während der Hochmut des Ichs, das Klammern an der Welt schwindet und erlischt. Ich fühle, wie ich aufgehe in etwas, das größer ist als ich.

Ekstase: aus sich heraustreten.

Dann denke ich wieder an Louises Frage, wie ich gerne leben würde. Dazu fällt mir Folgendes ein: Als kleines Mädchen träumte ich nicht davon, meine Zukunft an der Seite eines Mannes zu verbringen, Kinder zu bekommen, eine Familie zu gründen. Ich malte mir aus, ich würde in einen Wald ziehen und mich von Beeren und Wurzeln ernähren. Aus Misanthropie? Mangelndem Vertrauen in meine Mitmenschen? Ich glaube, eher aus einer Vorliebe für die stumme, gedämpfte Freude der Stille und der Kontemplation. Die unsichtbaren Reichtümer.

Bei einem Retreat hatte der Meditationslehrer gesagt: Akzeptiert es, etwas Undefiniertes zu sein. Wir hängen so sehr an uns, an der Idee eines abgetrennten Selbst mit einer unverwechselbaren Persönlichkeit. Was tun wir nicht alles, um uns als einzigartig darzustellen, eine außergewöhnliche Individualität zu konstruieren. Wie viel Widerstand löst hingegen die Vorstellung aus, undefiniert zu bleiben. Sich mit den anderen zu vermischen. Nicht wahrgenommen zu werden, unbemerkt zu verschwinden. Wie furchtbar! Während ein weiser Mann geraten hatte: Lebe im Verborgenen.

Heute, Mitte Dezember, ein schöner Sonnentag. Nachdem ich Löcher in die Schutzhüllen der Zitronen habe machen lassen, damit man sie gießen kann (es ist nicht leicht für mich, die volle Gießkanne hochzuheben, ich verliere das Gleichgewicht), habe ich mit Macchia einen Spaziergang durch den Garten gemacht. Schon seit einiger Zeit war ich nicht mehr im Westlichen Wald gewesen. Als ich dort ankam, hörte ich laute Schläge. Was sie da wohl bauen? Es war der Nachbar, er hackte Holz. Nachdem ich ihm zum neuen Gewächshaus gratuliert hatte, sah ich, dass er entlang der Grenze eine Lorbeerhecke gepflanzt hatte. Keine sehr gute Idee, so nah am Gemüsegarten, das wird ihm noch leidtun. Der Nachbar, der glaubte, ich sei meinetwegen besorgt, versicherte mir, er werde sie niedrig halten. Aber ich sage es Ihretwegen, wiederholte ich und schlug ihm vor, als Zaun ein Spalier von niedrig gehaltenen Apfel- und Birnbäumen zu pflanzen: Solch eine Hecke wäre im Winter lichtdurchlässig, und zudem trägt sie Früchte. Er schien es zu bedauern, die kleinen, eben erst gepflanzten Lorbeersträucher, die er im Wald gefunden hatte, wieder auszugraben. Außerdem wollte er nicht zu viel Geld ausgeben. Während wir uns unterhielten, begann er, mich für meine botanischen Kenntnisse zu loben – er hatte eines meiner Bücher gelesen – und dafür, wie ich das Anwesen pflegte, große Arbeiten allein machte – Bäume zurückschneiden, Gras mähen. »Das sage ich immer allen, meine Nachbarin ist eine außergewöhnliche Frau.« Für mich klang es wie ein Nachruf. Hatte er etwa den Stock übersehen? Oder wartete er darauf, dass ich etwas sagte? Ich hatte keine Lust, ihm zu erklären, dass ich krank bin, dass ich keine Bäume mehr stutzen und nicht mehr mähen kann. Früher oder später wird er es schon merken, wenn er jemand anderen hinter dem Rasenmäher sieht, vielleicht hat er es ja auch längst gemerkt und wollte mich nur zu Vertraulichkeiten bewegen. Er bat mich um meinen Rat bezüglich der Obstbäume. Als ich ihn einlud, sich ein paar Äpfel zu holen, erwiderte er, er habe sich schon umgeschaut und sich auch in der Gärtnerei Monti nach den Namen meiner Apfelsorten erkundigt. Ich fragte ihn nach seiner Telefonnummer, ich werde ihm die Namen sagen. Ich weiß sie nicht mehr alle, und außerdem habe ich nicht genau verstanden, welche flachen Äpfel er meinte. Wahrscheinlich die mit dem Ananasduft.

Ich habe die ersten Spargel geerntet. Oder besser gesagt – ich habe den Gemüsegarten gegossen, das kann ich noch, wenn auch langsam, in der rechten Hand den Stock, in der Linken den Wasserschlauch. Sich zum Ernten zu bücken ist schon schwieriger. Auf allen vieren ginge es, ich habe sogar herausgefunden, wie ich wieder aufstehen kann, wenn ich auf den Fersen sitze: indem ich die Hände vor mir auf den Boden stütze, mir einen kleinen Ruck nach vorne gebe und mich dann aufrichte. Allerdings bin ich nicht sicher, ob das immer klappt, und außerdem hatte ich keine Lust, die Hose zu wechseln oder die Gartenüberhose anzuziehen, die am Knie mit Wachstuch verstärkt ist. Daher habe ich Lenuca, die Putzfrau, gebeten, es für mich zu tun. Ich habe ihr erklärt, wie man den Spargelstecher benutzt. Erst sind ihr ein paar Stangen zerbrochen, dann hat sie verstanden, dass man das Gerät fast parallel zum Spargel bis unten hineindrücken und ihn dann mit einem kleinen Ruck abbrechen muss, ohne die Wurzeln zu beschädigen. Für mich allein genügen ja wenige. Am Abend habe ich sie im Dampf gegart und mit einem Forellenfilet und viel Olivenöl gegessen – das Öl ist wichtig, um das Enzym Q10 zu assimilieren, das ich vor dem Abendessen einnehme.

Die Gärtner sind da, ich gehe herum und gebe Anweisungen. Unvermeidlich kommt mir das Bild aus Vasterival wieder in den Sinn, auf dem die alte Prinzessin Greta Sturdza, hochelegant und knochig, mit der Stockspitze zeigt, was zu tun ist. Der Stock hat etwas von einem Zepter, aber auch von einem Spielzeug. Ich verwende ihn gern, er hat etwas Beruhigendes. Ein bisschen so, als sagte man: Da ich nun einmal kraft meiner Autorität und meines Alters diesen Talisman schwinge, muss man mir recht geben, mir gehorchen, mich unterstützen. Mir ist es peinlich, das einzugestehen. Mein Frohlocken sollte geheim bleiben, wehe, wenn es herauskäme. Doch sei's drum, wer weiß, wann diese Zeilen je einem Fremden in die Finger fallen. Mein Vater ist immer mit Stock gegangen, auch als er kerngesund war und wirklich keinen brauchte. Es war ihm unvorstellbar, ohne seinen Stock das Haus zu verlassen. Oder besser – ohne einen seiner Stöcke, er besaß eine ganze Sammlung. Es gab eine Epoche, in der jeder Gentleman so ausging – vermutlich ein Erbe der Feudalzeit, in der das Recht, bewaffnet herumzulaufen, ein Privileg des Adels war. Mit einem Stock kann man auch zuschlagen, nicht nur einen wackeligen Schritt stützen. Ein Stock flößt Furcht und Respekt ein. An einem Stock kann man sich festhalten, wenn alles zusammenbricht. Diese Sache mit dem Stock muss ich noch genauer erforschen. Gewiss, mit einem Stock in der Hand fühlt man sich selten allein. Nehmen wir den *baton*, den Taktstock des Dirigenten. *Baton* für die Engländer, aber auf Französisch heißt er *baguette*, Stöckchen, der Spazierstock dagegen *canne*. Mit dem Stock in der Hand zeigte ich Lenuca gestern die Spargel, und Giulio, dem neuen singhalesischen Gärtner, heute den Lauch, den er ernten soll.

Mit einem Stock in der Hand, denke ich, würde ich mich von niemandem mehr unterkriegen lassen. Ich würde immer dagegenhalten. Dieser Stock macht mich richtig froh. Er fördert meine Neigung zum Despotismus. Es gefällt mir ungemein, den anderen zu sagen, was sie tun sollen. Ich musste erst krank werden, um zu entdecken, wie viel befriedigender es im Grunde ist, Anweisungen zu geben, anstatt mühsam Unabhängigkeit zu demonstrieren. Aus Moralismus habe ich mich früher gezwungen, alles selbst zu machen. Jetzt, als Kranke, kann ich heimlich ein ethisch fragwürdiges Privileg genießen.

Wieder ein herrlicher Apriltag. Giulio habe ich im Gemüsegarten die Pflänzchen einsetzen lassen, die ich gestern erworben habe, als Giovanni kam, um den Olivenbaum auszuschneiden – Zucchini: vier, Gurken: sechs, Schwarzkohl: sechs, Wirsingkohl: vier, grüne Bohnen-Samen: eine Schachtel, Tagetes: acht, Erdbeeren: zehn, Dahlien: zwei, violette

Spargelkrallen: zehn. Während Giulio die Gemüsebeete anlegte, ging ich in meinem Garten spazieren.

Dieses Jahr habe ich mich in die Tulpen verliebt. Ich hatte sie immer für gefühllose, unnatürliche, duftlose, kalte, künstliche, auffällige und ordinäre Blumen gehalten. Dennoch hatte ich mehrmals welche gepflanzt – die ersten hatte mir meine Tante geschenkt (undenkbar, von der Tante bekommene Blumen nicht zu pflanzen). Dann habe ich eine Weile jedes Jahr als Werbegeschenk eine schöne, grüne Pappschachtel mit Löchern erhalten – auch hier: Wie könnte man sie verschmähen. Doch ich setzte sie an eher unauffälligen Stellen – an Böschungen, knapp über dem Graben, über die Wiese verstreut. Dann begann Fabio, mir welche zu schicken – zu Weihnachten, Pakete mit Tulpenzwiebeln aus zweiter Hand, schon einmal verwendet auf den Terrassen, die er in Mailand betreut, wo immer etwas Neues verlangt wird. Jedes Jahr staune ich, wenn ich sie blühen sehe – nachdem ich das anfängliche Misstrauen überwunden und mein Vorurteil vergessen habe, merke ich, wie froh sie mich stimmen, wie schön sie sind mit ihren satten, intensiven Farben – geflammt, mit Fransen, geringelt, karmesinrot gefiedert, und dann die zauberhaften hellrosa gestreiften botanischen Tulpen, die gelben botanischen, orangefarbene, grün geäderte Tulpen, andere, die an einem einzigen Stiel drei oder sogar fünf Blüten tragen. Bis hin zu den trivialsten, banalsten, schlichtesten von allen – den einfarbig roten oder gelben –, auch sie wunderschön: die Supermarkttulpen. Ich frage mich, worin das Geheimnis dieser Faszination liegt, die mich überrascht hat; vielleicht darin, sie aus dem hohen, schimmernden Aprilgras herausragen zu sehen, das ihre Stängel verbirgt, während sich die Köpfe zusammen mit den Ähren und Grashalmen im Wind wiegen. Bunt durcheinander gepflanzt, rot im Grün, verliert die Tulpe, wenn man sie mit anderen Blumen mischt, das triste Aussehen eines Holland-Souvenirs, den Massencharakter, den sie durch die industrielle Züchtung erworben hat. Diese Herkunft degradiert sie zum Objekt, dabei ist sie doch eine Blume wie alle anderen, und es ist nicht gerecht, dass sie einsam oben auf einem nackten Stiel sitzt wie ein Ausstellungsstück auf einem Ständer. Nackt, isoliert, verwandelt dieser Stängel die Blume in einen Dekorationsgegenstand. Wie sehr muss die Tulpe sich schämen, dass sie gezwungen ist, sich so schutzlos dem Blick auszusetzen wie ein Körper auf dem Seziertisch, und wie viel unbeschwerter und freier wirkt sie, wenn sie scharlachrot im grünen Meer des Grases aufscheint, gleichgültig gegen uns Menschen, im Verein mit anderen, ihr ähnlichen Wesen, freudig in der Menge aufgehend.

Doch womöglich habe ich die Tulpen schließlich deshalb liebgewonnen, weil ich nicht mehr die gleiche Gärtnerin bin wie früher, die alles allein machte und diejenigen verachtete, die andere mit der Erde hantieren ließen und sich selbst auf die Freuden des Müßiggangs beschränkten. Ganz gerecht wäre es allerdings nicht, mich als bloße Müßiggängerin zu bezeichnen. Einiges pflanze ich noch selbst, das, was ich eben kann. Vorgestern die Berufkräuter *(Erigeron)*, die ich auf der Terrasse meiner Mutter gegen Hornveilchen ausgetauscht habe, die Woche zuvor die Akelei, die mir ein englischer Gärtner geschenkt hatte. Es war schön, dass ich das hingekriegt habe dank des Tricks, vom Knien wieder in die Senkrechte zu kommen, den ich nach dem Monat Antibiotikaspritzen erfunden hatte. Vielleicht ist ja allein schon die Idee, es zu versuchen, ein Ergebnis dieser sonderbaren Kur. Ehrlich gesagt, hatte ich mir vorgenommen, bis Ende März gesund zu werden. Denn da endete die von der Ärztin aus Alghero verschriebene Diät, und auch mit der Chelat-Therapie wäre ich schon recht weit gewesen.

Vielleicht ist es gar nicht so schrecklich, dass die Kräfte langsam schwinden. Auf irgendeine Art muss man doch diese Welt verlassen. Wer wie ich in Abgeschiedenheit lebt, hat Mühe, sich klarzumachen, dass der Augenblick kommt, anderen den Vortritt zu lassen, dass das Leben aus Phasen besteht und man nicht bis zum Ende immer gleich bleibt. Würde ich dagegen nicht allein auf meinem Anwesen wohnen, sondern mit einer Familie, mit Kindern und Enkeln, ein Landleben wie vor über fünfzig Jahren führen und ernsthaft Ackerbau betreiben, um diejenigen zu ernähren, die darauf und davon leben, dann sähe die Sache wahrscheinlich anders aus. Auf natürliche Weise, ganz selbstverständlich, würden andere irgendwann meine Arbeit übernehmen, ich würde wie alle Alten nach und nach verdrängt werden, aber fast ohne es zu merken. Mir würden noch wenige leichte Beschäftigungen bleiben. Deshalb würde ich nicht aufhören, das Land zu lieben, aber wie von weitem, ich käme immer weniger mit der Erde in Berührung. Und außerdem hätte ich Enkel, denen ich Geschichten erzählen und das weitergeben würde, was sich zu wissen lohnt.

Das ist der Unterschied der Krankheit: Sie beschleunigt automatisch einen Prozess des Verlusts, der, wenn man einfach altert, ganz unauffällig bliebe. Ich denke wieder an die Verse von Emily Dickinson. *Noch sagt ich meinem Garten nichts* – das lässt an einen jähen Tod denken, als würde man auf beinahe mystische Weise ins Unbekannte entführt. Eine plötzliche Abreise. Aber so ist es nicht bei mir. Ich verliere die Kräfte nach und nach, ich schaffe es nicht, den Garten wirklich zu belügen, seine Erwartungen zu enttäuschen. Auch sind wir nicht mehr allein, wir zwei, oder wir drei, wenn ich Macchia mitzähle: Die Krankheit knüpft ein Netz an Beziehungen. Immer sind Stimmen im Hintergrund, immer Leute im Haus, mit sich selbst allein zu sein ist ein seltener Luxus, von Angesicht zu Angesicht dem Unbekannten gegenüberzustehen ein Geschenk. Mein Garten wird sich nicht sonderlich wundern, eines Tages die Person nicht mehr zu sehen, die sich so liebevoll um ihn gekümmert hat. So, nun habe ich einen Haufen Dummheiten aneinandergereiht – ich spürte schon, dass es mich irreleiten würde, von Emily Dickinson auszugehen und die Idee wörtlich zu nehmen, die mich beim ersten Lesen beeindruckt hatte. Ein Glück, dass meine ersten Notizen verschwunden sind, zusammen mit einer Handtasche, die vor Jahren aus dem Panda an einem Feldrain gestohlen wurde, während ich in den Schwefeldämpfen von Bulicame herumspazierte.

Ein Glück, ganz allgemein, dass es unmöglich ist, alles aufzuschreiben, was einem ungefiltert und planlos durch den Kopf geht, während man im Garten wandelt. Denn oft sind es nur Phantastereien, Träumereien ohne Sinn und Substanz. Der Verstand ruht sich aus, indem er spielerisch alles aufgreift, was ihm begegnet, und Gebilde erschafft, die so unbeständig sind wie Seifenblasen. Das ist ja das Schöne – niemand, dem man Rechenschaft ablegen muss. Gedanken und Bilder schweben frei, gähnen und strecken sich, genießen die Abwesenheit des Aufpassers. Freigang. Was ist schon dabei, wenn man sich in die Vorstellung vernarrt, der Garten sei voller Erwartungen, die wir enttäuschen könnten, es ist eine liebevolle Vorstellung. Sie nimmt dem Schrecken, der auf uns lauert, ein wenig die Schärfe.

Hierzu las mir ein befreundeter Philosoph die Stichpunkte eines Vortrags zum Thema Garten vor. Ich weiß nicht mehr, auf wen er sich bezog, als es um die Zuschreibung von Gefühlen an unbeseelte Gegenstände ging.

Jedenfalls ist und bleibt eine der größten Freuden der Stunden im Garten die Freiheit, ungehindert zu phantasieren. Es kann ja gar nicht anders sein – die Hände sind beschäftigt, Beine und Rücken auch, man arbeitet hart. Was ist schon dabei, wenn der Kopf eigene Wege geht, das ist ja nicht die eigentliche Arbeit. Der Kopf kann sich ruhig eine Auszeit nehmen. Und während es dann von außen so aussieht, als wären diese Menschen ernsthaft mit etwas Nützlichem und Notwendigem beschäftigt, haben wir keine Ahnung, wo ihre Gedanken gerade wirklich umherschweifen. Das ist die wahre, beglückende Freiheit der Gärtner.

Dann sind es also müßige Gedanken, die einem im Garten kommen? Schon das ist ein Urteil, schon indem ich es so formuliere, unterwerfe ich mich einem fremden Tribunal. Dem berühmten Tribunal der Vernunft? Wie sperrig ist doch dieses Gericht, wie schwer kann man sich seiner Rechtsprechung entziehen. Im Garten allerdings kann man ihr entkommen. Ungesehen atmen. In dieser Undeutlichkeit, zwischen Lichttupfern und Schattenflecken, dort, wo die Umrisse verschwimmen, betritt man eine Freizone, in der alles erlaubt ist, aus reinem Vergnügen kann man Sätze aneinanderreihen, aus einer Laune heraus Mutmaßungen anstellen, eine Deutung wagen, sich ein Vergnügen ausmalen. Wie traurig es ist, sich nur einen legitimen Gebrauch der Vernunft zu gönnen. Von klein auf litt ich unter den Fesseln der Rationalität. Meine glaubensfeste Großmutter hatte mich gelehrt, zum lieben Gott zu beten. Erwachsener ausgedrückt könnte man sagen, sie hat mir in Grundzügen jenen großartigen Roman namens Religion nahegebracht, mit seinen Dramen, seinen Bildern und Symbolen. Ich liebte es, im Geist in diesen Szenarien herumzuspazieren. Ein phantastischer Reichtum an Spielzeug, fesselnder als Lego, Puppen oder Eisenbahnen. Eines Abends wagte ich zu sagen, dass es Gott ganz bestimmt geben müsse, denn wie sonst ließe sich unsere Anwesenheit auf der Erde erklären. Meine philosophische Maman erwiderte schneidend und unerbittlich: »Und wer hat Gott erschaffen?« Ich wusste keine Antwort, und das schmerzte mich. Der traurige Geschmack der Niederlage. Von da an habe ich das rationale Denken meiner Mutter immer gefürchtet. Denn in allem, was mir Freude bereitete – Freundschaften, Leidenschaften, Entdeckungen – entdeckte sie unweigerlich eine Schwachstelle, eine Möglichkeit, die Elemente, aus denen ich mein Theater aufbaute, einstürzen und in Rauch aufgehen zu lassen. Gewiss, meine Mutter ist viel intelligenter als ich, das musste ich bei unzähligen Gelegenheiten anerkennen. Dennoch. Mit etwa fünfzehn Jahren malte ich ein großes Bild, das meine Gefühle über die Bedrohung durch die Rationalität sehr drastisch ausdrückte. Links, meine glückliche Welt: eine nackte Frau, auf einer Wiese liegend, gefeit gegen den Schatten, den ein kleiner Orangenhain warf. Eine weitere, ebenfalls nackte Frau geht Flöte spielend spazieren, während am Himmel, nackt wie alle

Geschöpfe in diesem glücklichen Eden, ein geflügelter Mann schwebt und ein anderer auf einer Kugel ausgestreckt ruht. Auf der rechten Seite die Welt der vernunftbegabten Wesen; düster, voller Schatten, überwölbt von einem Himmel, von dem traurige Menschen herunterfallen oder in versiegelten Kugeln gefangen sind, während andere, in der angrenzenden Hecke kauernd, gierig ihre gebogenen Klauen ausstrecken, um die von ihnen so beneideten glücklichen Wesen zu überfallen und zu zerstören. Das war die mütterliche Welt, von der ich mich als Heranwachsende bedroht fühlte. Ich betrachtete die Rationalität als das Reich der Finsternis, das Reich der Königin der Nacht, während in meinem Land der Unbeschwertheit Licht und Freiheit herrschten.

In diesem Bild, habe ich später begriffen, habe ich meine Zuflucht zum Garten vorweggenommen. Das Erstaunliche ist, dass die Landschaft auf meinem Gemälde mit ihren sanften, bläulichen Hügeln im Hintergrund an das Anwesen erinnert, wo ich später hingezogen bin. Jetzt, beinahe ein halbes Jahrhundert später, denke ich, dass sich das Leben in vielfältigen Formen manifestiert und dass keine davon einer Prüfung durch das gestrenge Tribunal der Logik standhalten würde. Jeder Gedanke, jede Phantasie hat ihre Daseinsberechtigung, einen Ursprung, dessen Quelle man nicht immer orten kann: Man muss sie einfach annehmen, wehe, man unterdrückt sie. Wie alles Lebendige muss auch der Verstand spielen dürfen. Er kann nicht immer nur arbeiten, sich an die Regeln einer verifizierbaren und belegbaren Aussage halten. In der Einsamkeit des Gartens, im Schatten einer Eiche, ohne irgendwem irgendwas aufzuzwingen, kann man sich einer köstlichen Unbeschwertheit hingeben, zulassen, dass Gedanken und Bilder entstehen und sich wieder auflösen, mit der gleichen Zufälligkeit, wie es die Wolken am Himmel tun.

Das klare Bewusstsein, allein auf der Welt zu sein.

Das Vorzimmer des Todes kann sehr gemütlich sein. Jeden Nachmittag las ich in der Loggia die *New York Review of Books* und setzte mich dazu in den neuen Sessel, den ich für die Pergola mit dem Blick auf den grünsten Hang des Monte Pisano, den östlichen, gekauft habe. Bisher habe ich ihn noch nicht hinunterbringen lassen, da er vorher noch eingelassen werden muss. In diesem Sessel aus Holzstreben habe ich eine neue, schöne Perspektive. Der Blick schweift über den gemähten Grasweg zwischen dem Gemüsegarten und dem offiziellen Park, hinauf zu den Pflaumenbäumen, dem blühenden Flieder, erspäht die Wipfel der Zypressen, die hinter dem Obstgarten hervorspitzen. Macchia murrt, weil sie will, dass ich ihr ein Stöckchen werfe. Ein paar Mal stehe ich auf, bis sie es mir etwas näher hinlegt, sodass ich es mir mit dem Griff meines Stocks heranziehen kann. Derweil genieße ich den Garten mehr denn je – untätig sitze ich da, wie ein Gast. Anstatt sofort aufzustehen, weil mir etwas eingefallen ist, das getan werden muss.

Komisch, wie die Erinnerung kommt und geht. Vor mir sehe ich Gabriele, den Gärtner, den ich bestellt habe, um die Grundstücksgrenze zu säubern, mit einem Blatt in der Hand hinter dem Küchenfenster stehen. Es ist klar, dass er den Namen wissen will, und in dem Moment fällt er mir ein. *Galega officinalis,* Bockskraut. Seit Tagen hatte ich darüber nachgedacht, und er wollte mir nicht in den Sinn kommen. Vor Jahren hatte ich es im Gemüsegarten gepflanzt, es gehört zur Familie der Hülsenfrüchte, hat schöne, blasslila Blüten, doch warum ich es in den Gemüsegarten gepflanzt habe und wozu und wo ich es herhabe, das weiß ich nicht mehr.

Krank zu werden war ein plötzlicher Übergang von dem Gefühl der Jugend zu einem des Alters. Und so hat sich im Vergleich zu vor einigen Jahren auch die Art, an den Tod zu denken, gewandelt. Vorher war es Metaphysik. Jetzt ist es etwas sehr Körperliches, vielleicht zu sehr.

Metaphysik: Nicht mehr da sein. Verschwinden. Loslassen. Das Nichts. Das Jenseits für die, die an seine Existenz glauben. Physik: Der Körper wird schwächer. Die Beine tragen nicht mehr. Ich schwanke, bin in Gefahr zu stürzen. Das Atmen könnte schwerfallen. Tod durch Ersticken. Es ist mir genauso unmöglich, an den Hals zu denken, der zuschwillt, an die Lunge, die sich nicht mit Sauerstoff füllen kann, wie an das Nichts. Das Nichts dürfte einen nicht vor Angst lähmen können. Es müsste unschädlich sein, das Nichts. Während die Vorstellung, keine Luft mehr zu bekommen, in einer schlaflosen Nacht durchaus dazu führen kann, einem barocken Tod zu begegnen, ein fröhliches Gerippe, bleich wie ein Gespenst, das naht, um einem die Kehle zuzudrücken. Ich verscheuche das Bild und versuche, mich zu beruhigen. Die Lunge hat sich noch nicht verschlechtert. Doch ich habe die Unvorsichtigkeit begangen, eine Freundin ins türkische Bad zu begleiten, das zum Thermalpark von Acqui gehört. Dort in den Dämpfen, in dieser geballten Schwüle – dabei weiß ich sehr wohl, wie unerträglich Schwüle für jemanden mit einer neurologischen Störung ist – hatte ich das Gefühl, zu ersticken, Angst, ohnmächtig zu werden. Ich ging gleich hinaus, doch seitdem verfügt meine Phantasie über das nötige Material, um einen Erstickungsanfall zu simulieren. Der pünktlich jede Nacht eintritt.

Mein Vater fällt mir wieder ein: Er schlief immer mit einem Lämpchen, weil er sich vor der Dunkelheit fürchtete, und beklagte sich, dass er allein schlafen müsse. Ich verstand ihn nicht. Ich hielt es für eine fixe Idee. Jetzt begreife ich, dass es vorkommen kann – etwas Irrationales kann sich als stärker erweisen. Was ist dieses hereinbrechende Chaos? Durch dieses langsame Sterben fühle ich mich dem Garten ähnlich – auch er würde verschwinden, erneut von der Natur verschluckt, wenn sich nicht jemand ständig um ihn kümmerte. Während das Irrationale hochkommt, zwingt mich die Krankheit, mich um meinen Körper zu kümmern, die Sorge um den Garten tritt in den Hintergrund, so als wäre mein Körper ein bedürftigeres Feld geworden, das allerdings nicht so sehr vom Wildwuchs bedroht ist, vom sogenannten Unkraut, sondern von etwas Unbestimmtem, das von innen heraus seine Vitalität untergräbt. Es mag auch das Nichts sein, das Endziel. Von entscheidender Bedeutung ist dennoch das Transportmittel für den Weg dorthin. Zu ersticken wäre, als reiste man in einen Viehwaggon gezwängt.

Warum sollten Gärtner denn nicht auch in Rente gehen? Heute ist Giulio gekommen, es ist eine Freude, wie er den Garten in Ordnung hält, mit welcher Anmut er den Gemüsekorb herrichtet, die Rucola zum Sträußchen gebunden, die Spargel gebündelt, die Mangoldblätter, den krausen Endiviensalat und den rötlichen, toskanischen Kopfsalat mit einem ausgeprägten Sinn für Ästhetik arrangiert. Erstaunlich, wie behutsam die Gesten dieses massigen, in Nainamadama an der Westküste von Sri Lanka geborenen Mannes sind, wie sorgfältig er sich kleidet und sofort versteht, wie er die Harmonie zwischen Verwilderung und gepflegter Gestaltung erhalten kann. Heute habe ich ihm endlich erlaubt, das Gras unter der Pergola hinter der Küche zu mähen – zuerst hat er die Sense genommen und das Gras – Unmengen! – mit der Schubkarre weggefahren, nicht eine, sondern zwei, drei, ich weiß nicht wie viele Ladungen, dann ist er noch mit dem Rasenmäher darübergefahren, und die Ränder hat er mit der Sichel nachgebessert. Dann hat er die Reben aufgebunden, die Durchgänge freigeschnitten und die Bambushalme entfernt, die an der Straße allmählich wieder nachgewachsen waren. Ich hatte mich auf einige Tipps beschränkt – welche Schere sich am besten eignete, um das Immergrün zu bändigen, wie man eine Leerstelle am Rand mit Erigeron füllen könnte. Im Grunde geschah das, was ich mir immer schon gewünscht hatte, als ich noch hart arbeitete und darüber staunte, wie schnell ich mir ein Projekt ausdachte und wie endlos viele Stunden nötig waren, um es zu verwirklichen. Jetzt, zum Müßiggang verurteilt, brauche ich nur noch zu denken, mir etwas auszumalen, zu planen. Es ist so erholsam! Ich schließe nicht aus, dass die Lust am Garten dadurch sogar noch gewachsen ist: Frei von Müdigkeit und Schweiß genießt man nur noch seine Schönheit. Jedoch fehlt mir die tiefe, körperliche Befriedigung bis in die Tiefe jeder Faser, die ich empfand, wenn mir nach einem Nahkampf mit der Erde gerade noch die Kraft blieb, stolz auf das zu sein, was ich geschafft hatte.

Charakterschwach, wie ich bin, habe ich mich beeinflussen lassen. Bin Ratschlägen zum Opfer gefallen. Triff diesen, frag jenen. Etwa zwei Jahre habe ich mit sinnlosen Untersuchungen vergeudet. Wenn nicht über die Behandlung, so bestand doch lange ein gewisses Maß an Einigkeit über die Diagnose: eine Krankheit des Motoneurons. Bis eine – vielleicht dumme – Ärztin in Rom beim zweiten Termin sagte, falls ich wirklich etwas habe, dann ist dieses Etwas Multiple Sklerose. Ihr Frequenzmesser hatte Anzeichen für eine demyelinisierende Erkrankung festgestellt. Was theoretisch eine gute Nachricht war, stürzte mich in Verzweiflung. Ich vertraute dieser Ärztin nicht mehr, die mir einen Monat intravenös verabreichte Antibiotika gegen Borreliose verordnet und danach gesagt hatte, die Bakterien seien noch da, aber sie seien ein zweitrangiges Problem. Sie hatte kein besonders intelligentes Gesicht, ihre Selbstsicherheit erschien mir als ein Zeichen für Mittelmäßigkeit. Dennoch der Zweifel: Und wenn es wahr wäre? Hektisch bemühte ich mich um weitere Meinungen, ließ mich beinahe von einem Freund überreden, es mit einer Reise in die berühmte Mayo-Klinik zu versuchen, nur um mich dann bei dem Gedanken daran immer unglücklicher zu fühlen. Die Vorstellung, zur Behandlung so weit weg zu fahren, erschreckte mich ebenso wie die, in einer Kleinstadt in der amerikanischen Provinz in einem anonymen Hotelkasten zu sitzen. Ich wollte in meinem Garten bleiben, mein Buch schreiben, mich nicht bei der vergeblichen Suche nach der richtigen Behandlung aufreiben. Ich dachte an Amos – an seine Entscheidung, ruhig in Buggiano zu bleiben, sich vor Ort behandeln zu lassen, sich nicht auf der Suche nach wer weiß was für Heilungsversprechen aufzureiben. Von der Terrasse seines Hauses die Hügellandschaft zu genießen. Das

Nahen des Todes hatte ihn besänftigt, er war so liebenswürdig geworden, so aufmerksam für die Menschen um ihn herum wie nie zuvor. Als hätte er aufgehört, sich um sich selbst zu sorgen. Ein vorbildlicher Tod.

So muss man es vielleicht machen mit der Zeit, die einem bleibt. Sie nicht in sinnlosen Versuchen vergeuden, sondern sich mehr denn je aufs Wesentliche konzentrieren. Leichten Herzens auf das Ende warten.

Warum sich darauf versteifen, ein längeres Leben zu wollen? Nur eines: eine Möglichkeit finden, um zu gehen, bevor man alle Kraft verloren hat. Wird mir das gelingen?

Das ist nicht gesagt. Ich bin in den Gemüsegarten gegangen, um drei Zucchini für heute Abend zu ernten – die ersten der Saison, jedenfalls meiner. Gestern hatte ich ein Auge auf sie geworfen, mit ihren herrlichen, riesigen Blüten, die es gewiss verdient gehabt hätten, gefüllt oder schön frittiert zu werden. Heute waren sie schon etwas schlapp, die Zucchini dagegen genau erntereif. Dieser kleine Ausflug war anstrengend, ich musste aufpassen, nicht hinzufallen. Auf die Zucchini habe ich dann verzichtet, ich konnte sie vom Weg aus nicht erreichen. Hätte ich mich umgezogen und die Überhosen mit den Knieschützern angehabt, hätte ich auf allen vieren hinkrabbeln können. Aber immer mit der Unbekannten: Und wie dann wieder aufstehen?

Kein Zweifel. Im Vergleich zum Vorjahr hat sich mein Zustand verschlechtert. Auch dem Aprikosenbaum geht es nicht so gut: Er hat schon immer an Gummifluss gelitten, dieses

Jahr hat er einen großen, dürren Ast. Vielleicht stirbt er. Mit ein bisschen Glück werde ich diesen Sommer noch erleben.

Macchia zuliebe möchte ich noch bleiben – die Hunde sind so hilflos, wenn die Person stirbt, die sich um sie kümmert. Sie können nichts in ihrem Leben selbst entscheiden. Ich sage nicht, dass den Menschen mein Tod nichts ausmacht, nur, dass sie nicht von mir abhängig sind. Wegen Macchia und wegen des Gartens ist es einfach unerlässlich, jemanden zu finden, der meinen Platz einnimmt.

Ist der Gedanke ans Jenseits wirklich natürlich? Oder nur eine Sorge mehr? Nun gut, ich sterbe nach und nach. Wie alles. Nur dass ich jetzt gezwungen bin, es zur Kenntnis zu nehmen, weil die Kräfte nachlassen. Gestern zum Beispiel habe ich bemerkt, dass der Regen die Rose aufs Gartentor gedrückt hat. Vielleicht würde ich es nicht weit genug öffnen können, um mit dem Auto durchzufahren. Damit ich nicht eingesperrt bin, habe ich Lenuca gerufen, um die Zweige zu kappen. Eine Kleinigkeit, die ich normalerweise selbst erledigt hätte, ohne darüber nachzudenken. Die Routine des Lebens im Garten: ein Handgriff hier, einer da, während man umherspaziert und an anderes denkt oder nach den Überraschungen ausschaut, die jeder Tag bereithält. Aber ich konnte es nicht, oder besser: Es lohnte sich nicht, es zu versuchen, es wäre zu mühsam gewesen und ich hätte riskiert hinzufallen. Wer weiß, ob es mir überhaupt gelungen wäre. Nie mehr werde ich ein Gärtner nach meinem Verständnis sein, das ist klar, ein Gärtner, der wirklich mit dem Garten zusammenlebt, mit ihm eine Einheit bildet. Das hier ist nur ein Aufschub, nur dank tausend Prothesen möglich: Stock, Peronäusschiene, verlangsamende

Tabletten, Menschen, die mir helfen, genug Geld, um sie zu bezahlen. Ein Aufschub zum Nachdenken, aber auch zum Genießen. Eine kostbare Zeit.

Ein allzu überraschender Tod gefällt mir nicht. Aber nicht, weil ich die Rhetorik vom Erleben des Todes teile. Ich bin vielmehr überzeugt, dass für uns einzig hier auf dieser Erde die Möglichkeit besteht, das zu erleben, was ein wenig pompös als Ewigkeit bezeichnet wird, während es vielleicht nur ein Gegen-den-Strom-Schwimmen im Fluss der Zeit ist. Zu wissen, dass das Ende nah ist, hilft beim Denken.

Das Jenseits also. Mir scheint nicht, dass ich so viel anders bin als der Aprikosenbaum, der vor sich hinstirbt, als der Garten, der sich verwandelt und eines Tages, wenn niemand mehr da sein wird, um ihn zu pflegen, in der übrigen Landschaft aufgehen wird und in dem sich am längsten die Bäume halten werden, die Jahrhunderte überdauern können. Hätte man mich dazu erzogen, ernstlich ans Jenseits zu glauben, an das Jüngste Gericht, dann fiele es mir schwerer, mit meinem jetzigen Leben zurechtzukommen. Gleichgültig gegen das Schicksal des Körpers, zerstreut, was den Garten betrifft, wäre mein Geist mit der Angst beschäftigt, mit der Beurteilung der Vergangenheit, mit Hoffnung und Furcht. Und ich würde wahrscheinlich nicht viel Mitgefühl für die anderen zufälligen, vergänglichen Wesen aufbringen, mit denen ich zusammenlebe. Wie jemand, der dabei ist, in ein anderes Land auszuwandern, und anfängt, seine bisherige Umgebung wie ein Fremder zu betrachten.

Trotz allem möchte ich eine Sache gern selbst erledigen, da ich nicht recht weiß, wie ich sie jemand anderem anvertrauen soll. An der Buchsbaumhecke muss gejätet werden, um den wilden Fenchel zu befreien, den ich im November umgesetzt hatte, und auch das Pfingstrosenbeet muss gesäubert werden, wo ich vor ein paar Monaten korsische Nieswurz, Erigeron und algerische Schwertlilien gepflanzt habe. Jetzt erstickt alles im Gras, und wer weiß, ob die kleinen Erigeronpflänzchen genug Luft bekommen. Ich werde die Überhosen anziehen, auf allen vieren hinrobben und danach hoffentlich wieder auf die Füße kommen.

Ich habe es geschafft. Eine kleine Befriedigung. Beruhigend: Etwas kann ich tun. Nieswurz und Erigeron sind noch da; jetzt, befreit aus der Umschlingung von Leimkraut und Ranunkeln, aus der Umarmung von Melisse und Madeira-Beifuß (es tut einem leid, diese schönen Blätter auszureißen, um für die kleinen, schutzbedürftigen Pflänzchen Platz zu schaffen), wird es ihnen bessergehen, endlich werden sie die Sonne genießen können. Die Erde war noch nass von den Mairegen, an die man sich im Sommer erinnern wird wie an einen Segen. Zum Glück haben diese wunderbaren, vor unzähligen Jahren gekauften Überhosen einen wasserdichten Knieschutz. Trotzdem ist meine Hose an den Knien feucht. Aber ich habe keine Lust, mich umzuziehen, ich werde mich zum Trocknen in die Sonne setzen. Und später, in einigen Tagen, möchte ich es dann mit dem Fenchel probieren. Auch wenn ich natürlich nicht übertreiben darf. Diesmal konnte ich mich aufrichten, weil die Erigeron neben den großen Steinen rund um den Feigenbaum wachsen, da habe ich mich aufgestützt. Die von der Melisse überwucherte Pfingstrose bot keinen Halt in der Nähe. Mit Hilfe des Stocks habe ich mich ein bisschen hochgehievt, bin aber wieder auf den Boden gefallen. Die richtige Stellung, um mich auf die Fersen zu setzen und dann vorzuschieben und langsam aufzurichten wie in den Jahren, als ich noch den Sonnengruß machen konnte. Natürlich mit Hilfe des Stocks. Es war schön, in dieser frischen Morgenstunde den Duft von Minze, Melisse und Beifuß einzuatmen, das Glück der noch feuchten Pflanzen zu betrachten. Und das Licht war sanft. Ich hatte die Angewohnheit hinauszugehen, wenn ich müde oder schlecht gelaunt war, und durch den Kontakt mit der Erde Energie zu tanken. Ich glaube, es funktioniert immer noch.

Ein bisschen, nur ein bisschen. Aber ich lerne es, die Metonymie zu schätzen, mich mit einem Teil anstelle des Ganzen zu begnügen. Vor ein paar Wochen habe ich Marco Martella besucht, als er mich zur Vorstellung des neuen Hefts seiner Zeitschrift *Jardin* eingeladen hat, das dem Thema Schatten gewidmet ist und auch einen Text von mir enthält. Er hat mich in seinem schönen Haus in Saint-Loup-de-Naud beherbergt. Ein winzig kleines Dorf, halb versteckt in der Umgebung von Paris. Die Fenster gehen auf die solide, in ihrer Eleganz beruhigende, im zwölften Jahrhundert geweihte Kirche hinaus. Es wirkt fast, als stünde sie im Garten, weil es zwischen dem schmalen Grundstück vor der Haustür und der Kirche keinen Zaun gibt. Dort habe ich den Zauber der französischen Landschaft erahnt, die ich aus irgendeinem unverständlichen Grund nie wirklich kennengelernt habe. Ich bin so wenig gereist: habe damit geknausert vor Angst, mir bliebe nichts mehr zu entdecken übrig für den Rest eines Lebens, das ich mir unendlich lang vorstellte. Dieser kleine Teil, diese zwei

Tage in Saint-Loup werden jetzt für mich die Quintessenz des ganzen Landes sein. Es genügt mir, muss mir genügen, diese Erinnerung und diese Eindrücke zu bewahren. Es ist nicht mehr denkbar, das Bild zu vervollständigen, nicht einmal, diese Reise zu wiederholen.

Der Text, der mir von allen Beiträgen in der neuen Nummer von *Jardin* am besten gefallen hat, stammt von einem bosnischen Dichter, Teodor Cerić. Ich erinnerte mich, dass mir dieser Name schon in dem Heft über die Zeit aufgefallen war, und holte es heraus. »Éden et Gethsémani: le jardin de Derek Jarman«, lautete der Titel (2). Je mehr Zeit vergeht, umso mehr langweilen mich die Gärten – so der Anfang. Das unterschreibe ich, nur hatte ich mich noch nicht getraut, es zuzugeben. Mit Genuss lese ich weiter, bis ich merke, dass ich nicht die Erste bin, die über den Gärtner und den Tod schreibt: Auch Jarman hat das schon getan. Vor sehr langer Zeit, als ich noch meinte, eine eiserne Gesundheit zu besitzen, hatte ich sein Buch über den Garten gelesen, es hatte mir gefallen, irritiert hatte mich nur das, was ich für eine Theatralisierung des Todes im Stil von John Donne hielt. Nun bin ich bereit, die Sache von einem anderen Standpunkt aus zu sehen. Ich werde auch seine anderen Bücher lesen.

Hier einstweilen, was Teodor Cerić darüber schreibt: Jarman fühlt sich angezogen von der Trostlosigkeit von Dungeness an der Südküste von Kent, in direkter Nähe eines Atomkraftwerks. HIV-positiv und dann aidskrank, versucht er nicht, sich vom Gedanken an den Tod abzulenken, sondern will sich hineinversenken. Einige Jahre lang lebt er in der Fischerhütte, die er dort erworben hat – Prospect Cottage –, bis er eines Tages zufällig auf Gartengeräte stößt, die er aus seiner Jugend kennt, und sie wieder zur Hand nimmt. Er beginnt, an einen Garten zu denken. Vorher war da nur das Atomkraftwerk und im Hintergrund das Meeresrauschen. Ein Symbol für den Tod, und eines für die Zeit. In dieser Umgebung, der Garten. Ich frage mich, ob dabei nicht auch der Wunsch mitgespielt hat, sich einen Gefährten zu erschaffen, mit dem er die Sterblichkeit teilen konnte. Beide nicht gefeit gegen die Zeit und den Tod, muss ihm der Garten das Herz erwärmt haben wie ein Lebewesen, das man pflegen muss. Jemand, auf den man diskret das Mitleid mit der eigenen Vergänglichkeit übertragen kann. Allerdings hat Jarmans Berühmtheit bewirkt, dass der Garten ihn, jedenfalls bisher, überlebt hat und in seinem Andenken liebevoll gepflegt wird. Gärtnern ist ein Akt des Glaubens an die Zukunft, schreibt Teodor Cerić, denn die Bäume brauchen Jahre, um ihre volle Schönheit zu erreichen. Ja und nein. Im Fall Jarmans ist es, glaube ich, anders – mir scheint nicht, dass er Bäume gepflanzt hat, abgesehen von einem Weißdorn. Prospect Cottage ist ein Kiesgarten mit kleinen Pflanzen, die Trockenheit und Wind vertragen. Pflanzenschwestern, gerade weil sie widrigen Bedingungen standhalten müssen? Ein Garten, der auch ein Aufbäumen von Leben ist: Für seinen Körper kann Jarman nicht viel tun. Der ist im Lauf der Krankheit undankbares Terrain geworden. Doch für Prospect Garden kann er die Initiative ergreifen. Die Pflanzen unterstützen seinen Willen, während der Körper immer mehr verfällt, die Krankenhausaufenthalte immer häufiger werden.

Dieser Garten ist ein Friedhof, schreibt Teodor Cerić, dort wird, während sie nach und nach sterben, der Freunde gedacht. Es stimmt: In manchen Fällen ist ein Friedhof der einzige Ort, der einem das Gefühl von Gemeinschaft, von Verbundenheit mit seinen Lieben geben kann. Mir kommt Prospect Cottage vor wie ein Spiegel Jarmans, mit all seiner Vergänglichkeit. Was ist die Pflege eines Gartens anderes als ein Nahkampf, nicht so sehr mit der Erde als vielmehr mit der Zeit, die ihn verschlingen will? Daran dachte ich heute Morgen, als ich auf allen vieren nach Spuren der Fencheltriebe suchte, die ich im November gepflanzt hatte, zur ungeeignetsten Zeit – es war schon sehr kalt –, aber gezwungenermaßen, weil Didier sie mir da aus Cecina gebracht hatte. Ich habe viele gefunden, klein zwar, von anderen Pflanzen halb erstickt – Hafer, Ackertrespe, Leimkraut, Geranien, die sich endlos gestreckt hatten auf der Suche nach Licht jenseits des Buchsbaums –, aber lebendig und vor allem begierig zu leben. Weniger als die, die ich gepflanzt hatte, aber doch viele. Und so klein. Ein Nichts im Vergleich zu denen, die schon seit einigen Jahren dort wachsen. Doch ich glaube, sie schaffen es. Sie scheinen mir voll guter Absichten, leuchten schön grün und duften köstlich. Ihr Überleben muss aber geschützt werden. Knie und Hände auf der Erde, habe ich mich ein wenig mühsam durch den engen Durchlass zwischen den Buchsbaumsträuchern gezwängt (eng, weil er dafür gedacht war, aufgerichtet durchzugehen, nicht etwa krabbelnd), immer darauf bedacht, die Pflänzchen nicht mit den Knien zu zerquetschen, habe sie gesäubert und dabei die Sonne genossen, die mir die Haare trocknete, und den Wind, der die Wolken verschob.

Teodor Cerić schreibt schöne Sachen. Ich halte dies fest: Jener Garten (jeder Garten?) ist ein Lichtgesang in der Dunkelheit des Todes. Für Derek Jarman bedeutet der Garten, in eine andere Zeit ohne Ende und Anfang einzutauchen, einen ununterbrochenen Fluss, der die Fragmentierung der Zeit aufzuheben scheint. Teodor Cerić schließt mit einem wundervollen Gedanken: dass es sich immer lohnt, einen Garten anzulegen, ganz gleich, ob wenig Zeit bleibt, ob alles wankt und der Tod näherrückt. Immer lohnt es sich, ein Fleckchen Erde in einen einladenden Ort zu verwandeln, einen Ort, an dem es mehr Leben gibt.

Und Derek Jarman? Bei der ersten Lektüre, als das Buch herauskam, war ich fasziniert, aber auch misstrauisch, weil ich dort den Hauch des Todes spürte. Nun bin ich entschlossen, alles zu lesen, die Tagebücher und auch *Modern Nature*. (3) Jarman hat es vor mir gemacht, hat das nahende Ende in einem Garten erlebt. Er hat seinen Garten geschaffen, um sich auf den Tod vorzubereiten, ich bin hier, um zu versuchen, den meinen noch ein wenig vor dem Überfall der Natur und der Zeit zu schützen. Ich bin hier, um sein Schicksal zu teilen. Doch selbst wenn ich mir oft gerne ausgemalt habe, weißhaarig und runzlig im Garten zu sitzen, ist das, was jetzt geschieht, nicht das Gleiche. Dieses Bild, das ich von mir als alte, ja uralte Frau mit zerfurchtem Gesicht hatte, war der Traum von einem langen Leben. Was jetzt geschieht, ist etwas anderes, es bedeutet, dass ich dieses strahlende Alter nie erreichen werde.

Dennoch fühle ich mich sehr lebendig. Es geht mir gut. Wenn ich bei Tisch oder am Schreibtisch sitze, vergesse ich, dass ich ein Problem habe. Dann will ich aufstehen und gehen. Oh, stimmt, sage ich mir, die Beine machen ja nicht mehr mit.

Vielleicht muss man sich über den Tod klarwerden. Darüber, dass ich allein hierhergezogen bin, ganz allein lebe mit dem Garten. Mich der sichtbaren und unsichtbaren Welt verbunden fühle, aber mit keinem Menschen im Besonderen. Mit Nino früher, und jetzt mit Macchia.

Giulio hat mir verschiedene Gemüse aus seiner Heimat Sri Lanka mitgebracht, um sie im Gemüsegarten anzupflanzen. Ableger von Nevetia und Caravilla. Die Caravilla ist eine Art bitter schmeckende Kletter-Zucchini, sie ist gut bei Zuckerkrankheit. Die Nevetia dagegen ist süß, gleicht äußerlich dem Mangold und erinnert mich an den neuseeländischen Spinat, den ich vor Jahren gezüchtet hatte. Ich war erstaunt, als ich diese kurzen Stängel sah, und mit wie viel Vertrauen Giulio sie in die Erde steckte. Werden sie Wurzeln schlagen? Vermutlich tun sie das in einem tropischen Klima, wo alles einem üppigen Wachstum förderlich zu sein scheint, aber hier im Gemüsegarten? Ich bin sehr gespannt, was dabei herauskommen wird.

Ich wäre gern im Garten geblieben und hätte Giulio bei der Arbeit zugesehen, doch leider musste ich nach Pisa zu jemandem fahren, den Gaia mir empfohlen hat. Sie hatte sich wegen eines Schmerzes in der Schulter an ihn gewandt. Er benutzt Elektroden, die geringe elektrische Impulse geben und so den Nerv anregen sollen, sich mit den Muskeln zu verbinden. Die Behandlung dauert drei Stunden. Gestern war die erste Sitzung. Ich habe keinerlei Veränderung wahrgenommen, nur eine große Müdigkeit danach, vielleicht auch, weil ich das Mittagessen ausgelassen hatte. Es verspricht natürlich keine Heilung, ist lediglich eine Maßnahme, die den Verlauf der

Krankheit verlangsamen soll. Ein sehr hässlicher Kerl, dieser Therapeut, der einen auf sympathisch macht. Irrsinnig teuer, spielt Ziehharmonika, hat gerade eine schöne, dreißig Jahre jüngere Frau geheiratet, ist am gleichen Tag geboren wie ich, nur drei Jahre früher. Er gibt sich sicher, mir helfen zu können. Gestern hat er gesagt, dass nichts mehr Schaden anrichtet als eine enttäuschende Behandlung. Da hat er recht. Die römische Ärztin hatte mich enttäuscht, weil sie mich, offenbar sinnlos, einen Monat lang Antibiotika schlucken ließ, wer weiß, ob es mit dem hier genauso enden wird. Vielleicht sollte man einfach gar nichts tun und aufhören, wie verrückt nach einer Lösung zu suchen. Ich bin im Moment sehr durcheinander, vor allem, seit mir ein Zweifel über die Diagnose suggeriert wurde.

In den Garten konnte ich erst am späteren Nachmittag zurückkehren. Giulio hatte das Gras gemäht und das Feld mit den Olivenbäumen gejätet. Ich hatte erwartet, dass er mehr tun würde, doch vielleicht bin ich darin ungerecht. Ich habe ein wenig vergessen, wie viel Zeit man für alles braucht. Auch von Gabriele hatte ich erwartet, dass er schneller damit fertig würde, den Saum mit dem Fadenmäher zu säubern, doch anscheinend braucht man auch für diese Arbeit mehrere Vormittage. Ich sagte Giulio, er solle Freitag wiederkommen: Der Korb mit Zucchini, Mangold, Salat und Rucola, den er mir zusammengestellt hat, reicht für ein paar Tage. Ich hätte gern draußen am Tisch gegessen, beschränkte mich aber darauf, den Salatteller hinauszutragen. Ich könnte ein kleines Tischchen direkt vor die Tür stellen, um den Blick auf den Garten bei Sonnenuntergang zu genießen. Heute war er wunderschön, mit den grünen und bronzefarbenen Fenchelstängeln, die zart und frisch vom Licht umspielt hinter den Buchsbaumsträuchern hervorsprießen, und den verschiedenen Farben der Zistrosen, der Rosen, des Knoblauchs und den Grüntönen, die noch nicht alle gleich sind.

Es ist so schön, draußen zu sitzen und einfach zu schauen. Alles ist genau so, wie es sein sollte. Keinerlei Missklang.

Ich glaube, meine große Liebe zum Garten entspringt einer Art instinktiver Dankbarkeit für dieses wunderbare, beinahe kindliche Gefühl, wenigstens dort in Sicherheit zu sein. Das spürte ich deutlich, als ich hörte, wie der Himmel für einen kurzen, aber erschütternden Augenblick zerriss. Zur milden Stunde des Sonnenuntergangs, während ich ruhig die ziehenden, nun schon grauen Wölkchen betrachtete, zerriss ein schreckliches Getöse den Zauber und löschte die letzten Triller der Amseln und das geheimnisvolle Rascheln rundum aus. Wenig später tauchte hinter der Krone der großen Steineiche ein riesiger, gelb-schwarz gestreifter Drachen auf, an dem ein dröhnender Motor hing, gesteuert von einem unheimlichen Kerl mit Sturzhelm und dunkler Brille. Abschießen hätte ich ihn können, diesen unerträglichen Idioten, diese menschliche Hornisse wenige Dutzend Meter von meinem Kopf entfernt. In Sekundenschnelle hatte er mir die Verletzlichkeit des Schoßes offenbart, in den ich mich verkrochen hatte, aber auch die Robustheit meiner Nerven, einer Grundhaltung, die ich lieber als friedfertig betrachtet hätte. In Luftlinie nützt auch der beste Zaun nichts.

Vom Jane Goodall Institute erreicht mich ein dringendes Einschreiben mit zwei DVDs: Videos über den Gemüsegarten von Kigoma in Tansania, wo ich eingeladen bin. Ein Film zeigt die zum Schutz gegen Ziegen und andere Tiere eingezäunten Parzellen. Ich weiß nicht, ob ich es je schaffen werde, nach Kigoma zu reisen – ich fürchte die Schwüle und die Feuchtigkeit, Gift für meine fragilen Motoneuronen –, aber jetzt, wo ich die sympathischen Gesichter der Kinder, des Agronomen und einer weiteren Frau (die Lehrerin?) sehe, ist es fast so, als wäre ich dort gewesen. Der zweite Film zeigt das jährlich stattfindende Fest. Die Kinder tanzen, manchmal mit merkwürdigen, langsamen, runden Bewegungen, sodass sie beinahe körperlos wirken, dann wieder mit zuckenden Muskeln wie Quecksilber. Ein eingegipster Arm hindert einen Jungen nicht, einen rasend schnellen Tanz aufzuführen. Bei einem Sketch in Kostümen, in einer Sprache, die ich nicht verstehe, stürzt sich ein hochgewachsener Junge auf einen Kleinen und ersticht ihn mit einem abgerundeten Spielzeugschwert. Der Kleine stellt sich tot und wird weggeschleift.

Wer weiß, ob ich je dorthin fahren werde. Mal sehen. Heute war ich bei dem Therapeuten in Pisa. Am Morgen konnte ich mit der linken Hand die Bluse nicht zuknöpfen. Nach der Behandlung ist es mir gelungen. Vielleicht erlaubt mir diese sonderbare Kur auch noch, nach Tansania zu fahren?

Mit der Post ist ein Buch von Jarman gekommen: *Chroma*, mit einem schönen Porträt von ihm auf dem Umschlag (4). Als Homosexueller und Aktivist für die Rechte der *Queer* – um den Ausdruck zu verwenden, den er dem Wort *Gay* vorzog – flößte er mir früher gewisse Vorbehalte ein, weil ich mich grundsätzlich aus dem pulsierenden Mittelpunkt seiner Welt ausgeschlossen fühlte. Jetzt ist mir, als bildete der Umstand, dass wir beide das Bewusstsein erlangt haben, vor einem mehr oder weniger langsamen Verfall zu stehen, das ideale Terrain für eine Begegnung. Beide in einem Garten, in der Natur, in einer Dimension, in der der Unterschied zwischen Männern und Frauen endlich weniger aktuell wird.

Hint that within the Riddle
One will walk today

verweis ich drauf, dass Eine heut
ins Herz des Rätsels tritt –

– so Emily Dickinson. Ob man sich wenigstens angesichts dieses Rätsels, dieses Geheimnisses wie Bruder und Schwester fühlen kann?

Per Post treffen weitere Bücher von Derek Jarman ein. *Smiling in Slow Motion, Modern Nature* – darin spricht er über Prospect Cottage. Ich übertrage hier direkt meine Notizen.

Wilderness garden, das Konzept von Prospect Cottage. Nur einige Rosensträucher zwischen den Kieseln, ganz dezent, um den Eindruck von Wildnis nicht zu zerstören. Ich hatte vergessen, wie unglaublich gut Jarman schreibt. Und wie viel Leidenschaft und Eleganz in seinem Gesicht liegt. Man kann nicht umhin, ihn ernst zu nehmen.

Ich muss es zugeben: Wie Jarman genau dann mit der Erschaffung eines eigenen Gartens anzufangen, wenn man weiß, dass die Kräfte Tag für Tag nur noch abnehmen können, während man mühsam nur noch ein Drittel des Mistsacks, den ein alter Mann problemlos schultern würde, hinter sich her schleift, und sich dennoch glücklich zu fühlen, ist ein radikaler Akt. Wirkt es im Vergleich dazu nicht wie eine Art Selbstbetrug, einen Garten anzulegen in dem Glauben, immer stärker und gesünder zu werden, so wie ich es getan habe? Wenn es keine Lüge ist, so ist es jedenfalls naiv. Obwohl ich doch etwas ahnen musste, wenn mir von Anfang an wie ein Refrain immer wieder die Verse aus einem Buch von Anne Atik einfielen, die Samuel Beckett gerne zitierte, der sie Vincent Voiture zuschrieb. Sie waren so etwas wie ein Talisman für mich geworden: *J'ai vécu sans nulle pensement / Me laissant aller doucement / À la bonne foi naturelle / Et je m'étonne fort pourquoi / La mort pense jamais à moi / Qui ne pensait jamais à elle.*

Der natürliche gute Glaube: Der *bon homme*, gewöhnlich derjenigen verpflichtet, die im *Symposion* als plebejische Aphrodite bezeichnet wird, lebt sorglos dahin; in seinem Urvertrauen ist er ganz erstaunt darüber, dass der Tod sich an ihn erinnert, obwohl er selbst doch gar nie an ihn denkt. Er vermischt sich mit der Natur, die ihm Lust und zugleich seinen Unterhalt verschafft; ihm scheint nicht bewusst zu sein, dass dies alles nicht für ihn persönlich oder für seine Gattung existiert. Jarman dagegen weiß, dass man sich auch in die Natur begeben kann wie auf ein Filmset, wo man den letzten Akt aufführt.

Dennoch: Mein Herz schlägt für die einfache Kreatur, die überrascht wird. Die naiv glaubt, sie könne mit aller Kraft unendlich so weitermachen, indem sie produziert und reproduziert, was sie liebt. In Jarmans Cottage, absichtlich dem Atomkraftwerk und dem Tosen des windgepeitschten Ozeans entgegengesetzt, spüre ich die geniale Geste eines Theatermannes. Gleichwohl langweilt es mich, wenn er sich der Bosheit, dem Snobismus gegenüber den gewöhnlichen Sterblichen ergibt. Auch wenn er völlig zu Recht für eine mit den

Füßen getretene Sexualität eintritt, ist es wirklich nötig, die Wäsche, die eine junge Braut für ihre Hochzeitsreise in den Koffer gepackt hat, als *fuckwear* zu bezeichnen? Sollte man wirklich diese Menschen für das erlittene Unrecht büßen lassen? Und wird nicht selbst *Modern Nature*, wenn auch durchsetzt von fulminanten Seiten über die Landschaft in den dramatischen Klimaveränderungen von Dungeness, sehr bald doch zum Journal eines wieder vom Strudel der Arbeit erfassten Regisseurs?

Früher oder später macht man Erfahrungen, von denen man glaubte, dass sie einem nie zustoßen könnten. Man bleibt nie am selben Punkt in der Zeit stehen. Als Kranker beginnt man, weniger verächtlich auf die anderen Kranken zu blicken. Man entdeckt, dass es jeden treffen kann, es kommt »auch in den besten Familien« vor. Ein geschwollenes Bein, ein langsamer Gang, womöglich gar mit Rollator. Ungeheuerlichkeiten, von außen betrachtet, doch als Kranker beginnt man zu ahnen, dass dieser wenig anziehende Mensch sich innerlich genauso fühlt und erlebt wie vorher. Trotz seiner Selbstwahrnehmung erscheint seine unschuldige Überzeugung, das gleiche Recht auf Lebensfreude zu haben wie jeder andere, nicht selbstverständlich, sondern löst Verwunderung, ja sogar Empörung aus. Sicherlich würden alle diese Wesen, von denen man nicht genau weiß, was sie auf der Welt tun, gern noch eine Weile länger dortbleiben.

An einen so kalten Mai kann ich mich nicht erinnern. Es ist der 25., der Monat ist fast zu Ende, in anderen Jahren waren diese Tage zum Ersticken schwül, ein warnender Vorgeschmack auf den Sommer. Heute dagegen starker Wind,

Regen, Donner, dreizehn Grad im Haus – man muss heizen. Einige Male ist der Himmel aufgerissen und dann: sofort hinaus in den Garten! Die makellose Isphahan-Rose scheint dieses Klima zu genießen. Noch nie habe ich so schöne Rosen gesehen; die Temperatur hält sie frisch und die Feuchtigkeit bringt die Farben zum Leuchten. Macchia folgt mir auf meinem Spaziergang mit einem Stöckchen im Maul. Im Gemüsegarten üppig wuchernde Zucchini. Vielleicht auch dank des Bodens, da ich an der Stelle seit beinahe zehn Jahren nichts mehr angepflanzt hatte. Mit einer Hand pflückte ich einige, mit der anderen musste ich mich fest auf den Stock stützen. Ich stecke sie in die Tasche. Gern würde ich auch die Rosen im östlichen Wald sehen – von weitem zwinkern sie mir schön dunkelrot und mit kleinen gelben Kronen zu –, doch das Gras steht zu hoch, ich würde stolpern. Morgen kommt Giulio, ich werde ihn das Gras auf den Wegen schneiden lassen und hoffe, dann auch diesen Teil des Gartens besichtigen zu können. Heute habe ich fast den ganzen Tag im Liegen gelesen und am Fenster die Veränderungen des Lichts verfolgt.

Bald wird Peter Hillman nicht mehr unter uns sein, es handelt sich nur noch um Tage. Vor zwei Jahren war ich bei ihm und Nehama in Ein Kerem zu Gast. Eines Morgens zeigte er mir das von ihm in Jerusalem gegründete Museum der Wissenschaft, es war wunderbar, es mit ihm zu besichtigen und seinen Erklärungen zu lauschen. Er sagte, er sei sehr wissbegierig, er habe so viele Fragen, auf die er eine Antwort suche; er bedauere es aufrichtig, nur noch so wenig Zeit vor sich zu haben. Wenn es jemanden gibt, der es verdient hätte, noch weitere zwanzig, dreißig Jahre oder vielleicht für immer zu leben, dann Peter, mit all seiner Liebe und seinem Interesse für die Welt, seinem Kummer angesichts der Unmöglichkeit für den Einzelnen, das Bild zu vervollständigen. Es wäre schön, wenn man denken könnte, dass jedes Wesen wie ein Teil eines Puzzles zu etwas Größerem gehört, das es einschließt. Dass jedes Wesen so etwas wie ein Sinnesorgan ist, das diesem Etwas dazu dient, eine Gesamtansicht zu erzeugen. Oder vielleicht auch nicht, vielleicht ist die Wirklichkeit, wie Juri Lotman einmal zu mir sagte, dieses unergründliche Etwas, von dessen vollkommener Form manchmal ein Fragment aufscheint, in der Spannung zwischen unterschiedlichen Interpretationsversuchen.

Erst jetzt habe ich es verstanden. Mein Glück im Garten war echt, aber unterminiert von einem Gefühl der Unvollständigkeit. Jetzt fühle ich mich vom Garten wieder angenommen. Eine Zeit lang vernachlässigt, beinahe verloren, und dann im Augenblick der Bedürftigkeit wiedergefunden, hat sich der Garten, Miniaturabbild der Schöpfung, als meine einzig mögliche, dauerhafte, tiefe, befriedigende Beziehung erwiesen. Keine Beziehung zu einem Menschen wird je wieder mein Sein auf der Welt minimieren können. Die Katastrophe hat mich in gewissem Sinne davor gefeit.

Gestern hat mich Nathan Schneider mit seiner Verlobten Claire besucht. Nathan, 28 Jahre alt, ist dabei, ein Buch über den Gottesbeweis zu veröffentlichen. Vor etwa zehn Jahren ist er zum Katholizismus übergetreten. Claire dagegen ist katholisch aufgewachsen, als drittes von fünf Geschwistern. Mit Nathan sprachen wir über den christlichen Standpunkt bezüglich der Möglichkeit, seinem Leben ein Ende zu setzen, wenn die Krankheit einen ganz lebensuntüchtig gemacht hat. Es gebe einander widersprechende Stimmen, sagte Nathan.

Sie gingen in Brooklyn jede Woche zur Messe. Um Teil der Gemeinschaft, der Nachbarschaft zu sein. Vor allem träfen sie dort alte Frauen an, die den Rosenkranz beten. Ich erwiderte, ich sei nur ein paarmal aus gegebenem Anlass in der örtlichen Kirche gewesen, bei der Gedenkfeier für einen Verstorbenen, bei einer Trauung, und hätte jedes Mal eine Riesenwut über die verpasste Gelegenheit empfunden. Die Mittelmäßigkeit der Worte des Pfarrers zerstöre das, was für viele die einzige Gelegenheit sei, sich mit etwas Transzendentalem, Spirituellem zu konfrontieren. Nathan und Claire sagten, in Brooklyn sei es genauso, sie gingen aber trotzdem in die Kirche, weil für sie die Teilnahme am Leben der Menschen im Stadtviertel sehr wichtig sei. Ich verstand, dass das ihre Art ist, sich in diesem Raum, in dieser Zeit, in dieser Gemeinschaft zu bewegen. Innerlich fragte ich mich jedoch, ob diese Entscheidung für eine spezielle Religion nicht etwas Willkürliches an sich habe in einer Epoche, in der sich verschiedene religiöse Orientierungen überall in Raum und Zeit überschneiden. Doch ich achte ihren Glauben, ihre Bemühung, etwas nicht ganz zu verlieren, was heutzutage tatsächlich fast nur noch von alten, mit Rosenkranz bewaffneten Latinas gepflegt wird. Mir hat meine Großmutter die Abendgebete weitergegeben. Und darin liegt zweifellos ein ebenso großer wie nicht konkret messbarer Wert. Ich habe mit Nathan über den *Führer der Unschlüssigen* von Moses Maimonides gesprochen, den ich während der Elektrotherapiesitzungen in Pisa lese, und über Pavel Florenskij, den Nathan hingegen nicht kennt, und dessen Kritik an der Erkenntnistheorie, die in der westlichen Philosophie den Löwenanteil ausmacht. Florenskij geht von der Erfahrung aus, findet es unfruchtbar, beweisen zu wollen, wovon man im Innersten weiß, dass es wahr ist. Ich glaube, so zusammengefasst klingt es zu vereinfacht, aber dennoch: ein möglicher Ansatz ist, die Welt aus dem Inneren unserer Erfahrung heraus zu erkennen. Ein anderer ist, den Erkenntnisapparat selbst der Kritik zu unterziehen und sich dabei in gewissem Sinne herauszuhalten. Maimonides kommt zu einer negativen Theologie: Wir können nur Gottes Attribute bestreiten. Ist die Existenz ein Attribut, das man bestreiten kann? Indem man diesen letzten Schritt vollzieht, kommt man zum Mu, zur ursprünglichen Leere – zu etwas, dessen Wirklichkeit wir dunkel erahnen. Emily Dickinsons *Rätsel.* Wie auch immer: Mir ist Florenskijs liebevolles, sanftes Gesicht teuer, der zärtliche, schelmische Blick, den seine Frau ihm auf einem schönen Foto zuwirft, die Zärtlichkeit, mit der er sein Söhnchen auf den Schultern trägt. Das ist das Leben.

Nach Viareggio ins Cinema Odeon, um *Miele* anzuschauen, den erstaunlichen Film von Valeria Golino über eine junge Frau, Miele (Jasmine Trinca), deren (illegale) Arbeit darin besteht, unheilbar Kranken zu helfen, sich aus dem Verkehr zu ziehen. Alles geht glatt, bis Miele auf den Ingenieur Grimaldi (Carlo Cecchi) trifft, der nicht sterben will, weil er krank ist, sondern weil das Leben ihm nichts mehr bedeutet. Miele setzt sich mit ihm auseinander, besucht ihn regelmäßig und ist von ihm fasziniert. Als sie entdeckt, dass er nur depressiv ist, gelingt es ihr, sich das Lamputal zurückgeben zu lassen, ein tiermedizinisches Präparat, das sie unter dem Vorwand gekauft hatte, einen »alten, sehr kranken Hund töten« zu müssen. Miele gibt sich der Illusion hin, ihn dem Leben zurückgegeben zu haben, entdeckt aber, dass sie ihn in Wirklichkeit gezwungen hat, sich in blutiger Weise umzubringen, indem er sich aus dem Fenster stürzt. Eine Frage steht im Raum: Ist es richtig, nur körperlich Kranken Sterbehilfe zu gewähren? Ist es möglich, dass das Recht auf freie Entscheidung weiterhin verweigert wird? Im Film stirbt als Erstes eine Frau. Im Bett, mit aschfahlem Gesicht, aber lebhaften Augen, ihr Mann in Tränen aufgelöst, während sie der Musik lauscht, die sie sich ausgesucht hat, um zu gehen – ein Lied von Liebe und Leidenschaft. Kurz nachdem sie das Lamputal geschluckt hat, fragt sie, wie lange es dauern wird. Zwei bis drei Minuten. So schnell? Vielleicht hätte sie gern noch das Lied zu Ende gehört, es ein wenig hinausgezögert. Wenn ich an der Reihe bin, möchte ich am liebsten allein sein. Ich möchte entscheiden können, an welchem Tag ich gehe, aber nicht zu einer genauen Zeit, nicht mit Menschen um mich herum, die darauf warten, dass es vorbei ist, und mich dadurch irgendwie gedrängt fühlen. Ich will frei sein, noch eine Seite zu lesen, einen Brief zu schreiben, eine Musik zu hören. Sollte ich Lust bekommen, zu weinen, Grimassen zu schneiden, laut zu singen, mich zusammenzurollen, möchte ich das tun können, ohne dass mir jemand dabei zusieht. Am liebsten würde ich das, was getrunken werden muss, im Bett liegend trinken, dann das Licht ausknipsen, mich auf die Seite drehen mit dem Kopf auf dem Kissen, wie jeden Abend, wenn ich schlafen gehe. Eine Horrorvorstellung, es mitten am Tag tun zu müssen, als wäre Sterben so etwas wie Zähne ziehen.

Seltsam, wie viel in diesen Zeiten von Tod und Krankheit gesprochen wird. Man könnte meinen, es sei das zentrale Thema, oder ist es meine Situation, die meinen Blick auf diese Erfahrungen, diese Gespräche lenkt? Tatsächlich habe ich den Eindruck, als drehte sich in Büchern und Filmen alles um dieses Thema. Viel mehr als früher.

Auch mit Nathan habe ich darüber gesprochen. Er schickt mir eine E-Mail, in der er mir Texte nennt, die mich interessieren könnten. Einer handelt von Claires Vater; er hatte mit 47 einen Herzinfarkt und war danach linksseitig gelähmt. Mit 55 Jahren nimmt er, egal, wie langsam, am St. Patrick's Marathon in New York teil und entdeckt eine neue Weltsicht: »Es geht nicht nur darum, zu geben und für die anderen zu sorgen. Es geht auch darum, etwas von den anderen anzunehmen.« Auch an die geringere Energie gewöhnt man sich: »Ich habe gelernt, dass langsam zu gehen eine spirituelle Übung ist. Die Menschen sind sehr freundlich zu jemandem, der geht wie ich.« Es stimmt: Seit ich langsam gehe, nehme auch ich wesentlich mehr von meiner Umgebung wahr, fällt es mir so viel leichter, im Augenblick zu leben. Ein bisschen wie bei der Gehmeditation, die ich während der Vipassana-Seminare so gar nicht mochte. »Vor meinem Infarkt hatte ich nie bemerkt, wie viele freundliche Menschen es gibt, aber jetzt fallen sie mir auf, und wie.«

Diese Maitage haben einige der Caravilla-Setzlinge aus Sri Lanka umgebracht. Zu kalt für sie. Nur drei haben überlebt. Ich sage zu Giulio, dass entweder im Holz- oder im Geräteschuppen, das weiß ich nicht mehr genau, einige Plastikpyramiden stehen, Minigewächshäuser, um die Pflanzen zu schützen, die Arme-Leute-Variante der Glasglocken. Im Unterschied zu diesen sind sie sehr leicht, fliegen beim ersten Windhauch davon, man muss drum herum etwas Erde anhäufen. Nun sind die noch übrigen Caravilla geschützt und bereit für diese Woche, die noch kalt sein soll.

Heute Nacht Donner und Blitze, früh am Morgen prasselnder Regen ohne Ende. Scheußliche Kälte.

Von Exit kommt eine Mail. Ich hatte mich vor ein paar Jahren eingeschrieben, als ich die von der Züricher Klinik Dignitas angebotenen Möglichkeiten in Betracht zog. Damals gab es auf deren Webseite einen Werbespot: ein Video über eine französische Schriftstellerin, die sich fest entschlossen zeigte zu gehen, ohne das geringste Zögern, sogar begeistert und zum Scherzen aufgelegt, indem sie noch ein wenig Schokolade verlangte, um den bitteren Geschmack des Narbutan zu überdecken. Sicher ist es lobenswert, seinen Tod in etwas für die Menschheit Nützliches zu verwandeln, dennoch hatte ich ein ungutes Gefühl: Wie jede Reklame war auch diese zu fröhlich, wenn nicht falsch, doch jedenfalls einseitig. Obwohl die Begeisterung gewiss verständlich ist: Sich eine endlose Agonie im Krankenhaus, die künstliche Beatmung, die Zwangsernährung, das Wundliegen, kurz all die grauenhaften Begleitumstände der lebensverlängernden Maßnahmen ersparen zu können ist ein befreiender Akt. Aber warum hatte ich dann die Nase gerümpft? Vielleicht nur, weil ich mir etwas Intimeres mit weniger sozialem Engagement wünsche.

Nun zur heutigen Mail – ein Workshop von Exit in Dublin, Amsterdam, London und Frankfurt. Selbstmord-Kurse. Den Unterricht erteilt ein Dr. Philip Nitschke. Im Anhang eine Sendung von Al Jazeera, *Licence to kill.* Thema Sterbehilfe, mit Schwerpunkt auf Australien. Auf juristischer Ebene müsste eigentlich alles klar sein: Es handelt sich um ein Grundrecht. Unwillkürlich mache ich mir im Geist Notizen. Zugelassene Teilnehmer: Menschen über fünfzig oder Schwerkranke. Ich sehe fast nur Alte. Liebenswürdig lächeln sie in die Kamera. Es ist beunruhigend, diese Menge von Frauen und Männern zu sehen, die dringend nach einem Fluchtweg suchen. Sie sitzen da und lauschen Dr. Nitschke. Vielleicht könnten sie in derselben Zeit etwas Schöneres machen? Sind sie neugierig oder wirklich interessiert zu erfahren, wie sie sich aus dem Verkehr ziehen können? Allen scheint der Körper eine Last zu sein, die man irgendwie loswerden muss. Man bräuchte entsprechende Abfallcontainer. Vielleicht stellen sich die Müllbilder bei mir ein, weil die Tatsache, dass die menschliche Gattung nicht mehr zur Nahrungskette gehört, seit sie vor dem Appetit anderer Gattungen in Sicherheit ist (jedenfalls solcher, die man mit bloßem Auge sehen kann), die Masse der Individuen in Körper verwandelt hat, die entsorgt werden müssen. Kein Körper braucht zum Überleben noch jene Vitalität, mit der man sich ständig vor der Bedrohung durch Raubtiere schützt. In diesem Sinn ist kein Körper mehr aufgeweckt und wachsam.

Man hätte das Problem früher angehen müssen. Zu spät, sich darum zu kümmern, wenn es nur noch darum geht, über das zu verfügen, was längst Müll geworden ist. Man hätte es gar nicht so weit kommen lassen dürfen. Hätte vom Tag der Geburt an dafür sorgen müssen, das Leben am Leben zu halten. Ich betrachte den ausgemergelten alten Mann mit PEG und Schlauch in den Magen – er wirkt quicklebendig, wach, voller Energie. Er will sterben, beinahe kindlich lächelt er mit seinen großen blauen Augen beim Gedanken an den Tod. Nun gut, ich habe ihn nur im Video gesehen, als Dr. Nitschke ihm Papiere zum Unterschreiben gibt, die den Arzt von jeder Verantwortung entbinden. Interessant wäre zu sehen, wie er den Rest seiner Zeit verbringt, ob er auch mit Talent zu leben versteht. Oh, ich weiß, was ich sage, ist zu böse. Das kommt von der Trostlosigkeit, die mich erfasst, wenn ich nicht einen, sondern eine Masse Menschen sehe, für die Sterben die einzige Hoffnung darstellt.

Über den Körper verfügen: Vor etwa fünfzehn Jahren habe ich ein Buch gelesen, das mit dem Tod des Obergärtners des Potager du Roi in Versailles, Jean-Baptiste de La Quintinie, endete: Ich meine, er grub sich ein Grab und legte sich hinein, um zwischen den Bäumen seines Obstgartens auf den Tod zu warten und sich in den gehaltvollsten Dünger zu verwandeln, mit dem er sie bis zu diesem Zeitpunkt genährt hatte. Damals gefiel mir die Idee, jetzt finde ich sie literarisch. Es ist nur ein Bild, in der Wirklichkeit würden die Stunden des Wartens auf den Tod schrecklich langsam und qualvoll vergehen. Der beste Platz zum Sterben ist doch, glaube ich, ein bequemes Bett. Wo man sich zur Beruhigung möglichst so ähnlich verhalten kann wie beim Einschlafen.

Bei Tisch leistet Macchia mir Gesellschaft, sie legt mir die Pfoten auf den Schenkel, ich streichle sie, und ab und zu halte ich ihr einen Leckerbissen hin. Ich nehme ihren Kopf zwischen meine Hände, fühle, wie das Leben in ihr pulsiert.

Irgendetwas überzeugt mich nicht an den Darstellern der Videos gewisser Vereine. Ich spüre, dass etwas nicht stimmt. Schon allein, dass eine Person aus freien Stücken ihr Leben der Todespropaganda widmet, finde ich fragwürdig. Aktivisten und Fanatiker mag ich nicht. Außerdem habe ich den Eindruck, dass so viel Einsatz für die Sterbehilfe dazu führt, sich selbst ausschließlich als jemand zu sehen, der von außen beurteilt wird. Dabei fällt mir mein Vater ein, der am Steuer, wenn er eine alte Frau mit Rollator entdeckte, gern scherzhaft vorschlug, sie zu überfahren, denn wozu lebte sie denn noch, so hässlich und arm dran, wie sie war. Er meinte es nicht so, wollte sich nur aufspielen und genoss es, seine Mitfahrer zu schockieren. Sicherlich, Alte und Kranke sind nicht dekorativ, sie sind kein schöner Anblick. Doch das ist nur das Äußerliche. Wir wissen ja nicht, was sie empfinden. Wahrscheinlich sind sie nicht das, was sie zu sein scheinen, sondern das, was sie sehen. Sie schauen ja nicht ununterbrochen in den Spiegel. Was sie sehen, ist die Welt um sie herum. Man wird so leicht mitgerissen von dem, was man vor sich hat. Manchmal denke ich unwillkürlich: Das ist es, meine Erfahrung ist im Augenblick dieses Gesicht hier vor mir, der Mensch, mit dem ich spreche. Während mein Gesicht für diesen Menschen in diesem Augenblick seine Erfahrung der Welt darstellt. Als wäre ich derjenige, den ich anschaue, und der andere wäre ich, der ihn anschaut. Wer alt oder krank ist, vergisst wahrscheinlich im Gespräch mit einem gesunden Menschen seine Lage. Wenn wir aber einem Kranken das Schreckgespenst der lebensverlängernden Maßnahmen an die Wand malen und ihm den Verfall des Körpers, der ihm gehört, vor Augen halten, nehmen wir ihm die Möglichkeit, statt sich selbst die Welt zu betrachten, und jagen ihn in die Sackgasse der Angst. Wir zwingen ihm unser Bild seiner Person auf, und es ist, als sagten wir: Tritt ab, es lohnt sich nicht, dass du bleibst, so wie du zugerichtet bist.

In Wirklichkeit weiß ich nichts über diese Personen, es handelt sich nur um flüchtige Eindrücke von einem YouTube-Video. Um tatsächlich mitreden zu können, fehlt mir die Erfahrung: Bisher hat die Krankheit mir keinerlei körperlichen

Schmerz verursacht. Und wenn der Schmerz einen von innen zerfrisst, hat der Geist bestimmt nicht mehr so viel Raum, um auf die Welt zu blicken.

Diese Gedanken werden durch Tommasos Ankunft unterbrochen. Ungeachtet meiner Diät hat er mir eine Schachtel Butterkekse mitgebracht. Er sagt, er habe verstanden, dass Butter für die Gesundheit ungeheuer wichtig sei. Frische Butter vielleicht, die in den Keksen wohl kaum ist, dennoch tut es gut, sie draußen im Garten fröhlich zum Tee zu knabbern. Ich habe dir auch ein Sträußchen getrocknete Blumen mitgebracht, sagt er zu mir. Seltsam, denke ich, aber ohne mich zu sehr zu wundern – ich weiß, dass er eine Leidenschaft für Pflanzen hegt. Er reicht mir ein Kuvert. Wirklich ein Ministräußchen, denke ich, wenn es in einen Umschlag passt. Ich mache ihn an einer Seite auf, und was ich sehe, ähnelt mumifizierten kleinen Disteln. Es duftet wunderbar. Was sind das für Blumen?, frage ich. Amüsiert sieht er mich mit lachenden Augen an. Da begreife ich. Cannabis. Wir hatten sogar darüber gesprochen, nachdem ich erfahren hatte, dass er sich so behandelt – er leidet seit Jahren an Multipler Sklerose. Tatsächlich geht es ihm ausgezeichnet, er braucht nicht einmal mehr einen Stock oder eine Gehschiene. Er geht schön gerade, als wir durch den Garten und dann zum Gemüsebeet spazieren, wo ich ihm anbiete, sich – allein – ein paar Zucchini zu pflücken. Aber wie mache ich das jetzt? Ich kann keine Zigaretten drehen. Du kannst die Pfeife nehmen, sagt er zu mir – ja, da liegt vielleicht noch eine herum, im Nähschränkchen, eine Pfeife meines Vaters. Oder einen Tee daraus machen und es trinken. Oder Kekse damit backen. Ich hatte sie vollkommen vergessen, die Sache mit dem Marihuana, dabei hatte ich ihn doch selbst darum gebeten, und dann hatte er mir einen Artikel von der Homepage der AISLA, der italienischen Gesellschaft für Amyotrophe Lateralsklerose, über den therapeutischen Gebrauch von Marihuana und eine ganze Reihe von Medikamenten geschickt, die in Italien noch nicht im Handel sind. Der Duft ist wirklich berauschend, noch nie habe ich eine so verführerisch duftende, süßliche Trockenblume gerochen. Nur daran zu schnuppern tut schon gut, denke ich. Tommaso ist nicht wie ich von Arzt zu Arzt, von Meinung zu Meinung gesprungen. Der Erste, zu dem der Hausarzt ihn geschickt hat, machte einen guten Eindruck auf ihn, und dort ist er geblieben, ohne nach Wunderheilern zu suchen. Ich wünschte, ich hätte es genauso gemacht, stattdessen bin ich den Ratschlägen der Freunde zum Opfer gefallen, von denen jeder genau wusste, was ich brauchte. Ich war schon immer sehr beeinflussbar. Tommaso ist gelassen, er hat keine Angst zu sterben, denn er meint, es sei so wie Einschlafen, etwas, wovon wir gar nicht merken, dass es geschieht. Was die Zeit davor betrifft, findet er es nicht so tragisch, irgendwann nicht mehr gehen zu können und was sonst noch so dazugehört. Er denkt, man könne aus jeder Situation etwas machen. Auch ich dachte das heute, während ich in Pisa an die Elektroden angeschlossen in Derek Jarmans Tagebuch die Stelle las, wo er schon sehr schwach und elend im Krankenhaus liegt. Dennoch ist er nicht unglücklich, er freut sich über die Freunde, die ihn besuchen, und auch dort im Krankenhaus gibt es noch so viel zu sehen, zu verstehen, zu erleben. Allmählich denke ich, dass dies die Arbeit ist, die man leisten muss: sich nicht von der Angst niederdrücken zu lassen in der Zeit, die dem Tod vorausgeht, von dem Wunsch, sich alldem zu entziehen. Tommaso hat sogar die Magnetresonanz gefallen: die leichte

Luftbewegung, die seltsamen Geräusche – fast eine Musik – gaben ihm bei geschlossenen Augen das Gefühl, in einem Pappelhain zu sein. Auch ich fand es schön, mit geschlossenen Augen dazuliegen und den Geräuschen des Apparats zu lauschen. Vielleicht sollte man einfach akzeptieren, dass auch diese unerklärlichen, untätigen Momente es wert sein können, gelebt zu werden.

An der Stelle, wo ich eine hochelegante, grünlich-violette *Fritillaria persica* (persische Kaiserkrone) gepflanzt hatte, die Paul mir geschenkt hat, finde ich ein Loch. Seit einiger Zeit bemerke ich Verwüstungen im Garten. Ein Stachelschwein muss hereingekommen sein, als das schlecht geschlossene Tor in der Nacht aufgegangen ist. Angeknabberter Aronstab liegt am Rand des Gemüsebeets. Und nun die Kaiserkrone, an der ich so hing. Als ich Paul die traurige Nachricht mitteile, antwortet er mir: »Oh, Pia, der Garten ist voller solcher Augenblicke; eine abartige Seite in mir liebt diesen unaufhörlichen Kampf, um so wenig zu erreichen. Voriges Jahr habe ich unter einer Zeder tausend *Crocus tommasinianus* (Elfen-Krokusse) gepflanzt, und die Mäuse haben alle bis auf drei aufgefressen.« Ich fühle die tiefe Weisheit dieser Worte. Auch der Garten, der unser Körper ist, erfordert sehr, sehr viel Arbeit, die unsichtbare Mäuse und Stachelschweine andauernd wieder zunichtemachen. Leben bedeutet diesen ständigen Grabenkampf. Im zweiten Teil von *Modern Nature*, als Jarman, HIV-positiv, schließlich an Tuberkulose, Lungenentzündung, Toxoplasmose und anderen, weniger schweren Leiden erkrankt, wird der Kampf ungleich, er erlebt Momente der Blindheit, dann wieder meint er zu ersticken, kann nicht mehr schlucken, fühlt sich so matt und schwach, dass sogar das Rasieren zu einer blutigen Angelegenheit wird auf der unebenen, knochigen Fläche seines Gesichts. Und doch sagt Jarman nicht, er sei unglücklich, obwohl er es – hätte er ein solches Szenarium vorausgesehen – als größtes Unglück und größten Schmerz betrachtet hätte. Letzlich ist das, was er empfindet, doch nicht so schrecklich. Etwas in ihm steht über alldem, wie ein unverwüstliches Talent, die Schönheit der Welt zu erfassen, und vor allem: nicht abreißen zu lassen, was ihn an den Garten bindet, dem sein ständiger Gedanke gilt. Zuletzt: Listen von Blumen, unermüdliches Staunen angesichts der wandelbaren Farben des Meeres, belebt von der weißen Gischt der Brecher. Als er in Absprache mit den Ärzten zu arbeiten aufhört – sein letztes Projekt, den Film *The Garden*, kann er kaum noch verfolgen –, weichen Film und Malerei, aber auch Sex in die Vergangenheit zurück und Jarman lebt ausschließlich im Angesicht der Landschaft, der Natur, der Schöpfung. Als wäre das Universum selbst, in dem zu handeln er nicht mehr fähig ist, ihm zu einem größeren Garten geworden.

Ich fürchte, gerade dieses Talent, das Staunen nicht zu verlernen, die Fähigkeit, einer Vision von Schönheit verbunden zu bleiben, geht den Todeskursteilnehmern traurigerweise ab. Müsste die Gelassenheit uns nicht lehren, anzunehmen, was ist, ohne eine Empfindung der anderen vorzuziehen? Und die Befreiung? Ich will noch einmal über den Tod des Buddha nachlesen.

In diesen Frühlingstagen lebe ich wirklich in Gesellschaft von Derek Jarman. Ich suche *The Garden* auf YouTube, übrigens der erste homosexuelle Film, der je in Russland gezeigt wurde, und zwar auf dem Festival in Moskau 1991, zu dem Jarman, den Moment der Toleranz nutzend, selbst hingefahren ist. Einige Notizen nach dem Kurzfilm der BBC: Jarman kehrt sich vom Kino ab, zugunsten des Gartens – »Ich hätte nie Filme machen dürfen, das ist was für Idioten. Ich will mich einzig und allein meinem Garten widmen.« Denn im Garten erfolgt zyklisch die Auferstehung. Und er fährt fort: Der Garten ist der ideale Ort zum Sterben, er ist voller Magie, voller Überraschungen; er ist eine Therapie, ein Arzneibuch. Keith, der junge Mann, der bis zuletzt bei ihm war und sich auch danach weiter um den Garten gekümmert hat, sagt dazu: Je mehr er sich dem Tod näherte, umso wichtiger wurde ihm der Garten. Und Derek: Im Garten zu sein gibt mir großen Frieden, ich betrachte eine Blume, fixiere sie.

So einfach, nicht wahr? Braucht man etwa sonst noch etwas? Was bleibt denn von der Kindheit, wenn nicht innere Momentaufnahmen von uns als Kind, wie wir ein Gänseblümchen pflücken, an einem Veilchen riechen, in den Blütenblättern einer Rose stöbern, die Rinde eines Baumes streicheln. Uns in der Natur bewegen, in der Magie ununterbrochenen Staunens. Und vielleicht ab und zu von dem Gefühl erfasst werden, etwas Unsichtbarem zu begegnen. Einer Welle der Freude.

Im Gemüsegarten wachsen riesige, hohe Mariendisteln, wahrscheinlich ersticken sie die Blumenzwiebeln, die allmählich austreiben müssten – Freesien und andere Sommerblumen. Aber ich lasse sie triumphieren, ich kann einfach nicht anders, und außerdem bilden sie eine so gute Stütze für die Malven, die in Kürze blühen werden. Samstagnachmittag, als wir mit Costanza am Steintisch saßen, sah ich zu ihnen hinüber, ein

Flügelschlagen hatte meinen Blick angezogen: Kleine Vögel landeten auf den reifsten Distelblüten, pickten die Samen heraus, einige flogen mit dem flaumigen Pappus im Schnabel davon, der weiß in der bläulichen Luft der Dämmerung leuchtete. Schau, die Distelfinken, habe ich zu Costanza gesagt. Allerdings weiß ich nicht, ob es wirklich welche waren, von weitem konnte ich es nicht genau erkennen, doch gefiel mir der Gedanke, weil Distelfinken sich in der Tat gern an Distelblüten laben.

Aus Jerusalem schreibt man mir, dass ein Facharzt zu Peter gesagt hat, mit ein wenig Geduld werde es ihm wieder bessergehen. Das freut uns alle sehr. Und dann denke ich: Hätte er sofort einen Arzt gefunden, der bereit gewesen wäre, ihm beim Sterben zu helfen, hätte er diesen glücklichen Augenblick nicht erlebt. Vielleicht geht es eben nur darum zu lernen, die Angst zu überwinden, nicht vor dem Tod, sondern vor dem, was davor kommt. Was ist das, Angst vor dem Leben? Angst, es in all seinen Facetten zu erforschen? Wie gern würden wir es wegwerfen, dieses Leben, wenn es uns zu mühsam, schmerzlich und unerträglich scheint, sobald es aber wieder auch nur ein kleines bisschen erträglicher wird, freuen wir uns darüber und bescheiden uns damit, ohne nach der Kraft der Jugend zu streben. Wie schwierig ist es doch, den Wert der einzigen uns bekannten Chance zu beurteilen, das Am-Leben-Sein! Und was für eine Anmaßung, das Recht auf freie Entscheidung zu verweigern. Letztlich ist doch die Freiheit das unverzichtbare Gut, die unerlässliche Zutat, die man zum Leben braucht. Die Entscheidung für einen Beruf, der ganz der Sterbehilfe gewidmet ist, erscheint mir anstrengend und dennoch unverzichtbar: Mich beeindruckt der Fall eines

Australiers, dessen Mutter unheilbar an Magenkrebs erkrankt war und sich mit Narbutan das Leben genommen hatte. Auch der Sohn ist an der gleichen Art Tumor erkrankt. Er hat sich (noch) nicht umgebracht, doch das Narbutan in Reichweite zu wissen, hat ihm geholfen, lange Zeit unbeschwert weiterzuleben, ohne sich in der Falle zu fühlen. Ein zivilisiertes Land ist eines, in dem einem der Zugang zur letzten Medizin nicht verwehrt wird, in dem man nicht gezwungen ist, Ausreden zu erfinden und beträchtliche Summen aufzuwenden, um sich das zu besorgen, was unseren Haustieren nicht vorenthalten wird.

Als Giulio kommt, zeige ich ihm das Loch, wo die Kaiserkrone gewesen war, und bitte ihn genau nachzusehen, ob die Zwiebel vielleicht doch noch in dem Erdhäufchen steckt – tatsächlich, es sind sogar zwei! Also war es doch nicht das Stachelschwein, sondern Macchia: ein typisches Hundeloch, frecherweise gerade an der Stelle, die mit drei glänzenden Bambusrohren gekennzeichnet ist. Fritillaria resurrexit!

Was ist in diesen Tagen passiert? Meine Zeit ist vom Elektrotherapeuten verschlungen worden. Allmählich halte ich ihn nicht mehr aus. Er gehört zu den Menschen, die nicht zugeben können, dass sie sich geirrt haben. Wochenlang hat er mich auf einer Liege festgehalten, drei Stunden hintereinander, jeden zweiten Tag. Jedes Mal: Wie geht's? Besser? Nein, nicht besser. Und er: Du gehst aber viel besser! Ich habe es gesehen, du bist viel lockerer. Er empfängt seine Kunden mit der Jovialität eines Marktschreiers. Schöne Frau! Toller Mann! Breitestes Lächeln. Du könntest meine Schwester sein! Man merkt die Krise, sagt er, ich kriege nicht alle meine Liegen voll. Er versucht mir weiszumachen, dass ihm von den 210 Euro pro Behandlung höchstens dreißig Euro übrig bleiben. Die Kosten, wenn du wüsstest, wie hoch die Kosten sind! Vier Millionen Euro habe ich in diese Apparate investiert. Hast du eine Ahnung, was diese Apparate kosten? Vier Millionen Euro Investitionen? Und woher hattest du die? Damals habe ich am Flughafen gearbeitet, in der Logistik. Nach meinem Medizinstudium in Pisa. Aber wie konntest du mit einem einfachen Gehalt so viel verdienen? Oh … Potthässlich, dickbäuchig, verlogen, arrogant, spielt Ziehharmonika, verbreitet billigen Frohsinn. Handelt es sich um Betrug? Einen Zauberer nennt ihn Gaia, die ihn mir empfohlen hat. Zweifellos ein Original. Die Liebe, nur die Liebe treibe ihn an, sagt er. Aber warum bringst du deine Methode nicht noch anderen bei, wenn sie doch funktioniert? Ach, wen interessiert das schon! Bevor sie was lernen, fragen alle, wie viel man verdient; sobald sie begreifen, dass man nicht reich damit wird, geben sie auf. Aber ich beklage mich nicht, dass das klar ist! Einige, die bei mir gearbeitet haben, wollten mir sogar Kunden abspenstig machen. Aber ich habe ihnen ganz einfach aufgelauert und sie fotografiert und sie dann gefragt: Tut man das, den anderen die Kunden abwerben? Er behauptet, diese Apparate habe er erfunden. Und sie verbrauchten einen Haufen Energie. Die Stromrechnung, hast du eine Vorstellung, was es kostet, den ganzen Laden am Laufen zu halten? Der Laden besteht aus einem ebenerdigen Miniappartement in der Peripherie. Er bietet mir einen Cappuccino an: Schmeckt dir mein Cappuccino? Super, oder? Möchtest du einen Espresso? Diese Kekse stammen aus Apulien, lecker, nicht wahr? Und die Espressomaschine, hast du eine Ahnung, was die kostet? Und die Spülmaschine? Hunderttausend Euro. Hunderttausend? Allerdings, das ist ein professioneller Spüler, macht alles in einer Minute. Und da, wo ich den Kaffee mache, weißt du, was so eine maßgearbeitete Stahlplatte kostet? Pass auf, wenn du nicht kommst, musst du das Doppelte zahlen! Vor etwa zehn Tagen ist er nach Apulien gefahren zu seiner zweiten Hochzeit – weißer SUV, darin zwei Ziehharmonikas, der Basset, der beinahe genauso fett ist wie er selbst. Er hatte es sehr eilig mit der Abreise, und deshalb hat er mich fünfzehn Minuten kürzer behandelt. Ein Kunde ruft an, er komme heute nicht, er habe eine schlechte Nacht gehabt. Die Helferin: Der Professor ist zu gutmütig, sogar in den Krankenkassenpraxen muss man bezahlen, wenn man den Termin nicht mindestens 48 Stunden vorher absagt. Der Professor schweigt. Wo lehrt er eigentlich? An der Uni, erwidert er, als wäre das selbstverständlich. Im Lehrkörper der Universität finde ich ihn aber nicht. Eines Tages komme ich sehr schlecht gelaunt an. Es nervt mich, dass er behauptet, es gehe mir besser, ich es aber nicht so empfinde. Vielleicht solltest du hingehen und Erdogan umbringen, so wütend, wie du bist. Als er mir danach die Elektroden anlegt, habe ich Tränen in den Augen. Andere Male sagt er, ich solle doch mal lächeln, und ich sehe ihn schief an, ziehe zum Scherz einen Schmollmund, aber eine Grimasse. Das Problem ist im Kopf, sagt er zu mir, ich war einmal in Santo Domingo bei einer Frau, die in einer Hütte mit Lehmboden lebte, und auf dem Boden saß eins ihrer Kinder, das behindert war, aber die tanzte und tanzte. Was schwenkst du deinen Hintern, mit so einem Kind, habe ich sie gefragt. Was sollte ich denn machen? Die Vergangenheit ist vorbei, die Zukunft kennen wir nicht, bleibt zum Leben nur die Gegenwart. Es gibt Schlimmeres, viel Schlimmeres, schließt er. Aalglatt tischt er einem so viele Gemeinplätze auf, dass einem ganz schwummrig wird. Was ist das bloß für ein Mensch? Eine Art Gurdjieff, einer dieser genialen Schwindler, die ab und zu wie durch Zauberhand eine Frage lösen? Heute habe ich keine weiteren Termine ausgemacht. Ich möchte ihn loswerden, er ist nur zu einem weiteren Problem geworden. Nach Hause zurückgekehrt, gehe ich den Gemüsegarten gießen, schaffe es recht und schlecht, trotz Macchia, die wie wild um mich herumspringt, um in den Wasserstrahl zu beißen. Jetzt, nach all meiner Wut, nachdem ich ihn gehasst und so viel Böses über ihn gedacht habe, fühle ich mich seltsamerweise ganz milde gestimmt, und fast ist mir, als wäre das Gehen tatsächlich besser geworden.

Zum Glück regnet es, der Gemüsegarten muss nicht gegossen werden.

Ich glaube nicht, dass ich noch einmal hingehe. Vermutlich habe ich nur aus Neugier so lange mitgespielt. Fasziniert, einen Typen vor mir zu haben, den ich nur aus Büchern kannte. Bei unserem ersten Treffen hatte er zu mir gesagt, nichts behindere die Heilung mehr, als enttäuscht zu werden, und hinzugefügt: Wer an einer unheilbaren Krankheit leidet, ist für die Hoffnungsverkäufer leichte Beute und wird noch anfälliger für Enttäuschungen, deshalb sage ich dir gleich, was ich mache, ist keine Behandlung, und es macht abhängig, in dem Sinne, dass du nach drei Wochen Intensivkur alle vierzehn Tage wiederkommen musst. Wollte er damit von vornherein jeder Kritik den Wind aus den Segeln nehmen? Hat er mir aus demselben Grund mitgeteilt, dass er mir Quittungen ausstellen werde, weil er nämlich Steuern zahlt? Es stimmt, er stellt Quittungen aus. Ich erinnere mich nicht, ob er in seiner Praxis sein gerahmtes Doktordiplom hängen hat, wie es bei Ärzten üblich ist. Ich habe nicht darauf geachtet. Inzwischen habe ich mir in den Kopf gesetzt, dass er ein Hochstapler ist. Ich zweifle an allem. Die ganze Sache kommt mir schrecklich vor. Diese Kranken, die monatelang acht Stunden am Tag an Apparaten hängen. Wie Gummipuppen, die periodisch aufgeblasen werden müssen. Mit astronomischen Kosten. Diese Kranken kaufen für teures Geld und viel Zeit einen Aufschub für ihre physische Existenz. Das ist das große Missverständnis. Sie konzentrieren sich auf den Körper, darauf, für diesen längst kaputten Körper Energie zu kaufen, und vergessen wahrscheinlich alles Übrige – so, als würden sie sich um jeden Preis ans Ufer klammern, auch wenn längst klar ist, dass die Strömung sie früher oder später mitreißen wird. Was ich jetzt fühle, ist Folgendes: Nichts Äußeres wird mir helfen können. Wenn eine Heilung kommt, dann von innen, aus mir selbst. Je nachdem, ob es mir gelingt, die Wurzel zu reparieren. Ich fühle, dass meine Krankheit spiritueller Natur ist. Sie entspringt einem Fehler. Als ich den falschen Weg einschlug, verlor ich meine Füße.

Bevor ich vom Weg abkam, wollte ich es gefühlsmäßig so machen: mich ins Gebet versenken, bewusst alles, was mit mir geschah, betrachten, den Beginn meines Verfalls erleben und mich von jeder Bindung reinigen. Dass ich mich von meinem Vorhaben ablenken ließ, hat meine Person zersetzt, meine Energie durchdrehen lassen. Nun muss ich den unterbrochenen Weg wiederaufnehmen, soweit es möglich ist.

Es regnet immer noch. Angenehm laue Feuchtigkeit. Den Pflanzen und den Vögeln gefällt es.

Sünde. Was ist das? Wenn wir nicht dem entsprechen, was wir als gut empfinden. Die Sünde zersetzt die Integrität des Individuums, schreibt Florenskij. Was übrig bleibt, sind simultane Mechanismen, die nicht miteinander verbunden sind. Wer von Sünde zerfressen ist, ist nicht böser als andere. Aber er ist innerlich kalt, hat die lebenswichtigen und moralischen Energien zunichtegemacht, die sich jetzt gegenseitig neutralisieren, indem sie in entgegengesetzte Richtungen drängen, und vor allem die Gleichzeitigkeit von miteinander unvereinbaren Verhaltensweisen und Identitäten ermöglicht. Die Sünde ist keine Schuld – sie ist eine seelische Krankheit.

Gott. Man kann sich unbekümmert dazu äußern. Behauptungen im Lauf meines Lebens: »Ich bin nicht sicher, dass es irgendetwas gibt außer Gott«; »Ich glaube an alle Götter, ohne Ausnahme: die der griechischen und römischen Mythologie, des Christentums, des Islams und des Judentums, der Hinduisten und der Etrusker. Jede Religion ist wie eine Sprache, sagt man in der einen Sprache etwa wahrere Sachen als in der anderen?«; »Es ist so bequem, sich an die zehn Gebote zu halten, es erspart uns, jedes Mal über einzelne Taten Rechenschaft ablegen zu müssen. Wie bei Auden: *Praise your parents who gave you a superego of strength, that saves you so much bother* – preise deine Eltern, die dir ein starkes Überich mitgegeben haben, das erspart dir so viel Ärger. Persönlicher, nie jemandem mitgeteilt: »Nichts ist für mich wichtiger, als mich Gott verbunden zu fühlen.« Doch hat dieser Gott vielleicht etwas mit einer besonderen Kirche oder Religion, mit Klerus, Kultus, Heiliger Schrift zu tun? Nein. Denn dieser Gott ist etwas Unbestimmtes, Ungreifbares, vielleicht in allem enthalten, vielleicht entspricht er der nicht erschaffenen Schöpfung.

Doch hier bewege ich mich schon Richtung Metaphysik. Ich bleibe lieber in einer intimeren Dimension. Also: Dieser Gott ist etwas Unbestimmtes und Nicht-Greifbares, eine Wahrnehmung, eine Vorahnung, eine Erfahrung und etwas Gelebtes, ein innerer Kompass in einem Raum, der sich nicht sehr von dem der inneren Freiheit unterscheidet. Spinoza bezeichnete ihn als höchstes Gut, er sagte, seine Existenz sei rein philosophisch. Was bedeutet das? Ich weiß es nicht, ich muss Spinoza noch besser verstehen, ich liebe sein *Deus sive Natura*. Zu sagen, Gott habe eine philosophische Existenz, bedeutet für mich, zu sagen, wer die *Sophia* liebt, eine Vernunft, die mehr Weisheit ist als reine *Ratio* … über diesem Einschub habe ich den Faden verloren. So geht es, wenn man es wagt, von Gott zu sprechen: Das Thema entgleitet einem, er verbirgt sich. *Deus absconditus*. Also, zweiter Versuch: Wer eine Vernunft liebt, die mehr Weisheit als reine *Ratio* ist, spürt die Existenz Gottes – er nimmt seine Gegenwart wahr, ahnt sie, fühlt sie, den Plan, die Form, die Idee des höchsten Gutes, der Schönheit. Er spürt etwas, was unter dem scheinbaren Chaos der Kontingenz liegt. Spürt er vielleicht einfach die Spur einer Orientierung? Wird ihm eine konkrete Möglichkeit zur Rettung bewusst? Rettung ist nicht unbedingt Rettung im Jenseits. Im Gegenteil, diese Art Rettung scheint mir ganz unbedeutend. An Rettung zu denken bedeutet, sich bewusst zu werden, dass es gute und schlechte Wege gibt; zwischen einem Weg und dem anderen zu unterscheiden erfordert Konzentration, Läuterung, Arbeit. Das Denken zu vergessen und in der Dimension der Rettung zu leben bedeutet, sich in der Strömung treiben zu lassen.

Der Garten ist unermesslich groß geworden, zu groß, um ihn auf einmal zu durchwandern. Ich setze mich auf eine Bank – das habe ich noch nie getan: Dafür hatte ich früher nie Zeit. Ich sitze da, und was ich sehe, überrascht mich: das kräftige Rosa der eben erblühten Malven, der bronzefarbene Fenchel, der anmutig aus der dichten Buchsbaumhecke lugt, die Zwiebeln einiger gelber, duftender Blumen zwischen dem Stamm eines Spalierbirnbaums und dem nächsten. Der Garten ist so groß geworden, dass er eine Welt für sich zu sein scheint, wirklich der ideale Ort, um diesen letzten, langen, langsamen Abschied von der Welt zu leben.

Vor einiger Zeit hatte ich an Pater Sophronios, einen griechisch-orthodoxen Mönch geschrieben, der seine Erfahrung mit der Krankheit geschildert hat. Als ich von seinem Leben in einem alten Kloster auf Kreta las, waren mir die Gelegenheiten wieder eingefallen, zu denen ich mir, hingerissen von einem einfachen steinernen Kloster auf einem Hügel zwischen Oliven- und Feigenbäumen, in der von der Meeresbrise heraufgewehten Stille vorgestellt hatte, mich eines Tages an einen solchen Ort zurückzuziehen. Dann hatte ich es nie getan, aus Angst vor schwierigen Beziehungen in der Gemeinschaft, aber vor allem, weil ich wusste, dass mich keine echte Berufung antrieb. Als ich Pater Sophronios einmal andeutungsweise über einen schwierigen Moment schrieb, erwiderte er – der nach dem Foto zu urteilen jünger zu sein scheint als ich –, er finde großen Trost im Jesusgebet, das ich aus den *Aufrichtigen Erzählungen eines russischen Pilgers* und aus der mir sehr teuren Novelle *Franny & Zooey* von J. D. Salinger kenne. Ich hatte es ihm geschrieben und gefragt, was Beten in Wirklichkeit heiße, und ob das Jesusgebet nicht schlecht übersetzt sei:

Enthält die Bitte um Gnade nicht unterschwellig die Idee, dass Jesus für unsere Krankheiten und Leiden verantwortlich sein könnte? Beten ist unser Gespräch mit Gott, hat der Pater geantwortet; Tod und Krankheit kommen nicht von Gott, hat er hinzugefügt und mich verblüfft mit seinen Gewissheiten: dass Gott uns vollkommen und für die Ewigkeit erschaffen habe, dass der Sündenfall das Paradies verdorben habe und dass unsere Existenz seitdem fern der Vollkommenheit sei, die Gott für uns vorgesehen hatte, dass Jesus uns zu unserer Erlösung geschickt worden sei und dass Kummer und Schwierigkeiten jenes Ego besiegen, das den Sündenfall verursacht hat, und jene Demut erzeugen, die die Himmelspforten öffnet.

Ich beobachte die Rosenknospen seit ihrem ersten Erscheinen, winzig, fest geschlossen, die Kelchblätter eigenwillig angeordnet wie eine Fontäne. Jede weckt meine zärtliche Neugier auf die Farbnuancen, die unglaublich zusammengepressten Formen. Bis etwas durchdringt: die Kelchblätter lockern sich, während die Blüte zum Licht hin drängt, um sich zu öffnen. Für die Knospe ist es das letzte Gefecht, bis die Rollen sich verkehren: der gebogene Kranz der Kelchblätter besiegelt die Niederlage zu Füßen der triumphierenden Blüte, bald mit Jugendstil-Linien gezeichnet, bald fließend wie beim Farbfleck eines Impressionisten, bald mit einem einfachen Kranz aus Blütenblättern wie in den Verzierungen einer mittelalterlichen Handschrift.

Zuweilen dringt ein Gedanke in mein Bewusstsein wie eine Ungehörigkeit, eine Absurdität, die man sofort verjagen muss wie eine Fliege: dass die Krankheit die Folge einer Lüge, einer Sünde sei. Ein Gedanke, für den ich mich geschämt habe, als mir, nun selbst erkrankt, wieder einfiel, wie ich als junge, gesunde Frau geschwollene Fußgelenke, Menschen mit Rollator oder schwerfälligem Gang und alles, was ganz allgemein den Kranken zu einem unschönen Anblick macht, mit einer Mischung aus Widerwillen und Verachtung betrachtete. Als ich mich schließlich erst mit einem, dann mit zwei Stöcken aufrecht hielt, habe ich gestaunt, mit welcher Freundlichkeit man mich behandelte. Das ist der Beweis: Die anderen sind besser, humaner als ich. Denn meine Grundeinstellung war: was für nutzlose, unangenehme Wesen, was für eine Last für die Welt, diese Kranken. In Krankenhäusern verfiel ich der Schwermut: Wozu diese riesigen Reparaturwerkstätten für kaputte Körper? Wozu so viele wertvolle Ressourcen verschwenden, um die Existenz kränklicher, gelähmter, alter, gebrechlicher, hinfälliger, manchmal unsympathischer Wesen zu verlängern, die nicht mehr allein zurechtkommen, während anderswo die Mittel fehlen, um Menschen zu ernähren, zu erziehen, zu kurieren, die grundsätzlich gesund und voller Lebensfreude sind? Diese Verschwendung von Ressourcen beschäftigte mich unablässig. Obwohl ich jetzt wider Willen dazu gezwungen bin, die Kranken mit Nachsicht zu betrachten, lässt mich der Eindruck nicht los, dass die Krankheit in mir durch etwas zum Ausbruch gekommen sei, für das ich irgendwie selbst verantwortlich bin. Das ist nicht »wissenschaftlich«, und doch bin ich innerlich überzeugt, dass nur ich allein wieder reparieren kann, was kaputtgegangen ist, als ich zuließ, dass meine Energie in zwei entgegengesetzte Richtungen zerstob und ein Riss entstand, der jede innere Harmonie verhinderte.

In diesen Tagen ist der Akanthus aufgeblüht. Hohe Ähren, wie über Nacht aus dem Boden geschossen. An den Ähren großlippige Blüten, schmutzig weiß und weinrot. Hummeln, Bienen und andere Insekten, deren Namen ich nicht kenne, einige tiefschwarz, kriechen hinein, systematisch, Blüte für Blüte. Manchmal sehe ich sie darin verschwinden, manchmal errate ich es an einem Zittern der Blütenblätter. Rasche, räuberische Überfälle. Schön, mit den Abgesandten verschiedener Reiche Sex zu haben.

Auch die Lilien blühen: blendend weiße Flecke, in der Dämmerung sehe ich sie von der Küche aus durch die Lünette zum Holzschuppen schimmern. Im Zwielicht, das auf den Sonnenuntergang folgt, ist es, als leuchteten die Lilien aus eigener Kraft; ihre Umrisse sind so klar gezeichnet, dass man meinen könnte, sie seien viel näher.

Immer noch denke ich über Pater Sophronios' Glaubensbekenntnis nach. Ich frage mich, wie so viel Gewissheit möglich ist. Mir war Nicht-Wissen von jeher vertrauter als Wissen. Tage der Unzufriedenheit, doch heute Abend ist mir, während ich den von der großen Steineiche und der Zypresse eingerahmten Himmel betrachte, als fände ich eine Antwort. Es geht nicht ums Wissen, sondern ums Lieben. Ich weiß nichts und kann nichts beweisen, aber ich liebe. Ich liebe das Adagio des Streichquartetts op. 132 von Beethoven, den »Heiligen Dankgesang«, Piero della Francescas strenge Madonna mit ihrer eisigen Engelschar, Beato Angelicos Christus mit der Dornenkrone und seine Verkündigungen, die Geschichten von Jesus, die Dreifaltigkeitsikone von Andrej Rubljow, ich liebe Gott, die Schöpfung, das Gebet, all das liebe ich zärtlich,

ich wünsche, mit der Energie der Liebe verbunden zu sein, und es beruhigt mich, das Gute zu betrachten. Fremd ist mir das Glaubensbekenntnis und mehr denn je der Katechismus, es ist mir zuwider, dass ich mich selbst belügen soll und behaupten, ich glaube an Dinge, von denen ich nichts weiß noch wissen kann. Im Dogma – Unterwerfung, in der Liebe – Freiheit. Die Frage »Bist du gläubig?« hat keinen Sinn für mich. Die Frage »Liebst du?« – o ja, ich liebe! Dennoch ist mir Pater Sophronios' Glaubensbekenntnis teuer und rührt mich: Es besitzt die Schönheit und Kraft einer Ikone.

Mein Gott, ist es herrlich, wie sich der Wind im frenetischen Wogen der Blättchen der Zitterpappel offenbart, die nun ein großer Baum ist, aber damals, als ich sie fand, nur ein zufällig in einem Topf mit *Cistus ladanifer* (Lack-Zistrose) gewachsenes Stöckchen war. Damit begann die Verwandlung eines brachliegenden Gehöfts in einen Garten, eineinhalb Hektar Tabula rasa, wo man sich den Luxus erlauben konnte, jeden kleinen Findling unterzubringen. Jetzt ist alles anders: Die Schonzeit ist vorbei, wer immer es wagt, einfach wild zu wachsen, wird gnadenlos ausgerissen. Es gibt keine freien Plätze mehr, die Population hat ihren Höchststand erreicht. Bleibt nur noch der Kindermord wie in Betlehem. Neugeborene sind nicht mehr willkommen. Nur die glanzvolle Reife der Stöckchen von damals.

Wie viele Gefahren im Leben eines Schmetterlings. Ein Tagpfauenauge, leuchtend zinnoberrot auf schwarzem Grund, kommt aus Versehen in mein Arbeitszimmer geflattert. Vergeblich versucht es, die Scheibe zu durchqueren, schlägt desorientiert mit den Flügeln. Später, bei Dämmerung, prallt es gegen den leuchtenden Bildschirm. Ich schließe den Computer und öffne die Tür, damit es den Weg nach draußen findet, hin zum restlichen Tageslicht. Doch Macchia, durch das Flügelschlagen aufmerksam geworden, lauert in Jagdstellung. Zweimal fürchte ich, dass sie den Falter verspeist hat. Schicksal, sage ich mir, als ich merke, dass das Pfauenauge sich doch gerettet hat. Verspätet fliegt es zu der unterdessen wieder geschlossenen Tür. Ich öffne sie erneut, versuche, es mit dem Brillenbügel hinauszudirigieren. Umsonst. Ich schließe den einen Türflügel und öffne den anderen, dann fordere ich es mit einem Bambusrohr freundlich auf, hinauszufliegen. Diesmal begreift es. Ich sehe, wie es sich hoch hinaufschwingt. Die Sache hat mich nachdenklich gemacht. Kontingenz unseres In-der-Welt-Seins: am unvorhersehbaren, scheinbar zufälligen Schnittpunkt verschiedener Kausalketten. Je nachdem, wie sie sich kreuzen, können die Lebenschancen wachsen oder schwinden. Die Schnaken, zum Beispiel: Wovon ernähren sie sich, wenn sie niemanden finden, den sie stechen können?

Ich habe mich sorgfältig angekleidet, um zu einem Literaten-Essen zu gehen. Beim Auto angekommen graut mir beim Gedanken an die Autobahn, die Hitze, die Vorstellung, schon völlig erschöpft anzukommen; ich lasse es sein. Ich kehre um, ziehe wieder meine Alltagssachen an, merke, dass mir die Gesellschaft der Blumen vollauf genügt – die weiße, gerade aufgeblühte Amaryllis, das schon fast verblühte, scharlachrote Epiphyllum, die Akanthus-Ähren – und Macchia. Befinde ich mich nicht schon an einem Ort, an dem ich glücklich bin, an dem ich atmen und arbeiten kann?

Ich mache mich wieder an die Lektüre des *Phaidon* – und merke, dass die Sachen, die ich in mein Heft schreibe, fast identisch sind mit den irgendwann hingekritzelten Notizen, die ich auf der Rückseite des Bandes entdecke. Ich hatte sie komplett vergessen. Wieso las ich damals den *Phaidon*? Vielleicht zu Beginn des dann wieder aufgegebenen Projekts, über den Gärtner und den Tod zu schreiben? Oder einfach, weil ich an Sokrates' Äußerung dachte, die wichtigste Aufgabe sei, sich auf den Tod vorzubereiten? Er ist überzeugt, dass die Seele unsterblich und unzerstörbar ist; zumindest ist er bereit, das Risiko einzugehen, es anzunehmen und sich vom Glauben an das Jenseits faszinieren zu lassen. Bestimmte Aspekte seines Denkens ähneln der christlichen Idee. Im Wesentlichen geht es darum: Unsere einzige Aufgabe besteht darin, die Seele zu reinigen, die Tugend zu praktizieren, Weisheit, Mut, Gerechtigkeit und Freiheit zu lieben. Was mir auffällt: Wie Sokrates' Tod als Prototyp eines bei vollem Bewusstsein und im Beisein von Freunden vollzogenen Todes erscheint. Man verabreicht ihm die Medizin, den Schierlingsbecher, und das erinnert mich an die Sterbehilfe mit dem Narbutan in den Videos von Exit und Dignitas. Was verbindet diese beiden, auf den ersten Blick ähnlichen Handlungen? Die Akzeptanz des Todes, ohne zu versuchen, ihm um jeden Preis zu entkommen, gefasst bis zuletzt.

Ich war in Génissac, nicht weit von Libourne, wo ich ein paar Tage in Christines Landhaus verbrachte. Ein zauberhafter, sehr natürlicher Garten inmitten der herrlichen Landschaft zwischen Bordeaux und St. Émilion, mit Rosen, die die Fenster einrahmen und bei Wind wie Vorhänge schwanken. Auf der Reise habe ich Derek Jarman ausgelesen, von Florenskij nur wenige Seiten. Heute, am ersten Sonntag, an dem ich endlich allein daheim bin, lese ich den vierten Brief aus *Der Pfeiler und die Grundfeste der Wahrheit*: über Gott als Liebe, Licht, Wahrheit, Schönheit. Ich fühle, dass Florenskijs Gedanke mich heilt. Ich erkenne darin meine eigenen tiefsten Überzeugungen. Ideen, in denen ich mich mühelos wiedererkenne und die mir deshalb Freude schenken. Es ist wie nach Hause kommen. Jarman dagegen empfinde ich als Bruder im Unglück – sein Leiden rührt mich, sein Mut, den allmählichen Kräfteverlust auszuhalten: bis zuletzt, oder so scheint es jedenfalls, denn das Tagebuch bricht mehrere Monate vor seinem Tod ab. Als er blind wird, arbeitet und reist er weiter, im Krankenhaus während der Transfusionen schreibt er, und streicht, streicht immer mehr Überflüssiges: Wie fremd ihm unterdessen die Welt des Films ist. Schön, dass er ganz am Ende, als er keinen Sex mehr haben kann und nichts mehr bleibt als die Zärtlichkeit, noch der Liebe begegnet.

Dieses Jahr gibt es überhaupt keine Königskerzen: Sind sie der neuen Ordnung zum Opfer gefallen? Jahrelang haben sie das Mähen überlebt: Ich markierte jede ihrer Blattrosetten mit einem Bambusrohr, um nicht mit dem Rasenmäher darüberzufahren. Aber in den letzten eineinhalb Jahren fehlte mir dazu die Kraft. Es wäre traurig, wenn diese wunderbaren hohen, gelben, haarigen Pflanzen ganz verschwunden wären. Zum Ausgleich ragen die Stockmalven stolz in die Höhe, einige karminrosa, andere blutrot wie der Nagellack von Provinzvamps aus den fünfziger Jahren. Ich mag diese Blumen, die plötzlich emporschießen und das Raumgefühl verändern. Die bis zuletzt grün getarnten Akanthusblüten, die man erst bemerkt, wenn sie aufgehen, den wilden Fenchel in den dichten Buchsbaumhecken, der vor unseren Augen in die Höhe und die Breite wächst. Lauras Sohn Martino zeigte sich gestern hellauf begeistert. Ich hatte ihm gestanden, dass ich sehr stolz bin auf meine Landschaftsgestaltung. Mit kindlichem Überschwang nannte er sie mythisch, genial. Ich frohlockte.

Ich finde die Postkarte wieder, die ich über Ninos Körbchen aufgehängt hatte. Sie zeigt einen Asketen: Kukkuripa, den Hundeliebhaber, einen der vierundachtzig Mahasiddha. Dieser Kukkuripa, ein Brahmane, hatte der Welt entsagt, um als Bettler zu leben. Eines Tages fand er in einem Gebüsch am Straßenrand einen halb verhungerten Welpen. Er nahm ihn mit in eine Höhle in der Nähe von Lumbini. Wenn er auf Essenssuche ging, bewachte der Hund – oder die Hündin – die Höhle. Zwölf Jahre lang kümmerte sich Kukkuripa um den Hund und widmete sich unterdessen dem Tantra. Dank der ausdauernden Praxis wurde er in die sinnlichen Paradiese der Götter versetzt, wo jeder noch so kleine Genuss unendliche Freude bereitet. Dennoch, trotz all des Wohlergehens, dachte Kukkuripa unablässig an seinen Hund, der traurig und verlassen, vielleicht halb verhungert in der Höhle saß. Daher beschloss er, das Reich der Götter und ihre prächtigen Feste zu verlassen. In die Höhle zurückgekehrt, begrüßte der Hund ihn freudig. Sobald Kukkuripa ihn in den Arm nahm, verwandelte sich der Hund in eine Dakini der Weisheit. Sie lobte Kukkuripa, dass er den Versuchungen des Paradieses widerstanden hatte, und lehrte ihn, Mitgefühl und Intuition in der Vollkommenheit des Mahamudra zu vereinen. Genau, hatte ich beim Lesen der Geschichte von Kukkuripa gedacht, auch ich werde mich dem Glück meines Hundes widmen und mich durch nichts ablenken lassen. Doch es kam anders, ich war nicht in der Lage, Nino wirklich nahe zu sein, als er erkrankte und starb. Dieser Gedanke schmerzt mich.

Was für eine Sünde! Dieser Ausdruck ist eine verbreitete Art, Bedauern zu äußern. Er legt nahe, dass Sünde nicht nur bedeutet, eine unbestreitbare, schwere Schuld auf sich geladen zu haben, sondern einfach auch, das Ziel verfehlt zu haben, nicht erreicht zu haben, was wir gern gewollt hätten.

Es ist sehr heiß. Ich muss mich im Haus verkriechen, um ein bisschen Energie zu bewahren. Am späten Nachmittag ein kurzer Spaziergang im Garten. Die Stockmalven blühen – nie mehr als fünf oder sechs Blumenkronen zugleich. Eine Überlebenslist: Auf diese Art vervielfachen sie die Bestäubungs- und somit Fortpflanzungsmöglichkeiten. Sie breiten ihre Reize nicht alle auf einmal aus, sondern nach und nach, am Stängel entlang. Eine Koketterie: Etwas zeigen sie, den Rest verbergen sie und halten ihn unter Verschluss. Wie dumm das aussehen würde, wenn alle Blüten gleichzeitig aufgingen, wie in einem Großmarkt.

Der Gärtner und der Tod. Die Wirklichkeit ist nicht so, wie ich sie mir vorgestellt hatte. Mit dem Nachlassen der Energie wird alles weniger. Der Vergleich mit dem, was ich noch im letzten Sommer tun konnte, macht mich traurig. Am Stock, sicherlich, dennoch war ich zweimal nach Sardinien gereist und hatte Freunde besucht, allein – oder besser gesagt, einmal mit Macchia. Ich glaube kaum, dass ich das dieses Jahr schaffen würde. Und jedenfalls gehe ich jetzt an zwei Stöcken. So lange war ich bisher noch nie krank. Es ist so anders als das hohe Fieber, das einen in der Jugend manchmal überfällt, und dann wacht man kurz vor dem Delirium wieder auf, es folgt eine sanfte Genesung mit dem wunderbaren Gefühl, dass die Energie zurückkehrt. Diesmal geschieht nichts dergleichen. Und der Garten wird immer mehr zu etwas, was ich vom Fenster aus betrachte; ich fühle seine Gegenwart und unternehme seltene Spaziergänge mit dem gleichen Aufwand, mit dem ich mich früher, als Gesunde, auf die Abreise in den Himalaya vorbereitet hätte. Es müssen einige Sachen organisiert werden, ich spüre schon die bevorstehende Anstrengung. Die Bibliothek soll in eine Wohnung umgewandelt werden für jemanden, der mich betreut, wahrscheinlich Giulio. Man muss die Bücherschränke leeren, eine Auswahl der Bücher treffen. Nur wenige werde ich retten können, vielleicht keines von denen, die ich aus der Bibliothek meines Vaters ausgewählt habe mit der Vorstellung, sie später einmal zu lesen. Dieses Später wird es nicht geben. Ich kann nur bedauern, dass ich sie nicht sofort gelesen habe. Seltsames Schicksal: Auch mein Vater wurde krank, als er sich frisch pensioniert darauf freute, endlich die Bücher zu genießen, die er mit dem Gedanken, sie später zu lesen, beiseitegelegt hatte. Wie in den Versen von Puschkin: Es ist an der Zeit, mein Freund, es ist an der Zeit!/ Der Friede wird von Herzen ersehnt / Tage verfließen nach Tagen/ Jede Stunde führt/ Ein bisschen Leben hinweg/ und wir beide, du und ich/ planen ein langes Leben/ Könnten aber plötzlich sterben.

Wie zur Zeit der Pest, wenn auch in Zeitlupe, bricht mitten im Bankett alles ab.

Düstere, trostlose Gedanken, die gestern verflogen, als ich die Energie zurückkehren fühlte: in der Dämmerung, während ich die Seite für das Septemberheft von *Gardenia* schrieb. Angeregt hatte mich etwas, das passierte, als Lenuca mir half, die Bücher zu ordnen; zu entscheiden, welche ich behalten und welche ich verkaufen würde. Irgendwann fiel aus einem Regal ein zusammengerolltes Blatt. Ich entrollte es in der Annahme, es sei eine Zeichnung, doch es war eine alte Nachricht aus der Lokalzeitung, die ich wegen der riesigen Überschrift aufgehoben hatte: »Erschlagen von dem Baum, den er fällen wollte.« Ich zeigte sie Lenuca und dachte, sie würde sich genauso amüsieren wie ich über die merkwürdige Formulierung, die dem Baum berechtigte Rachegelüste zugestand. Ich merkte, dass sie mich bestürzt ansah. Vor vier Monaten, sagte sie zu mir, ist ein rumänischer Junge umgekommen, weil ein Baum auf ihn stürzte, während er ihn fällte. Ein tödlicher Arbeitsunfall. Ich bekam Schuldgefühle: weil ich so unbekümmert und einseitig Partei ergriffen hatte für jene Lebensformen, die von unserer, der menschlichen Gattung bedroht werden. Wieso empfand ich keinerlei Mitleid mit dem Mann, oder, falls das Gefühl mich doch gestreift hatte, wieso zog ich es vor, mich der Schadenfreude hinzugeben wie eine *Tricoteuse*? Habe ich es vielleicht zu weit getrieben mit meinem Ärger darüber, was die Menschen der Natur antun?

Am Nachmittag sortiere ich mit Lenuca weiter die Bücher. Sie sind gespickt mit Zetteln, Notizen, Zeitungsausschnitten. Ich werfe alles weg, ohne es zu lesen, keine Zeit. Obwohl ich natürlich zögere, bestimmt könnte ich interessante Entdeckungen machen, aber ich ziehe es vor, mich rasch zu befreien, dem Zufall zu überlassen, was bleibt und was nicht. Ich neige dazu, die Bücher mit langen Widmungen meines Vaters an meine Mutter und umgekehrt zu behalten. Fragmente ihres Lebens vor meiner Geburt.

Ein aus der *Kartause von Parma* gefallener Zettel macht mich aber doch neugierig – Notizen, wer weiß wo aufgeschrieben, die, scheint mir, nichts mit Stendhal zu tun haben, sondern eher mit meinen Grübeleien zum Thema Rückzug aus der Welt:

»Der Eremit entzieht sich der *Vanitas* in ihrer stärksten Ausprägung, dort, wo sie so schnell und explosiv ist, dass sie nicht betrachtet werden kann; er flüchtet sich an Orte, wo die Zeit langsamer fließt, wo der zyklische Rhythmus der Jahreszeiten dominiert, jene Dimension, die es dem Betrachter erlaubt, noch einmal zwar nicht dasselbe Schauspiel – nie fließt dasselbe Wasser im Fluss –, doch zumindest etwas Ähnliches zu sehen. Ich schließe nicht aus, dass der Eremit nach Jahren der einsamen Übung so durchtrainierte Betrachtungsmuskeln hat, dass er sich in den Wirbelsturm des mondänen Lebens begeben und auch dort seinen klaren, scharfen Blick bewahren kann.

Was also tut der Eremit wirklich? Er sucht einen ruhigen Ort, wo er das Fließen der Zeit betrachten und durch ihre Schale dringen kann, bis er im Inneren die Ewigkeit des Augenblicks wahrnimmt. Auf einem vom Meer des Nichts hin und her geworfenen Floß sitzend, verwandelt er sein *Memento mori* – seine Weigerung, sich täuschen zu lassen – in eine Verbindung mit der tiefen, unsichtbaren Quelle des Lebens.

Das *Memento mori* des Eremiten ist die Erlangung der Unsterblichkeit. Nicht der physischen, sondern der inneren. Ob das Jenseits existiert oder nicht, ist eine müßige, metaphysische, unlösbare Frage. Eine Form des Jenseits gibt es jedoch; wir tragen sie in uns. Wie eine Ahnung, die uns gestattet, die physische Gegebenheit zu durchqueren, als wäre sie unkörperlich. Ich glaube, es ähnelt dem unendlichen Raum, dessen

Unbegreiflichkeit beim Meditieren manchmal beinahe fühlbar wird.

Der Eremit akzeptiert, von der Natur erschaffen und ausgelöscht zu werden; in dieser Akzeptanz spürt er die Wonne, sich mit dem Wahren und dem Ewigen zu verbinden.«

Diese Notizen bringen mich zurück zu meinen Kindheitsphantasien, als mich die Gewalt der Konflikte der Erwachsenen erschreckte. Ich erinnere mich an meinen recht lächerlichen Versuch, mich den Turbulenzen dieser Familie genannten Miniaturgesellschaft zu entziehen: Ich hatte darum gebeten, mich allein in meinem Zimmer zu lassen und mir ein Tablett mit Essen vor die Türe zu stellen. Die Faszination, die von der Gestalt des Eremiten ausging, wurde dann mit den Jahren schwächer, doch etwas davon ist übrig geblieben in dem Bedürfnis nach weiten Räumen, nach Einsamkeit und Kontemplation. Nicht in einem Wald, nicht zwischen spitzen Berggipfeln und auch nicht in der Felswüste von Theben, sondern schlicht und einfach im Garten.

Alessandra holt Macchia ab, um sie mit ans Meer zu nehmen. Am Meer ist Macchia glücklich, umringt von begeisterten Kindern, die ihr Stöckchen ins Wasser werfen. Ich kann nicht mehr mit ihr spielen. Ich weiß nicht, ob sie begreift, dass es so ist, weil ich mich schlecht bewegen kann, und nicht, weil ich sie weniger liebe als früher. Alle Kinder kommen angelaufen, wollen mit ihr spielen. Am liebsten würde Macchia immer am Strand bleiben, ich verstehe sie, es ist so lustig, im Sand, diesem nachgiebigen Material, die Bälle rollen zu lassen und mit den Pfoten einzusinken. Es ist gut, wenn sie weniger an mir hängt, sich an andere Menschen gewöhnt, die sie mögen. Das nimmt mir eine Sorge, die noch größer ist als die, was aus dem Garten wird, wenn ich einmal nicht mehr da bin.

Ich lese den zehnten Brief von Florenskij, den über den Buchstaben *a*. Wie vertraut mir seine Gedanken vorkommen! Dass Jungfräulichkeit und Kontemplation zusammengehören. Über das Wort Jungfräulichkeit braucht man gar nicht die Nase rümpfen, es geht hier nicht um die affektierte Jungfräulichkeit im Sinne eines sentimentalen Katholizismus, der die schlimmsten Schandtaten unter den Teppich kehrt, solange nur die Fassade der sexuellen Anständigkeit gewahrt bleibt. Man muss es jedoch übersetzen, denn das Wort Jungfräulichkeit ist leicht missverständlich. Das Begriffspaar Jungfräulichkeit/Kontemplation ist im Sinne von Nicht-Begierde/Nicht-Identifikation zu verstehen. Wenn ich christliche Texte lese, begreife ich sie unwillkürlich durch das, was der Theravada-Buddhismus lehrt. Auf diese Weise wird alles klarer, es ist, als streifte man die klerikalen Verkrustungen ab. Florenskij: »Noch einmal wiederhole ich (und werde nie müde es zu wiederholen), daß die christliche Askese und die unbedingte Wertschätzung der Kreatur, die Jungfräulichkeit und die Geistträgerschaft, das Wissen der Allweisheit Gottes und die Liebe zur Leiblichkeit, die Heldentat und die Erkenntnis der absoluten Wahrheit, die Vermeidung des Verweslichen und die Liebe – die antinomischen Seiten eines und desselben geistigen Lebens sind; sie sind ebenso miteinander verbunden wie die paarweise entgegengesetzten Seiten eines gleichseitigen Zehnecks.« (5)

Abendessen am Strand mit David und Macchia. Im rhythmischen Raster von Hütten und Kabinen ist die untergehende

Sonne eine Feuerritze. Der Himmel bei Neumond geht von zartem, rosa geflecktem Hellblau zu aschgrauem Perlmutt über. Ein vielleicht nicht ganz glückliches Kind stößt kleine Freudenschreie aus, während es mit Macchia spielt. Kühn geworden tippt es mir mit dem Finger auf die Schulter. Wie viele Monate ist der Hund alt? Monate!?! Sieben Jahre ist er alt. Macchia pinkelt in den Sand. Pfui, sagt das Kind. Pfui? Machst du nicht Pipi? Natürlich mache ich Pipi und auch Kacka. Hier und da leuchtet das unorganische Licht eines Handy-Displays oder eines PC-Bildschirms auf. Wärmer und irgendwie lebendiger wirken die Lampenschirme über den Tischen des Strandbads nebenan.

Francesca, die junge Freundin von Tommasos Sohn, ist gekommen, um sich die russischen Bücher auszusuchen. Welche Erleichterung, alle diese bleischweren Bände verschwinden zu sehen – russischer Formalismus, Verslehre, Semiotik … Nach und nach entstehen zwei große Stapel. Als sie gegangen ist, hole ich mir jedoch die zwei Bände einer Biographie über Blok und das Leben von Solomom Luria wieder heraus. Ich erkenne in der dreiundzwanzigjährigen Francesca die gleiche Gier nach Büchern, die ich in meiner Jugend hatte. Wer weiß, ob sie sie tatsächlich lesen wird. Ich merkte, dass ich sehr viele Bücher gekauft habe, an die ich mich gar nicht mehr erinnere, in die ich vielleicht nur einen Blick geworfen habe. Ob Francesca bewusst ist, dass ich ihr auch eine Last weitergebe?

Die Blok-Biographie habe ich mir aus dem Stapel geholt, denn er ist ein Zeitgenosse von Florenskij, und die Biographin ist dieselbe, Avril Pyman. Der symbolistische Dichter, der Philosoph des Symbols. Florenskij, Erfinder einer orthodoxen Utopie. Viele lebten zu der Zeit in der Vorahnung, dass etwas geschehen werde. Eine Utopie lag in der Luft, die sich in Kürze manifestieren sollte wie der Asteroid in *Melancholia* von Lars von Trier: die Revolution.

Es scheint sich bei mir um eine Polyneuritis zu handeln, sagt ein anderer Arzt. Auch Guillain-Barré-Syndrom genannt. Könnte ich demnach auch genesen? Wer weiß. Wenn man die Ursache einer Krankheit nicht kennt, ist jede Mutmaßung möglich.

Aus Maximus Confessor: »Einmal saß ich da und blickte unverwandt auf den Garten. Plötzlich fiel ein Schleier von den Augen meiner Seele, und vor ihnen öffnete sich das Buch der Natur. Es ist das Buch, das dem ersten Adam zu lesen gegeben wurde und das die Worte des Geistes enthält wie die Heilige Schrift. Und was las ich in dem Garten? Die Lehre von der Auferstehung der Toten.«

Der Garten ist derzeit wie in der Schwebe. Ich besuche ihn selten. Werfe höchstens einen Blick auf die Gemüsebeete. Vorgestern, als Paola und Angela hier waren, sind wir im Obstgarten bis zu dem sizilianischen Maulbeerbaum gegangen, um von seinen köstlichen, schwarzen Beeren zu essen. Das letzte Feld, das unterhalb des Hügels, hatte ich schon lange nicht mehr gesehen: Mein Knie schmerzt – die Höhe des Heimtrainers war falsch eingestellt –, und der Spaziergang bis dorthin ist zu lang. Ich vermeide sinnlose Anstrengungen. Bei dieser Hitze ist der Garten nur in der Abend- oder Morgendämmerung ein Genuss. Doch morgens bin ich nie vor neun Uhr fertig – die Vorbereitung auf den Tag ist lang: die Budwig-Salbe, die Übungen, um die Beweglichkeit der Beine zu erhalten oder gar zu verbessern. Das ist die Hauptarbeit am Morgen. Ich habe den Eindruck, dass die lange Zeit der Energieverschwendung zu Ende geht – ich spüre es jetzt ganz deutlich, da ich die Bibliothek aussortiere und jedes nicht gelesene Buch, jedes Buch, dessen Besitz mich anstrengt, eines der tausend Rinnsale darstellt, in denen ich meine Lebensenergie vergeudet habe. Die Bibliothek, die mir vorschwebt, ist bescheiden, zu jedem Buch ein inniges Verhältnis der Vertrautheit und Freundschaft. Die Genesung, falls sie je stattfindet, wird länger dauern als vorgesehen. Es war wirklich ein wenig naiv von mir zu denken, ich könnte dank der Diät bis März dieses Jahres gesund werden.

In der Sonntagsbeilage lese ich den wunderbaren Text von Amartya Sen zur Erinnerung an seine Frau Eva Colorni, die mit einundvierzig Jahren an einem Magentumor gestorben ist. Eva hat ihren Kindern geholfen, nach ihr weiterzuleben, indem sie »einen langen Brief schrieb, der ihnen nach ihrem Tod gegeben werden sollte und in dem sie erklärte, wie es für sie sein würde und wie sie eine positive Einstellung zum Leben finden könnten. Es war ein außergewöhnlicher Brief, der entscheidenden Einfluss auf sie hatte… Als ich am 3. Juli [1985] gleich nach Evas Tod in der Dämmerung aus dem Krankenhaus zurückkam… las ich den Kindern den Brief vor, während sie von der schrecklichen Nachricht überwältigt waren. Oder besser gesagt, wir lasen den Brief gemeinsam wieder und wieder. Der Brief übte eine zutiefst stabilisierende Wirkung auf sie aus, und ich glaube, dass sie durch ihn auch die Anwesenheit der Mutter spüren konnten… Anstatt nur Gegenstand tragischen Gedenkens zu sein, ist Eva weiterhin geistig führend im Leben der Kinder geblieben, und ihre Weitsicht, zu erkennen, wie wichtig eine solche Botschaft ist, hat, glaube ich, einen substantiellen Unterschied bewirkt.« Ein Beispiel dafür, wie schwer einem fallen kann zu sterben wegen der Menschen, die man zurücklässt.

Vor einem Jahr war ich zum Fest der heiligen Maddalena bei Antonella auf Sardinien. Heute Morgen Tropf mit Immunglobulin im Krankenhaus Santa Chiara in Pisa. Die Pflegerin Vincenza sagt, die Luftbläschen seien nicht gefährlich. Mir machen sie Angst. Sehr müde. Es ist anstrengend, um sechs Uhr aufzustehen, Auto zu fahren, vier Stunden in diesem Raum bei dem lästigen Geplapper der anderen auszuhalten. Mir scheint, sie können alle selbstständig gehen. Ich bin die Einzige mit Krücken.

Zweiter Tag am Tropf – allmählich gewöhne ich mich dran, es ist gar nicht so übel, morgens früh loszufahren, wenn es noch kühl ist. Auch heute habe ich mir ein Buch von dem Stapel mitgenommen, der verkauft werden soll: ein Roman von Mishima. Als ich es ausgelesen hatte, habe ich es liegen gelassen, für die Bibliothek im Wartezimmer oder vielleicht für Vincenza, die einen neugierigen Blick darauf geworfen hatte. Es ist etwas Tragikomisches an diesen aufgereihten Körpern, die am Tropf hängen wie an einer Art umgekehrter Melkmaschine. Ist es denn zum Beispiel wirklich so wichtig, den Herrn in Mokassins, blauer Hose und T-Shirt mit der rosa Sportzeitung in der Hand am Leben zu erhalten? Warum nehme ich von uns sechs ausgerechnet ihn aufs Korn? Vielleicht weil er braungebrannt ist, völlig gesund aussieht, der klassische Durchschnittsmann. Ein scheinbar absolut normaler Mann.

Vierter Tag am Tropf. Kopfschmerzen, vielleicht lief das Immunglobulin gestern zu schnell durch, oder der Tag war zu voll mit Terminen. Ich habe fast die ganze Zeit gedöst, auch die Schwüle trug zu diesem Gefühl der Mattigkeit bei. Die anderen plauderten angeregt. Irgendwann war mir, als wäre ich im Theater und sähe ein seltsames Stück, bei dem die Schauspieler, in Sessel gelehnt, am Tropf hingen. Worüber sie sprachen? Das weiß ich nicht mehr, bei dieser Hitze verdampfen die Gedanken. Über Alltagsdinge. Die Kinder, das Meer, die Lust auf ein Mortadella-Brötchen des kraftvollen Mannes, heute mit roter Hose, blau gestreiftem Hemd und Goldkettchen – auch er trägt eine Art Gehschiene am linken Fuß, aber dennoch, was für eine Energie, und wie gut er läuft. Hier in diesem Zimmer bin ich die matteste, die ramponierteste, die schlaffste. Eine junge Frau ist dabei, bestimmt noch keine dreißig, wenn man sie ansieht, würde man sie unmöglich für krank halten. Heute war auch noch eine andere da, aber nicht ganz so jung, mit leicht kehliger Stimme. Diese Lebendigkeit, diese Energie von gesunden Menschen erinnerte mich an ein Theaterstück. Ich tauge, scheint mir, zu nichts mehr, nicht einmal dazu, dieses Buch zu schreiben. Und außerdem ist es zu heiß, um sich als Gärtner zu fühlen – ich bleibe im Haus, mit Klimaanlage.

Freitag, letzte Infusion dieses Zyklus. Gestern war der schlimmste Tag: Ich war erschöpft. Fieberte. Heute geht es gut. Es war ein merkwürdiger Morgen: Die junge Frau hatte ein Papptablett mit Croissants mitgebracht, um »das Ende der Tortur« zu feiern, wie Vincenza, die wunderbare Krankenschwester, es bezeichnet hatte. Großes Palaver. Im Unterschied zu Lucca sind die Patienten hier in Pisa über jeden Verdacht erhaben: jung, athletisch, sonnengebräunt, voller

Energie. Aber alle hängen am Tropf. Dieses Bild wirkt surreal, ein bisschen wie in der Erzählung von Landolfi, in der die Bewohner einer Burg im Winter an Haken aufgehängt werden wie leere Satteltaschen. Der Mann, der gestern von einem Mortadella-Brötchen träumte, hat mir gesagt, er unterziehe sich alle vierzehn Tage einem drei Tage langen Infusionszyklus. Er war zweiunddreißig, als er eines Nachts während einer Grippe plötzlich wie gelähmt war. Dann wurde es irgendwie wieder besser – nur der linke Fuß ist »hinüber«, der Schienbein- und der Wadennerv sind irreversibel beschädigt. Doch mit einer Spezialstütze – die er selbst erfunden hat, besser als die üblichen Fußschienen – läuft er ohne Krücken – ohne Golfschläger, wie er es nennt –, geht zum Segeln, lebt weiter, als ob nichts wäre. Wer weiß, vielleicht war es falsch von mir, vor einem Jahr die Infusionen abzubrechen. Ich konnte mir einfach nicht vorstellen, alle drei Monate ins Krankenhaus verbannt zu werden. Allerdings musste ich mich seitdem an vieles gewöhnen, was ich vorher für unannehmbar gehalten hatte, für unerträgliche Zeitverschwendung. Bis hin zur jetzigen Situation, in der das Verhältnis von »gelebter« Zeit und der Zeit, die dem Überleben gewidmet ist, sich umgekehrt hat. Wann immer ich Zeit finde, arbeite, schreibe und lebe ich, der Rest gehört der Instandhaltung.

Ich warte auf Sarina und David, die sich wegen des Installateurs verspäten – ich sitze schon draußen, auf der Bergseite, als sie anrufen, dass sie nicht vor neun Uhr kommen werden. Aber ich rühre mich nicht vom Fleck, sondern bleibe sitzen, damit ich nicht noch einmal Treppen steigen muss, wenn sie klingeln. Es ist ein wunderbarer Augenblick. Welcher Reichtum, wenn man untätig innehält, alle Aufmerksamkeit auf das gerichtet, was rundherum geschieht. Mein regloses Dasitzen enthüllt mir ein heimliches Leben. Die zusammen mit den Weiden ganz leicht im Wind schwankenden Schilfrohre. Die große, blühende Distel, die von weitem aussieht wie eine komische Figur mit vielen struppigen Köpfen. Wie schön es ist, sich als Teil, als winzigen Teil der Welt zu fühlen und zu schauen, einfach zu schauen, das Karminrot der Dahlien zu erkennen, wie es im Grün der Dämmerung im Gemüsegarten verlöscht, die violetten Tupfer der wenigen außerhalb der Saison blühenden Glyzinien, während eine leichte Brise mir die flaumigen Samen der hohen Margerite ins Gesicht weht, die ungestört zwischen den Iris und den Euphorbien stehen geblieben ist. Mir fällt auf, dass ich mich an der Grenze zwischen dem Lärm des Anorganischen – dem fernen, von der Hecke gedämpften, keuchenden Rauschen der Straße – und dem letzten Zirpen der Zikaden befinde. Zwei Klangwelten, aber auch zwei Zeiten – eine archaisch anmutend, die andere aufdringlich neu –, die sich verschieden und geheimnisvoll gegenüberstehen. Es erinnert mich an ein Gefühl, das ich in Bocca di Serchio empfand. Dort, wo der Fluss unermüdlich die Linien der Mündung nachzeichnet, trennt ein langer Sandkorridor das wie ein See in der Düne eingeschlossene Wasser vom unregelmäßigen Wellenrauschen. Die Zwangspause hat mir ein bisschen zusätzliches Glück beschert. Zu anderen Zeiten hätte ich mich im Stillen über die Verspätung geärgert, jetzt nutze ich den Augenblick. Und merke, wie sehr es an uns liegt, jedes Mal zu entscheiden, wie wir unser Leben leben. Dieser unvorhersehbare Zwischenfall: Ich habe die Wahl, ihn als Frustration zu erleben oder als Gelegenheit zur freien Betrachtung in der vielleicht schönsten Stunde des Tages, in der Schwebe zwischen Dunkel und Licht.

Auf der Rückreise aus der Provence haben Edoardo und Francesca bei mir übernachtet. Auch sie sind in Lourmarin auf den Spuren von Camus gewandelt. Sie haben, so wie ich, sein Grab besucht – wo ich eine Irisknolle mitgehen ließ, um sie im Gemüsegarten zu pflanzen –, und zudem hat Francesca die Tür gefunden und angeklopft; die Tochter hat ihr geöffnet, eine Pennerin mit Bücherstapeln auf dem Fußboden, genau wie ich jetzt, da ich die Bibliothek ausräume. Wir unterhalten uns über den *Idioten*, den ich zurzeit wiederlese. Francesca hatte er als junges Mädchen nicht gefallen, sie hatte sich aber nicht getraut, es zuzugeben. Edoardo hat den Roman erst kürzlich gelesen und ist nicht begeistert. Dennoch, es hat etwas, dieses entnervende Magma. Mir flößen diese gequälten und einander quälenden Gestalten Mitleid ein, gefangen in den Labyrinthen der Stadt und der Psyche, ohne Hoffnung auf einen Ausweg in die unschuldige, wenn auch manchmal erbarmungslose Welt der Natur. Wie der achtzehnjährige, an Tbc leidende, nunmehr todkranke Ippolit, der die Hauptstadt verlässt, um in das heitere Parkstädtchen Pawlowsk zu fahren. Fürst Myschkin hatte ihn dazu gedrängt in der Überzeugung, umgeben von Bäumen werde es ihm weniger schwerfallen zu sterben oder auch weiterzuleben. Ippolit, an seine Verzweiflung geklammert, sieht nicht ein, welchen Unterschied es machen soll, mit Blick auf die roten Backsteine der Mauer vor dem Zimmerfenster oder in einem Wäldchen, umgeben vom Duft der Lindenblüten, zu sterben. Fürst Myschkin gibt zu, dass der Unterschied letztlich nicht so groß ist, vertraut aber darauf, dass die Vegetation und die gute Luft sich in jedem Fall lindernd auf Ippolits Erregungszustände und Albträume auswirken werden. Ippolit lässt nicht locker: Was soll ich mit eurer Natur, eurem Park, euren Morgenröten und Sonnenuntergängen, eurem blauen Himmel und euren lächelnden Gesichtern, wenn ich dieses Fest nicht genießen werde? Was nützt mir so viel Schönheit, wenn ich weiß, dass sogar eine in einen Lichtstrahl getauchte, summende Mücke ihren Platz im Chor kennt, sich am Fest erfreut, während nur ich aus lauter Kleinmut nicht dazugehöre? In diesen Worten liegt der Schmerz darüber, keine Zeit gehabt zu haben, um zu verstehen. Wer weiß, ob der kränkliche Ippolit außerhalb der Glut dieser ganz von Menschen geschaffenen Mauern und gesellschaftlichen Beziehungen die Lust zu leben wiedergefunden hätte. Oder vielleicht einfach den inneren Frieden, um sanft zu sterben, anstatt die Szene zu beherrschen, indem er giftig, böse und voll Ressentiment verkündet, dass ihm nur noch zwei Wochen zu leben bleiben.

Nun, die Bäume hätten ihn aus so viel Hysterie herausholen können. Die Bäume, die langsam leben und sterben, mit der Würde dessen, der weder, wenn er auf die Welt kommt, noch wenn er sie verlässt, die Fassung verliert. Merkwürdig, diese erstickenden, städtischen Atmosphären bei Dostojewskij. Im *Idioten* beschränken sich die Naturszenen auf die Schweiz, wo Fürst Myschkin sich behandeln lässt und wohin er nach seinem Rückfall, nach dem Skandal und Nastassja Fillipownas Ermordung durch Rogoschin zurückkehrt.

Vielleicht sterbe ich ja auch nicht so bald. Anfangs fühlte ich mich ein wenig wie Ippolit, dazu verdammt, vor Ende des Jahres zu sterben. Jetzt scheint alles langsamer zu gehen. Ich werde sterben, aber nicht signifikant anders als jeder andere. Verändert hat sich, dass ich nicht mehr im Garten arbeiten kann. Nicht einmal gießen. Das erledigt Lenuca gerade, etwas zu früh – es ist erst halb sechs Uhr nachmittags –, aber später hat sie keine Zeit dazu.

I haven't told my garden yet – nein, der Garten hat sich schon daran gewöhnt, dass andere sich um ihn kümmern. Gewiss. Doch meine Rolle ist noch nicht zu Ende: Ich entscheide, wer es an meiner Stelle tut. Denn in einem tieferen Sinn war es nie so, dass nur ich mich um den Garten gekümmert habe: Auch der Garten hat sich um mich gekümmert, während er mir scheinbar so viel Arbeit machte. Jetzt ist der Garten der Schoß, in dem ich mit einem Gefühl von Frieden und Gelassenheit diese körperlich wenig aktive Zeit verbringe. Ihn sehe ich durchs Fenster, wenn ich auf dem Sofa liege und lese. Ich fühle seine wohltuende Präsenz, obwohl ich mich in diesen zu heißen Tagen nicht bis an seine Grenzen vorwage. Der Gärtner und der Tod bedeutet nun dies: An einem Ort Zuflucht suchen, wo Sterben nicht so bitter ist. Wo Sterben etwas weniger Angst macht. Wo es möglich ist, sich nicht zu wichtig zu nehmen, weil man eines Tages unvermeidlicherweise nicht mehr da ist. Indem man in Ruhe akzeptiert, etwas Kleines, Unbestimmtes zu sein, ein Pünktchen in der Landschaft.

Qi Gong gefällt mir – es sind wirklich nur die allerersten Schritte, aber ich habe den Eindruck, etwas aufzubauen. Sehr langsam, aber auf soliden Fundamenten.

Auf Al Jazeera finde ich Informationen über Öko-Bestattungen: endlich. Särge aus Pappe oder Strohgeflecht, biologisch abbaubar, der Wunsch, nicht verbrannt, sondern kompostiert zu werden und in der Natur »weiterzuleben«.

Gestern, Sonntag, habe ich Nehama besucht. Schon auf der Schotterstraße, die zur Ölmühle hinunterführt, eine Anmutung trostloser Verlassenheit. Der Ort wirkte wie tot. Ich parke das Auto da, wo Peter gewöhnlich den Gästen entgegenkam. Eine wilde Stille. Ein Eindruck von Düsterkeit. Während wir Tee trinken und über anderes sprechen, weil ich an Nehama das Bedürfnis wahrnehme, ihren intimsten Kern zu schützen, überkommt mich ein Gefühl der Entfremdung. Dann begreife ich, dass Peter der *Genius loci* dieses Hauses am Wildbach war: Ohne seine Gegenwart hat alles keinen Sinn mehr. Nicht nur, weil ein Jahr lang niemand dort gelebt hat, niemand sich wirklich um irgendetwas gekümmert hat. Man erkennt vielmehr: Diese Landschaft lebte, man möchte sagen: leuchtete, durch die Beziehung zu Peter mit seiner glänzend grauen Lockenmähne, durch seine Vision, die sie für uns alle mit Bedeutung auflud. Ohne diese Beziehung wurde der Ort vom Gebirge verschluckt, irgendwie begraben, ausgelöscht, um sich in etwas radikal anderes zu verwandeln. Die Verwandlung in eine Ruine hat begonnen. Wenn wir Ruinen besichtigen, können wir Leben, das einst dort herrschte, nicht mehr fassen. Was bleibt, ist eine Reliquie, nicht ausdrucksvoller als das Fingerglied eines Heiligen in einer goldenen, juwelengeschmückten Schatulle. Wenn ich gehen werde, wird es hier genauso sein. Mich schmerzt der Gedanke an die seltsame, dumpfe Stille, die dieses Anwesen einhüllen wird, wenn ich niemanden finde, der sich an meiner Stelle darum kümmern kann.

Wer weiß, ob die im Herbst gepflanzten Pfingstrosenbüsche noch leben. Ich habe nicht daran gedacht, es zu überprüfen. Wenn die Kräfte allmählich schwinden, verdunsten auch die

Gedanken, die Verwahrlosung beginnt, eine Art Resignation über den Verlust des eigenen Ichs sowie des Gartens. Mit wenig Hoffnung mache ich mich dennoch auf den Weg und schaue nach: Trotz der Vernachlässigung geht es den Pfingstrosen gut, ein Zeichen dafür, dass sie wirklich für sich selbst sorgen können und die Dürre aushalten.

Ferragosto, 15. August, Ausflug zur Casentini-Hütte. Während die Freunde auf dem Pfad durch den Buchenwald über der Botri-Schlucht wandern, bleibe ich am Tisch sitzen und lese. *A New Path to the Waterfall* von Raymond Carver, Gedichte, die er angeregt von den Erzählungen Tschechows schrieb, als er im Sterben lag, als er wusste, dass er auf den Wasserfall zusteuerte.

Lorenza Zambon kommt und liest mir den Text ihres Stückes über die Samen vor. Es geht um Ghost Town Farm: Detroit ist auf eine halbe Million Einwohner geschrumpft, ganze Viertel im Herzen der Stadt sind unbewohnt, die Natur gewinnt wieder die Oberhand. Die Industrie und alle Arbeitskräfte werden von den Banken in den Süden umgesiedelt. In dieser Situation legt Novella Carpenter erst einen Gemüsegarten an, dann gründet sie einen Bauernhof mit Tieren. Wenn die Städte sterben, erobert die Natur sie zurück. Das Unkraut, das Immunsystem der Erde, hilft, die Wunden zu schließen.

Zum letzten Mal flackert noch hier und da der Sommer auf, wie Erinnerungsfetzen im unaufhaltsamen Vormarsch des Herbstes. Es weht ein kühles Lüftchen, das auf manche Pflanzen wie der Kühlraum des Floristen wirkt. In einem einzigartigen Kontrapunkt von Farben, einige leuchtend wie in Öl gemalt, andere gedämpft wie Pastell auf Papier, prunkt der Gemüsegarten mit blühenden Dahlien und Zinnien, deren Schwung der zwar feuchte, aber glühend heiße Sommer gebremst hatte. Auf der Bank sitzend, lese ich nun wieder unter freiem Himmel und muss mich nicht in den scheckigen Halbschatten der Pergola flüchten. Ich fange auch wieder an zu arbeiten. Vor etwa zehn Tagen habe ich aus dem, was von meiner Bibliothek noch übrig ist, die Biographie über Vita Sackwille-West von Jane Brown herausgefischt. Zu meiner Überraschung hat sie mich begeistert. Die Besichtigung von Sissinghurst fiel mir wieder ein. Sehr traurig machte es mich, als ich las, wie Vita und Hadji (so nannte sie ihren Mann Harold) darauf verzichten müssen, im Garten zu arbeiten. Der Körper gehorcht ihnen nicht mehr: Vita fällt im Turm die Treppe hinunter, sogar das Schreiben wird schmerzhaft. Zuerst für Harold, dann für Vita, als die Arthritis vom Rücken auf die Hände übergreift. Der Garten ist nicht mehr die Hauptsorge, er wird zum Schauplatz der Existenz. Die Perspektive hat sich verändert, und der Garten, anfangs ein täglicher Nahkampf, tritt nach und nach in den Hintergrund, wird Teil einer Welt, von der man sich gezwungenermaßen verabschieden muss. Jahre zuvor hatte Vita in ihrem während des Krieges verfassten Gedicht *The Garden* als Antwort auf Eliots berühmtes *April is the cruellest month* geschrieben: *I would sooner hope and believe / Than dig for my living life a present grave. /Though I must die, the only thing I know, […] / I still will sing with credence and with passion […] / That I will believe in April while I live, / I will believe in Spring,* »Ich will lieber hoffen und glauben / als mir schon jetzt im lebendigen Leben ein Grab zu schaufeln. / Auch wenn ich sterben muss, das Einzige, was ich weiß […]/ will ich doch voll Glaube und

Leidenschaft singen […] / ich glaube an den April, solange ich lebe, / ich glaube an den Frühling.« Solange es ging, hat sie mit dem und im Garten gelebt. Es passt nicht zu ihr, dem Gedanken an den gemeinen Tod auch nur einen Augenblick zu opfern.

Kalt, feucht: Es ist Herbst, die Jahreszeit, in der Puschkin sich am produktivsten fühlte. Während ich am liebsten schlafe: Liegen gefällt mir, es ist so erholsam, und außerdem kann ich mir vormachen, alles sei wie früher. Sobald ich dagegen aufstehe: Die Beine, die nicht tragen, der Stock, die Mühe, sich fortzubewegen, die Übungen, um wenigstens ein bisschen von dem zu erhalten, was ich noch nicht verloren habe. Ich müsste mich entschließen, Fabio mit den Bauarbeiten für Giulios Zimmer zu beauftragen, doch die Idee überzeugt mich immer weniger. Ich habe gar keine Lust, immer jemanden um mich zu haben. Dennoch ist es unbestreitbar, dass meine Kräfte schwinden. Ich muss dagegenhalten. Die sommerliche Schwüle und die Knieschmerzen waren ein Vorwand, um den Spaziergang bis ans Ende des Gartens ausfallen zu lassen. Heute habe ich mich dazu gezwungen, ihn wiederaufzunehmen. Ich bin fast bis ans Ende gekommen. Schade bloß, nicht mehr den unbeschwerten Genuss des Spazierengehens zu empfinden. Jeder Schritt ist eine Anstrengung, ich versuche, ihn leichten Herzens zu tun, die Mühe zu vergessen, auf das zu achten, was mich umgibt. Aber der Körper ist schwer geworden, ein unglaublicher Ballast, er lässt nicht zu, dass man ihn vergisst. Und daher ziehe ich die Positionen vor, in denen ich an anderes denken kann: im Sitzen, im Liegen. Um den Geist zu erfreuen, zu befreien, darf die Bewegung mich nicht zu einer übermenschlichen Anstrengung zwingen.

Heute fühle ich mich müde, es ist der Jahreszeitenwechsel, ich rufe meinen Homöopathen an und bitte ihn um ein Stärkungsmittel. Mir fällt die Ärztin ein, die sagte, das Rilutek nehme einem die Energie. Sosehr ich daran glauben will, dass ich geheilt werden kann, ist es doch auch wahr, dass man irgendwann anfängt zu verwelken. Kann man die Natur etwa aufhalten? Meine Altersgenossen sind allerdings überaus lebhaft, wie auch die Freunde, die älter sind als ich. In unserem kleinen Kreis bin ich die Schwächste, jemand, der sich selbst überlebt hat. Ich lese *Difficult Women* von David Plante wieder. Jean Rhys: Sie ist alt, trinkt, torkelt beim Gehen, stürzt in die Toilette, als David vergisst, die Klobrille wieder herunterzuklappen, sagt, sie fühle sich als Gefangene all der Menschen, von denen sie abhängig ist. Sie hat sechs Varianten einer Erzählung: Mit Entsetzen bemerkt sie, dass alle sechs identisch sind, Wort für Wort, dass sie nichts anderes getan hat, als immer dasselbe zu schreiben. Ich möchte nicht, dass es mir genauso geht, ich fürchte, mich zu wiederholen und nichts zu Ende zu bringen, ich suche eine Form, auch in diesem Buch, und finde sie nicht. Bin ich etwa dreißig Jahre zu früh eine alte Schriftstellerin geworden? Eine alte Schriftstellerin, die fassungslos feststellt, dass sie die Zeit, in der sie gelebt hat, nur gestreift hat: Wo sind die Lieder meiner Altersgenossen? Ich kenne sie nicht. Jetzt möchte ich alles wissen, was ich verpasst habe, ich suche die Lieder auf YouTube, höre sie im Radio, immer mit dem Bewusstsein, wie eine Außerirdische gelebt zu haben. Ich weiß nicht recht, warum, doch habe ich nie irgendeiner Generation angehört.

Wunderbare Herbstdüfte. *Osmanthus fragrans* in der Luft. In einem Buch über die Intelligenz der Pflanzen lese ich, dass sie sich gegenseitig beschnuppern: Gerüche auszusenden ist ihre Art zu kommunizieren. Wenn wir die Düfte riechen, die in der Luft liegen, hören wir in Wirklichkeit, ohne sie zu verstehen, die Gespräche zwischen Pflanzen, zwischen Pflanzen und Insekten, Pflanzen und Vögeln und anderen Tieren, zu denen wir auch gehören.

Gestern Abend ruft Ilde mich an. Du schreibst doch, oder? Ich zögere: Ja, Artikel, ziemlich viele, aber das Buch, so wie ich es mir anfänglich vorgestellt hatte, überzeugt mich nicht mehr; der Gärtner und der Tod, das kommt mir vor wie eine Pose, vielleicht, weil ich spüre, wie ich mich verändere, aber es so zu Ende zu bringen, wie ich es konzipiert hatte, gelingt mir nicht. Ja, ich schreibe, aber es ist mehr ein *Journal* mit Notizen als ein Buch. Ich habe das Gefühl, zum ersten Mal die Welt zu entdecken.

Ich lese zwei sehr schöne Seiten in *Becoming a Londoner* von David Plante. Er kritisiert Yeats, weil der zwar groß, aber nie verletzlich war, die Grenze seiner Dichtung bestand darin, dass sie aufgrund der komplizierten Absichten dahinter rhetorisch war. Ja, darum geht es auch bei dem, was ich schreibe: Die ursprüngliche Absicht des Buches muss aufgegeben werden, ich habe sie schon aufgegeben, ich kann wirklich keine Erklärung über den Gärtner und den Tod abgeben, es gibt kein vorherbestimmtes Szenarium. Nur diesen elementar menschlichen Zustand, in dem man keine Abwehr mehr hat, in dem man sich bestürzt aus dem aktiven Leben zurückzieht, weil man begreift, dass man die Welt verlassen muss, und zusieht, wie der eigene Abdruck trocknet wie der Rand, den eine dampfende Teetasse auf dem Tisch hinterlassen hat. In diesem Augenblick, in dem nichts mehr wirklich wichtig ist, weil wir nichts mehr entscheiden können, in diesem Rückzug liegt auch etwas ganz Zartes.

David schreibt mir, ich solle nicht böse sein: Er hat mir einen Rollstuhl gekauft, den ich morgen bei meiner Ankunft in London vorfinden und den er mir anschließend nach Lucca bringen werde. Erschüttert rufe ich ihn an. Er versichert mir, falls ich ihn nicht wolle, könne er ihn zurückgeben. Er sei rot und zusammenlegbar. Nein, er habe nicht zu viel dafür bezahlt. Ich danke ihm. Ich merke, dass ich gerührt bin. Das war genau das, was ich mir gewünscht hatte. Das schönste Geschenk, das ich je bekommen habe, und noch dazu so unerwartet.

Heute fällt mir das Gehen wirklich schwer. Mir kommen die Träume wieder in den Sinn, in denen meine Beine ganz taub waren und ich sie nicht bewegen konnte. Warnende Vorzeichen, vielleicht wusste mein Körper, dass er so programmiert war, dass es so kommen würde?

Der Rollstuhl – Marke Enigma – hat eine neue Seite aufgeschlagen: Die Zukunft ist endlich eingetroffen. Und danach, was noch? Er hat mir klargemacht, dass ich möglicherweise dieses Haus voller Stufen und Ebenen aufgeben muss. Ich bin verzweifelt, weil ich keine Lösung finde. Jede kommt mir vor wie kostspieliges Flickwerk, auf jeden Fall ist der Garten zu groß, das Haus ebenfalls, ich könnte einen winzigen Teil davon bewohnen und mir von Dienstpersonal helfen lassen. Krank zu werden unterscheidet sich letztlich gar nicht so sehr davon, unvermutet einem Krieg ausgesetzt zu sein. Man ist gezwungen, das Haus, die Möbel, die Gegenstände, die einem teuer sind, zurückzulassen. Bestürzung: Was werde ich sein ohne dieses Haus, den Garten, meine Kleider? Mich von dem Ort zu trennen, an dem ich doch bis ans Ende meiner Tage zu bleiben gedachte, ist, als würde ich von meinem Körper abgetrennt weiterleben. Mit der Angst, in einem Niemandsland zu enden. Einem anonymen Appartement. Einem Hotel. Einem Heim. Kann man weiterleben, wenn man keinen Ort auf der Welt mehr hat, nichts mehr zu geben hat? Wie kann man das Leben so neu erfinden, dass man noch etwas beitragen kann?

Bei Tagesanbruch stehe ich auf und fahre ohne Frühstück in Giulios Begleitung los zum Istituto Stella Maris. Giulio kommt verspätet, sein Fahrrad hatte einen Platten, er musste sich das Rad eines Freundes ausleihen; als er eintrifft, bin ich mit dem Auto schon vor dem Tor, am Steuer, entschlossen, allein zurechtzukommen. Auf dem Monte Pisano scheint es ein herrlicher Tag zu sein, dann, hinter Pisa, wird es dunstig. Wir fahren an der amerikanischen Militärbasis vorbei und sehen jenseits des silber glänzenden, gewundenen Stacheldrahts ein Wildschwein. Giulio behauptet, er habe dort auch schon zwei Hirsche gesehen. Er hat auch in dieser Gegend gearbeitet, es gibt keinen Ort, wo er nicht wenigstens eine Weile gearbeitet hat. Im Viale dei Tirreni 331 angekommen warnt uns ein Merkblatt an der Glastür vor der Strahlung. Eine junge brünette Ärztin verkündet, dass mir die Untersuchungsergebnisse nicht ausgehändigt werden, der Test diene rein wissenschaftlichen Zwecken, um die diagnostische Kapazität des neuesten Hochleistungsgeräts zu beurteilen. Ich lese die Einwilligungserklärung durch: auftreten können möglicherweise Schwindel,

Übelkeit, durch den Magneten ausgelöste Verwirrtheit. Das Gerät ist noch geschlossen. Giulio zwinkert mir zu: Ich kann mich immer noch dagegen entscheiden. Vielleicht gibt das den Ausschlag. Im Zustand der Unentschlossenheit, in dem ich mich befinde, lasse ich mich von den geringsten Zeichen leiten. Allmählich möchte ich nur noch weglaufen und nicht in die runde Öffnung dieses weiß-beigen Apparats hineingeschoben werden, der einem Krematoriumsofen ähnelt. Ich habe Herzklopfen, mein Magen flattert, während ich die Fragen der Ärztin nach den Nägeln in meinem linken Daumen, die sich durch die Wirkung des Magneten erwärmen könnten, und nach den Zahnimplantaten beantworte; meine Augen füllen sich mit heißen Tränen. Dann kommt der Neuroradiologe, ein schnurrbärtiger junger Mann ohne weißen Kittel, in einem schäbigen braunen Anzug. Alles in mir sträubt sich gegen die Idee, mich quälen zu lassen, damit er Karriere machen kann. Vielleicht bin ich ein egoistischer Angsthase, aber ich fühle, wie mein Widerstand wächst. Gegen den Apparat, gegen die absurde Regel, mir die Ergebnisse des MRT nicht mitzuteilen. Ich will mir von diesem Apparat nicht mein fragiles Gleichgewicht zerstören lassen. Wie benommen mache ich kehrt, fahre mit Giulio am Steuer wieder nach Hause. Gleichzeitig bedaure ich es, weggelaufen zu sein, bin besorgt wegen der Ähnlichkeit meiner Flucht mit der meines Vaters am Tag, bevor ihn die Beinlähmung ereilte, bin fast in Versuchung, erneut umzudrehen, ratloser denn je, mit dem Gefühl, dass ich mich von meinen Befürchtungen habe leiten lassen. In Lucca gehen wir einkaufen: Forellen, Filter für die Wasserkaraffe, Sesam und Leinsamen, mir ist, als kehrte ich zur alltäglichen Normalität zurück, weit weg von dem furchterregenden Apparat. Zu Hause koche ich mir etwas, lege mich für ein Mittagsschläfchen aufs grüne Sofa. Später kommen der Installateur – seit zwei Tagen kann ich mich nicht waschen, wegen eines defekten Ventils gibt es kein Wasser – und der Elektriker – um das Modem ins Erdgeschoss zu verlegen und vielleicht den automatischen Toröffner wieder in Gang zu bringen. Ich nehme die Tüte mit den Blumenzwiebeln, die ich bei Clifton Nurseries in London gekauft habe, und lasse mich von Giulio in den Gemüsegarten schieben. Es ist wunderbar, mit von der Sonne erwärmtem Gesicht da zu sitzen. Giulio gräbt die nun abgeernteten Zucchinistrünke aus, recht die Mariendistel- und Borretschblätter zusammen. Es gibt auch Unkraut, aber er hat keine große Lust, es auszumerzen, wie es sich gehört, bis ganz unten. Zack, zack: Ich höre, wie er die Wurzeln abreißt. So hat es doch gar keinen Zweck, sage ich zu ihm, nimm die Hacke, du musst den Boden bis unten auflockern. Eine Weile hält sich Giulio daran, dann reißt er die Wurzeln wieder mit einer Mischung aus Faulheit und Schlamperei einfach ab. Zuletzt glättet er den Boden, zieht mit dem Handpflug Furchen. Ich öffne die Packungen und finde es beruhigend, dass ich das noch kann. Ich mische die Tulpen: Es wird lustig sein, denke ich, die Farben – purpurrot, rosa und orange – bunt durcheinander zu sehen. Ebenso die Narzissen. Sie werden ordentlich in die zwei Furchen gelegt: Im Gemüsegarten gelten sie als Schnittblumen. Dann sage ich zu Giulio, er solle die Erde mit der Hand andrücken und Stroh darüberstreuen. Ist es Maisstroh?, fragt er. Ich weiß es nicht, erwidere ich, erstaunt, dass ich mich das nicht selbst gefragt habe. Die Narzissenzwiebeln waren die üblichen, meine Lieblingssorte: *Narcissus tazetta*, Straußnarzissen – in den Züchtungen Avalanche (erst jetzt lese ich auf der Packung, dass die sich auch für drinnen eignet) und Geranium. Die Tulpen: Tulipa Black Parrot, weinrote, ausgefranste Blütenblätter, Tulipa Angélique, die hatte ich im Pfingstrosenbeet, ist aber nicht mehr viel übrig, Chamäleon-Tulpe, gefüllt, wechselt in der Farbe von gelb gesprenkelt zu orange und hat so viele Blütenblätter, dass sie aussieht wie eine Pfingstrose. Diese heiteren Momente im Garten werden überschattet vom schwarzen Schatten des Superapparats, vor dem ich am Vormittag geflohen bin.

In diesem Tagebuch schreibe ich nicht genug darüber, wie viel ich daran arbeite, meine Gesundheit wiederzuerlangen. Das Qi Gong beginnt Wirkung zu zeigen. Heute habe ich zum ersten Mal, von Wirbel zu Wirbel atmend, mein Rückgrat als etwas Massives wahrgenommen, fast wie eine dicke Kobra. Auch beim leichten Atmen, bei dem die Kanäle von den Zehenspitzen bis zu den Fußgelenken wieder aktiviert werden, beginne ich, so etwas wie einen Lebenshauch – das Qi? – zu spüren, und diesen frischen Hauch fühle ich auch, wenn ich mit der Hand mit gewissem Abstand über die Beine und bis zum Hinterkopf und zur Hüfte streiche oder mich über die Hüfte abrolle oder beuge.

Als ich vom Abendessen mit Massimo und Beth im Ristorante Scompiglio zurückkehre, bemerke ich, dass Giulio die Wege im Gemüsegarten verbreitert hat, damit der Rollstuhl hindurchpasst. Ich hatte es schon vermutet: Am Vormittag waren von weitem Holzhammerschläge zu mir gedrungen; sie erinnerten mich, fast wie eine Filmmusik, an die Darstellung der Arbeiter bei der Eindämmung des Flusses Serchio auf dem Fresko von Amico Aspertini in San Frediano. Giulio wäre gern wieder Maurer, mit Freuden erledigt er Bauarbeiten aller Art. Als er mir den Rollstuhl bringt und mich zwischen den Beeten, die mit Kastanienpfosten und Bambusstreben eingefasst sind, die perfekt ausgemessenen Wege entlangschiebt, lobe ich ihn sehr. Es hat etwas Besänftigendes, in der milden Nachmittagssonne über die frisch gemähten, duftenden Rasenwege geschoben zu werden, während die Farben schon leicht verblassen. Giulio hat gute Arbeit geleistet, er hat sich erinnert, wo die von mir angelegten Wege entlangführten, und hat die Königskerzen verschont, die ich schon verloren glaubte, dabei waren sie nur im hohen Gras versteckt und ragen jetzt hoch aufgeschossen samtig aus dem schimmernden Gras. Als wir bei der Kletterrose Rambling Rector ankommen, bitte ich ihn, die Zweige abzuschneiden, die meterlang ins Feld hinausragen in der klaren Absicht, neues Gebiet zu erobern. Auch die verdorrten Hamamelis bitte ich ihn, zu entfernen; danach lasse ich ihn zum Spaß eine Beere vom *Zanthoxylum simulans* probieren, ein Rautengewächs, das den Mund betäubt und einen Hauch von Kampfergeschmack zurücklässt. Wir erreichen das letzte Feld: Ein Wunder, Giulio hat es vollkommen gesäubert, es ist schön, am Ende des Gartens anzukommen und ausgerechnet an den Hängen des Hügels voller Akazien, Brombeerranken und Strandkiefern dieses geheime, ordentliche Fleckchen vorzufinden, so leer wie der Schauplatz einer bevorstehenden Epiphanie. Als wir die Pergola im Olivenhain erreichen, die zu den Kieselsteinhügeln hinschaut, empfängt mich die Japanische Traube *(Rubus phoenicolasius)* in voller Pracht, und am Fuß des Weinstocks blüht die Calendula. Giulio zeigt mir einen Ast, der am Boden Wurzeln geschlagen und den er am Morgen ausgerissen hatte – da kam mir die Idee, er solle ihn abschneiden und einen Ableger zum Verschenken daraus machen. Danach mache ich vor dem *Diospyros lotus* halt, den ich vor Jahren gesät hatte: Zum ersten Mal ist das Bäumchen voller winziger, sehr dekorativer Miniaturkaki. Steckt man sie in den Mund, täuschen sie einen: anfangs schmecken sie süß, dann wird der Mund pelzig. Ich schneide zwei kleine Zweige ab, die in der Vase schön aussehen würden, doch zu Hause stecke ich sie prosaischer in den Edelstahltopf, in dem ich gestern schon Kaki zusammen mit Äpfeln zum Reifen verwahrt habe: Ich möchte wissen, ob auch diese Miniaturkaki reif weniger pelzig schmecken.

Heute kommen die Architekten, um zu sehen, was man hier machen kann. Die linke Hand hat immer weniger Kraft. Es ist seltsam, mit den Fingern nicht zudrücken zu können. Vielleicht liegt es am Herbst mit seiner Wehmut, meine Stimmung ist jedenfalls diese: Man hat mir die ganze Rechnung auf einmal gestellt. Und auch: Gebet erhört. Wie oft habe ich einen langsamen Tod bei vollem Bewusstsein für wünschenswerter gehalten als ein plötzliches Ende. Dieser Wunsch wurde mir mehr als erfüllt. Und ich frage mich immer häufiger: Ob es Zeit ist, das Handtuch zu werfen?

Vor einigen Jahren wurde ich im August von einer Wespe gestochen. Eine marmorne Kälte kroch langsam meine Beine hinauf, mein Kopf begann zu baumeln, bis ich ihn auf den Tisch legte – ich war mit Cristina und Papik am Meer beim Abendessen –, danach wurde ich ohnmächtig. Ich sah braune Flecken, fühlte eine Wonne, eine Seligkeit, die vollkommene Abwesenheit von Schmerz. Ich erinnere mich noch, dass ich dachte: Wie wunderbar, so zu sterben. Nur der Gedanke, dass ich das meiner Mutter nicht antun konnte, hielt mich zurück, ich kehrte um. Jetzt, etwa zehn Jahre später, denke ich an jenen Moment zurück. Bedauere ich es, geblieben zu sein?

Den Kummer, vor ihr zu sterben, muss ich meiner Mutter ja offenbar sowieso bereiten. Aber war es davon abgesehen ein Fehler, die Gelegenheit nicht zu ergreifen, schmerzlos, ja selig, in Ekstase, ohne Komplikationen zu gehen? Oder anders gesagt: Wird meine Vorliebe (ist sie etwa rhetorisch?) für einen langsamen, bewusst erlebten Tod der Prüfung durch die Tatsachen standhalten? Gestattet mir das, etwas zu entdecken, was des Erzählens wert ist? Ist es wirklich eine wichtige Erfahrung, eine Wahrheit, die nicht zu kennen bedauerlich wäre?

Dennoch habe ich gestern das Riluzol wieder abgesetzt. Ich hatte das Gefühl, es belaste meine Leber. Beim letzten Mal hatte sich mein Zustand nach den Monaten, in denen ich es nicht genommen hatte, verschlechtert. Obwohl ich es jetzt seit Monaten wieder nehme, hat er sich trotzdem verschlechtert. Mein Eindruck ist, dass das Riluzol, indem es Leber und Pankreas schadet, die Selbstheilungskräfte hemmt. Ob das wohl stimmt? Aber was bleibt mir übrig, als mich weiter mit Hilfe meines Instinkts durch das Dunkel zu tasten?

Also ein langsames Sterben. Zunächst melden sich rückwirkende Schuldgefühle, die Scham über meine oberflächlichen Urteile von früher, als ich gesund war, beim Treppensteigen zwei Stufen auf einmal nahm, stets übermenschlich schnell war. Mit den Beinen, mit den Urteilen. Die Hilfsmittel für Behinderte machten mich ungeduldig: Warum treten sie nicht ab, diese unfähigen Leute? Mit Kranken kein bisschen Mitleid – bei der herrschenden Überbevölkerung machen sie so lange herum, wieso gehen sie nicht? Und was die Leute betraf, die ihre Zeit mit Krankenbesuchen vergeudeten: Wie trostlos, haben sie denn nichts Besseres zu tun? Ich erinnere mich an mein Misstrauen gegenüber einem Schulkameraden: Regelmäßig besuchte er seine kranke Tante, saß stundenlang bei ihr – so viel Anhänglichkeit für eine alte Frau fand ich krankhaft, ich scheute mich davor, sein Gefühl zu verstehen, verspürte wohl eine dunkle Furcht, angesteckt zu werden. Schwäche flößte mir Angst und Widerwillen ein. Jede Form von Schwäche. Vielleicht wegen meiner wilden Lust an blitzartiger Schnelligkeit, an Effizienz, am guten Funktionieren. Von Leuten, die langsam, unfähig, untüchtig waren, musste man sich fernhalten wie von einem Skandal. Letztlich war ich gar nicht so verschieden von der Anthropologin, Geas Partnerin, die sie verließ und dann zu ihr sagte: Es hätte alles gut gehen können zwischen uns, wenn du bloß nicht auf die schlechte Idee gekommen wärst, krank zu werden.

Bei der noch frischen Erinnerung an so viel Anmaßung – ich müsste sagen, Erbarmungslosigkeit – entbehrt es jetzt nicht der Ironie, selbst krank zu sein. Die, die meinem früheren Selbst glichen, haben mich verlassen. Andere dagegen werden eifriger, liebevoller.

Und so zwingt mich dieses langsame Sterben dazu, das kennenzulernen, wovon ich mich stets ferngehalten hatte: schwach zu sein, langsam, schutzlos, ineffizient, kraftlos. Vielleicht habe ich deshalb gestern Abend, angeregt von einer Rezension über die erste Übersetzung ins Englische, den *Zibaldone* jenes Giacomo Leopardi in die Hand genommen, den ich immer so wenig geschätzt hatte, weil er, nun ja, bucklig und unglücklich war und sich in den Kopf gesetzt hatte, die Welt mit Bitterkeit zu überschwemmen.

Da sind sie, die gewaltigen, freudigen Novemberregen. Ich erfreue mich an dem eimerweise vom hohen Himmel herabstürzenden Wasser, begleitet von einem feinen Sprühnebel, der den Raum des Gartens ausfüllt und ihn in eine Art matt schimmernden Schoß verwandelt. Die Formen treten stärker hervor, das Licht gleicht der Beleuchtung in Innenräumen. Ich bemerke eine Wicke, die in der lauen Wärme des Altweibersommers rosa erblüht ist: Die Feuchtigkeit lässt die Farbe kräftiger leuchten. Am äußersten Waldrand, dort, wo der Regen, der unaufhaltsam vom Berg herunterrauscht, sich in den Gräben zwischen den Feldern sammelt, schnappt Macchia, die überschwängliche Foxterrier-Hündin, die wie alle kleinen Hunde eine animistische Weltanschauung hat, nach dem Wasser, versucht, es mit den Zähnen zu packen wie eine Schlange, der sie nachjagt. Sie führt sich auf wie verrückt: galoppiert den Graben entlang, verfolgt die Spritzer, um dann talwärts zu rasen. Einer abstinenten Bacchantin gleich feiert sie mit Tanz und Pirouetten das plötzliche, lebhafte Treiben, das ihr normalerweise trockenes, ruhiges Reich in ein Fest der Geräusche, der Fontänen, der flüssigen Ohrfeigen und glucksenden Bäche verwandelt. Ein Wirbel überwältigender Sinneseindrücke. Während Giulio schützend den großen, grünen Hirtenschirm über mich hält, atme ich und schaue. Ich genieße die Formen, die der leichte Dunst nicht verhüllt, sondern deutlicher offenbart: das leuchtende Rot der Beeren, das Muster der violetten Flecken auf den fast runden Blättchen des Perückenstrauchs, ihr teilweise noch grünliches Gelb mit braunen Strichen dazwischen, wie hingetuscht vom Pinsel eines Kalligraphen.

Francesco schreibt mir: Neulich habe ich intensiv an dich gedacht, du standst im Mittelpunkt meiner Überlegungen, die ich hier wiedergebe, um meine tiefen Empfindungen mit dir zu teilen, was dich hoffentlich nicht stört. Ich dachte an deinen Garten und fragte mich, wie es möglich ist, dass die Schöpferin eines so schönen und harmonischen Werks Elemente der Disharmonie in ihrem Körper findet. Die Pflege eines Gartens erfolgt nach den gleichen Regeln wie die Pflege unseres inneren Gartens, unseres Körpers, oder besser im Plural, unserer Körper, des physischen, des emotionalen und des mentalen Körpers. Betrachtet man deinen Garten, begreift man deutlich, dass es dir gelungen ist, mit seiner Seele, mit dem *Genius loci* in Kontakt zu treten, dass es dir gelungen ist, Harmonie hineinzubringen, indem du seiner Energie, seinen Bedürfnissen und seinem Streben nach Höherem gefolgt bist. Sich selbst zu pflegen und zu kultivieren ist genau dasselbe, und indem du dir vor Augen führst, wie du im Garten vorgegangen bist, kannst du auch herausfinden, was du tun müsstest, wenn der Garten Pia heißt. Wenn eine Pflanze von Parasiten befallen ist, läufst du sicherlich nicht zur Kooperative und kaufst alle Arten von Giften und Pestiziden, um diese »Krankheit« schnellstens zu besiegen, sondern fragst dich, wie du die Harmonie wiederherstellen kannst, wo es vielleicht ein Übermaß oder einen Mangel gegeben hat, wie man nützliche Insekten anziehen oder die Pflanze in ihrem »Heilungsprozess« unterstützen kann. Auf die gleiche Weise äußert sich unser Körper, manifestiert durch Disharmonien die Exzesse und Mängel unserer inneren Regungen, hilft uns, den Weg zu begreifen, den wir beschreiten müssen, genau wie uns der Zustand der Pflanzen zeigt, ob sie Wasser, Licht, Dünger brauchen. Mit deinem Garten ist es dir gelungen, etwas Subtiles, Ungreifbares zu verwirklichen, zu konkretisieren, vielleicht eine Idee, oder besser noch ein Ideal, in dem jedes Element, jede Pflanze ihren Platz findet, auch das »Unkraut«. Indem wir mit Hilfe des *Genius loci* dieses Ideal verfolgen, findet der Garten, der Körper, die Gesellschaft oder das, wofür wir arbeiten, zu seiner Gesundheit und Harmonie zurück. Und da dachte ich: Vielleicht ist Pia noch nicht tief genug in Kontakt mit ihrem *Genius loci*, mit ihrem göttlichen Selbst, jener Instanz, die im Garten genau weiß, was benötigt wird, was angepflanzt, was entfernt, und für jedes Element in uns den perfekten Platz findet.

Francesco habe ich diesen Sommer über eine Bekannte kennengelernt: ein junger Musiker und Naturforscher. Ein Gesicht wie Florenskij, lange Haare, gertenschlank. Was er schreibt, ist schön, dennoch gibt es in mir eine aufmüpfige Seite, die am liebsten zu ihm sagen möchte: Nein, es ist nicht so, wie du denkst; wenn eine Pflanze krank wird, lasse ich sie sterben. Viele Pflanzen in meinem Garten haben es nicht geschafft, und das Schlimmste ist, dass ich mich nicht einmal erinnere, welche. Habe ich je Pflanzen gepflegt? Vielleicht einen verletzten Feldahorn, vielleicht eine Rosskastanie, die mir am Herzen lag, weil eine Freundin sie aus einem Samen gezogen hatte, die Buchsbäume, als sie von dieser schrecklichen chinesischen Raupe befallen waren, die bei uns keine natürlichen Feinde hat. Ansonsten kann ich mich nicht erinnern. Ich kümmerte mich nicht so sehr um die einzelnen Pflanzen als vielmehr um den Garten in seiner Gesamtheit. Nie wollte ich um jeden Preis Pflanzen ansiedeln, die sich hier nicht wohlfühlten. Wer bleiben will, bleibt, wer nicht, nicht. Na ja, ein paar Versuche gab es: Die Rose Gloire de Dijon habe ich mindestens dreimal umgesetzt. Ich sah, dass sie Flecken bekam, vor sich hin kümmerte, und begriff, dass sie nicht da stand, wo sie gewollt hätte. Zuletzt, ich glaube, kurz vor dem Eingehen, hatte ich sie in einen Topf gepflanzt und diesen dann neben einen Pfosten der Glyzinienpergola gerückt, weil ich testen wollte, ob ihr wenigstens diese Stelle mit Morgensonne und nachmittäglichem Schatten behagte. Es sah ganz so aus, also habe ich sie in die Erde gepflanzt. Jetzt ist sie endlich zufrieden. Doch, um einige Pflanzen habe ich mich bemüht, aber nicht um alle. Und um mich selbst?

Heute früh hat mich Giulio im Rollstuhl hinausgeschoben, um mir den vom Wind gespaltenen Geweihbaum *(Gymnocladus dionicus)* zu zeigen. Morgens habe ich immer weniger Kraft. Heute Nachmittag jedoch schien angenehm die Sonne, also kein Rollstuhl, ich habe mir Schuhe und Beinschienen angezogen und einen Rundgang durch den Garten gemacht. Am Fuß des Mispelbaums blühen die gelben Schwertlilien gerade zum zweiten Mal. Sie sind nicht besonders schön, eben zweite Blüte, und recht plump. Aber sie sind da, und jetzt im späten Oktober, da die Wiesen vom Queckensamen rötlich getönt sind, bilden sie einen schönen Farbtupfer. Während ich mit meinen Krücken herumspazierte und ab und zu für Macchia die Reste der Knochenrassel aufhob, die Vera ihr geschenkt hatte, hörte ich Axtschläge. Es war Giulio. Heute Morgen waren wir zum Agrigarden gefahren, um uns eine Motorsäge anzuschauen. Gekauft haben wir sie dann nicht: zu teuer und vielleicht auch gefährlich. Daher hat Giulio zur Axt gegriffen und bewiesen, dass wir auch ohne Maschinen auskommen können. Was noch geschlagen werden muss, überlasse ich Giovanni, er besitzt eine Motorsäge und behandelt sie gut: Er arbeitet jeden Tag damit. Hier bei mir würde sie drei- bis viermal im Jahr benutzt und verrotten.

Mit Francesca in Cecina. Um 12.10 Uhr habe ich einen Termin bei dem ayurvedischen Arzt. Kurz davor ruft er mich an: Er sitzt noch im Zug, der um 12.30 ankommt. Ich schlage vor, dass wir uns gleich am Bahnhof treffen und die Untersuchung dort machen, so erspare ich mir das Treppensteigen. Francesca und ich setzen uns an einen Tisch im Freien. Ein herrlicher, warmer Tag, ich sehe viele Leute vorbeigehen, die aus einer anderen Zeit zu stammen scheinen. Mir bleibt das Bild einer Roma-Mutter mit zwei kleinen Mädchen, die aussehen, als kämen sie gerade aus der Schule, eines fetten, von hinten unförmigen jungen Mannes, der auf die Bar zuschlendert, eines anderen, der altmodisch herausstaffiert ist. Dann erscheint der Arzt mit seinem Rollkoffer; er setzt sich an den Metalltisch, nimmt zuerst liebevoll und sanft meine Hand und studiert dann lange meinen Puls. Es ist schön, dich hier zu untersuchen, sagt er, unter diesem Bäumchen im Freien, es ist wie in Indien. Mein »Vata« habe sich gebessert, sagt er. Anschließend verschreibt er mir Medikamente. Ich hole sie später im Geschäft ab, denn vorher haben wir in der »Pineta di Zazzeri« in Marina di Bibbona einen Tisch bestellt. Schön, auf das nur leicht gekräuselte, hellblaue Meer zu blicken, vorzüglich der Fisch, vom in Spanien entsalzten Kabeljau – frittiert, püriert und roh –, über die Tagliolini mit Seeigel bis zum in Salz eingelegten Umber und zur gemischten Fischplatte mit Mayonnaise, danach Crème brulée mit Kastanien und Zitronensorbet. An den Strand gehen wir nicht hinunter, wir sind zu dick angezogen, aber es ist schön hier, wir werden wiederkommen. Im Auto unterhalten wir uns über Ayurvedakliniken. Francesca hat eine in Hyderabad gefunden. Dann gibt es noch die von Angela empfohlene in Kerala. Für welche soll ich mich entscheiden? Und warum bin ich nicht schon viel früher hingefahren?

Heute sind gekommen: Paolo, um die Buchenhecke fertig zu stutzen, Giovanni und Francesca, um mit der Motorsäge zu arbeiten, die Fliederbüsche umzusetzen, die im Schatten des östlichen Walds dahinsiechten, und den empfindlichen »chirurgischen Eingriff« vorzunehmen: den nach Gras duftenden Schneeball – auf einer Unterlage gezüchtet – vom *Viburnum davidii* zu trennen, auf den er gepfropft worden war. Operation gelungen, würde ich sagen, von dem wilden Schneeball habe ich jetzt einen Schössling im Topf und zudem einen beachtlichen Strauch, der nicht weit von dem seit Jahren langsam absterbenden Aprikosenbaum eingepflanzt wurde. Giulio mähte Gras, half mit dem Schubkarren Holz holen, machte sich verschiedentlich nützlich, aber nicht, um den anderen etwas abzugucken beziehungsweise sie zu überwachen, wozu ich ihn angestiftet hatte, denn die Glyzinienpergola hat noch niemand angerührt. Es war ein schöner Tag, ich wanderte ein bisschen herum, teils zu Fuß – Maria, die Physiotherapeutin, sagte heute, auch wenn ich keine Lust dazu hätte, müsse ich möglichst oft die Treppe hinauf- und hinuntersteigen, um die Muskeln zu erhalten –, teils im Rollstuhl, und manchmal schob ich den Rollstuhl wie einen Rollator, und wenn ich müde war, setzte ich mich hinein. Könnte das eine Möglichkeit sein, um nach und nach doch wieder bis ans Ende des Gartens zu gelangen?

Giovanni ist losgegangen, um bei Agnese im Geschäft Focaccia und köstliche, hellbraune Brötchen zu kaufen, und hat bei Bullentini Pistazienmortadella mitgenommen. So gut, diese Mortadella-Brötchen, dass sie noch mehr Hunger machten, anstatt ihn zu stillen, ein kleiner Verstoß gegen die wurstfreie Diät.

Der letzte Vertreter für Treppenlifte war da, jetzt muss ich mich entscheiden. Oder die Sache hinausschieben und weiter trainieren? Auch der Maler ist gekommen, um das kleine Zimmer im Erdgeschoss zu besichtigen, das er streichen soll. Ich hatte ihn etwa fünfzehn Jahre nicht gesehen. Nun fand er mich mit Krücken und Beinschienen vor, ich ihn ergraut und kahl zugleich: Seine roten Locken über der Stirn will er nicht mehr tragen, seit er rund um den Schopf eine seltsame, hufeisenförmige Glatze bekommen hat. Und bevor er mit so einer ungewöhnlichen Frisur herumläuft, rasiert er sich lieber ganz kahl.

Ich weiß nicht, wie mir geschieht: Das war mir noch nie passiert, nicht zu wissen, wie ich meine Zeit verbringen soll. Heute Morgen sehr wenig Energie, ich habe mich in der Loggia in die Sonne gesetzt und in der *New York Review of Books* einen wunderbaren Artikel von Perry Link über China gelesen. Dann habe ich gegessen, bin durch den Garten gegangen, wo mir ein aufgeplatzter Granatapfel mit seinen glänzend roten, von der weißen Haut eingefassten Kernen entgegenleuchtete, habe überlegt, welchen Treppenlift ich nehmen soll, habe für Macchia gekocht. Ich verspüre keinen Antrieb zu arbeiten, also nutze ich die Zeit nicht, obwohl mir wirklich nicht mehr viel davon bleibt. Ich glaube, mit schwindender körperlicher Aktivität nimmt parallel auch die geistige Beweglichkeit ab. Bei mir zumindest – Stephen Hawking ist das gewiss nicht passiert. Außerdem spüre ich, dass sich die Atmung verschlechtert – vielleicht kostet auch das Energie. Allgemein bin ich eher teilnahmslos, wenig motiviert, wenig lebendig. Und ich frage mich, ob Qi Gong, Akupunktur und Ayurveda tatsächlich etwas bewirken.

Herrlicher, warmer Sonnentag. Ich lege mich für ein Nickerchen ins Zimmer im Erdgeschoss, wo ich neuerdings ein Bett aufgestellt habe. Vielleicht habe ich doch keine Lust, Treppenlifte, Rampen, all diese Geräte einbauen zu lassen. Vielleicht wird dieses Zimmer für mich so etwas wie die Höhle des Einsiedlers. Viel behaglicher allerdings und mit Blick auf das Wohnzimmer, die Loggia, den großen Feigenbaum. Vielleicht sollte ich besser in eine Hilfskraft investieren. Jemanden, der mir das Frühstück, das Mittag- und das Abendessen bringt. Wozu in die Küche gehen? Ich soll tun, wonach mir zumute ist. Dann, nach kurzer Wehmut bei dem Gedanken, nie mehr durch den Garten spazieren oder auf den Monte Pisano steigen zu können, um die wilden Orchideen zu sehen, lasse ich es sein, konzentriere mich auf das, was ich jetzt bin. Und auch so, in der Sonne, der milden Wärme, ein bisschen Freude gibt es immer. Ich schlage den zweiten Band des *Zibaldone* an der Stelle auf, wo Leopardi beweist, dass alles schlecht ist, jede Existenzform ist schlecht. »Wir treten in einen Garten voller Pflanzen, Kräuter und Blumen. Er mag uns lieblicher scheinen als jeder andere. Es mag die mildeste Jahreszeit sein. Wohin wir auch unseren Blick wenden, überall sehen wir Leiden. Jene ganze Familie von Gewächsen befindet sich in einem Zustande von *souffrance*, eine Pflanze mehr, eine andere weniger. Die Rose dort wird von der Sonne geplagt, die ihr das Leben gab; sie zieht sich zusammen, siecht hin, verwelkt. Die Lilie da – rücksichtslos saugt eine Biene an ihren empfindlichsten, lebenswichtigsten Stellen. Der süße Honig wird von den emsigen und geduldigen, guten und tüchtigen Bienen nicht ohne unsägliche Qual für jene verletzlichen Fasern, nicht ohne ruchloses Morden an zarten Blümchen gewonnen. Jener Baum wird von einem Ameisenhaufen bedrängt, jener andere ist von Raupen befallen, von Fliegen, von Schnecken, von Mücken; bei diesem ist die Rinde aufgerissen, der Wind oder die Sonne dringt in die Wunde ein; bei jenem hat der Stamm, oder es haben die Wurzeln gelitten; an jenem anderen sind die Blätter verdorrt; an diesem sind die Blüten zernagt und zerbissen; und an jenem dort die Früchte zerstochen, durchlöchert. Für jene Pflanze ist es zu heiß, für diese nicht warm genug – zu dunkel, zu hell, zu trocken, zu feucht.« (6) Und so weiter in einem rhetorischen Crescendo, von dem ich am Ende nicht mehr sagen könnte, ob es erhaben oder eher lächerlich ist. So viel Voreingenommenheit verrät einen kindlichen Extremismus, einen trotzigen Eigensinn, der einfach nicht aufgeben will. Im Gegensatz dazu fallen mir die weisen Worte wieder ein, die mir vor vielen Jahren der belgische Honorarkonsul Robert Rieffel schrieb, kurz nachdem wir uns in Katmandu begegnet waren: Kümmere dich nicht um die abgefallenen Blätter, beachte die, die noch am Ast hängen. Genau das tue ich: Ein paar Blätter sind noch dran, noch nicht versiegte Quelle der Seligkeit.

Sarina ist angekommen: in Mailand gelandet, dann bis zu mir über die stark befahrene, durch gleich drei Baustellen verlangsamte Cisa-Autobahn. Sie zeigt mir die Fotos von ihrer Reise nach Sichuan mit zwei brasilianischen Künstlern im September – ein durchsichtig klarer See mit 120 Meter breiten Wasserfällen, die von gerundeten Felsen herabstürzen, ein von Tibetern verwaltetes, blitzblankes Heiligtum, hohe Berge, die Bronzestatuen der vor der Han-Dynastie existierenden Shu-Kultur: Physiognomien, die an Persien erinnern, die sehr hohe Skulptur eines großen Baums aus Bronze. Die Reise diente der Vorbereitung der chinesisch-brasilianischen Ausstellung, die im Mai nächsten Jahres in São Paulo eröffnet wird. Und dann: die Fotos vom 108. Geburtstag von Tante Juliana, die mit Cousin Oskar tanzt; der Reigen der achtundzwanzig Urenkel, die mit ihr feiern. Ein Kaleidoskop von Bildern, alles Facetten einer Lebensfreude, die ich früher nicht verstand, deren Reiz ich aber jetzt durchaus begreife. Früher fand ich so viel Aktivismus und Verschwendung von nicht erneuerbaren Energien geradezu verwerflich, jetzt kommt mir der Zweifel, ob es vielleicht nur an meiner als Öko-Moralismus getarnten Unfähigkeit lag, mich für das Leben zu begeistern.

Der Eindruck, wie ein Stück Holz den Strömungen ausgeliefert zu sein, kehrt zurück, ist aber nicht negativ, hat sogar etwas Angenehmes. Mit Gästen im Haus kann ich nicht frei über meine Zeit verfügen. Nur ab und zu gelingt es mir, mich in Ovids *Metamorphosen* zu vertiefen. Gestohlene Augenblicke. Sarina verliert den Schlüssel. Die Sache beunruhigt mich nicht, ich hole einen anderen, damit wir die Haustür zusperren können. In einem Fluss zu treiben, den ich nicht unter Kontrolle habe, ist so ähnlich wie zu akzeptieren, unbestimmt zu sein. Es nagt an den Gitterstäben des Ich. Es wird nachgiebiger, wodurch die Energie freier fließen kann. Auch als ich Qi Gong mache und die anderen mit mir reden, merke ich, dass es der Übung nicht schadet. Die starre Konzentration lässt nach, und in diesem halb abgelenkten Zustand geht es fast besser. Es ist eine Art von Befreiung. Ob das Bewusstsein, nicht mehr so intensiv Herr seiner selbst zu sein, einen vom strengsten Herrn, dem eigenen Ich, befreit? Oder mache ich nur gute Miene?

Gestern kam der Maler, um das kleine Zimmer zu streichen. Ich frage, wie es geht, und seine Antwort überrascht mich: Ich habe alles verloren. Ist jemand gestorben? Nein, brummt er, schlimmer *[sic!]*: Er hat zu viele Schulden, muss zumachen, mit fünfzig Jahren wieder bei null anfangen. Er hat Tränen in den Augen. Mittags geht er; als er zurückkommt, ist er so leise, dass ich es kaum bemerke. Ich gehe hinüber und sehe, dass er weint. Er entschuldigt sich für seinen Zustand. Später kommt eine dunkelhaarige junge Frau. Sie soll ihm helfen, den Boden zu putzen. Wir begrüßen uns, sie ist freundlich und lächelt, die olivfarbene Haut ein wenig vernarbt, schwarze Hose, hochhackige Stiefel. Der Maler sagt, sie solle draußen auf ihn warten, dann könnten sie zusammen einen Kaffee trinken gehen. Ich frage, was ich ihm schulde, bezahle ihn und bitte ihn, den Mut nicht sinken zu lassen. Sein Gesicht erstarrt wieder zu einer schmerzverzerrten Grimasse, die an die Engel über dem toten Christus auf Giottos Fresko der Beweinung erinnert. Ich weiß nicht, wie, aber plötzlich drücke ich seine Hände. Lange verharren wir so, er weint, und ich mache ihm Mut.

Zunehmende Schwäche. Mich im Arbeitszimmer zu bewegen, das Faxgerät an die Steckdose anzuschließen, allmählich scheint mir, das gehe über meine Kräfte. Auf Massimos Rat hin ist heute Lani, die hübsche, nette, junge Philippinin, die für seine Mutter gearbeitet hat, zu einem Vorstellungsgespräch gekommen. Sarina war auch da. Ich wusste nicht recht, was ich sie fragen sollte: zwei Schüchterne, die sich gegenübersitzen. Mittwoch kommt sie und kocht für mich. Ich bin etwas skeptisch. Mit Lenuca und Giulio komme ich schon gut zurecht. Brauche ich noch mehr Leute? Alles scheint mir zu entgleiten. Freundinnen, die mir vorwerfen, ihre Ratschläge nicht zu befolgen, der Strom, der gestern ausfällt, während ich allein zu Haus bin; gerettet hat mich die Nachbarin, die mir den Hauptschalter wieder nach oben gedrückt hat. Ich sehne mich nach Stille, danach, mich mit einem Buch zu verkriechen, und obwohl ich es ab und zu bedaure, dass mich, solange es mir noch gut ging, vieles nicht interessiert hat, dass ich grundlose Reisen und gesellschaftliche Ereignisse ausgeschlagen habe, spüre ich, dass in Wirklichkeit Einsamkeit und Ruhe das sind, was ich mir immer gewünscht habe. Und wenn ich mir manchmal Vorwürfe mache, dass ich mir so viele Gelegenheiten habe entgehen lassen, dann deshalb, weil ich mich jetzt bestraft fühle für meinen geringen Appetit auf das, was mir angeboten wurde. Vielleicht liegt es nur an dieser seltsamen Einbildung, wegen irgendeiner Schuld krank geworden zu sein. Die Möglichkeiten sind unbegrenzt. Eine Büchse der Pandora. Ein Albtraum, an all das zu denken, was man falsch gemacht hat. Sarina staunte gestern Abend darüber, dass ich keine Angst habe. Angst vor dem Fortschreiten der Krankheit.

Als ich vor einigen Tagen im Sonnenschein durch den Garten spazierte, setzte ich mich auf eine Bank, und während mein Blick über den Rebstock wanderte, entdeckte ich überrascht eine wunderschöne, tiefblaue Prunkwinde mit purpurroten Streifen. Ich habe sie nicht gesät, sie ist von selbst gewachsen, ein zarter Stiel mit drei kleinen Blüten, die zwischen den Weinblättern hervorlugen. Das Herz hüpft vor Freude. Eine unerwartete Begegnung. Keine flächendeckenden Winden, sondern eine einzelne, die sich ihren Weg gebahnt hat und nun eine Kraft, eine Schönheit, eine Eleganz und, vielleicht vor allem, jenen einzigartigen Geschmack der Freiheit ausdrückt, der Lebenslust und des Glücks, es geschafft zu haben, zur richtigen Zeit am richtigen Ort gelandet zu sein. Die einzige dieses Jahr aufgegangene Prunkwinde: nicht im Gemüsegarten, wo Giulio alles ausmerzt, was er, da er es nicht kennt, für Unkraut hält, sondern indem sie am Weinstock der Pergola emporgeklettert ist, und das nicht im Sommer, sondern in diesem seltsamen, lauen November. Wer weiß, ob sie es schafft, Samen zu bilden, wer weiß, ob ich nächstes Jahr auf ihre Nachkommenschaft treffe.

Meine langsame Rückkehr zu mir selbst nach Sarinas Abreise (doch in wenigen Tagen werden schon wieder andere Gäste kommen).

Mit Valter das Haus besichtigen, das er gerade in Tofori restauriert. Er lädt meinen roten Rollstuhl ins Auto, und als Hugh Honour dann ebenfalls im blauen Rollstuhl von der Villa herunterkommt, von dem jungen Sri-Lanker Samir geschoben, ist die Begegnung komisch. Umso mehr, als der bösartige Alte mich prüfend mustert und Samir zuflüstert: Sie ist viel schlechter dran als ich. Ich habe ihn seit Jahren nicht mehr gesehen. Sein pausbäckiges, rosiges Gesicht hat etwas Kindliches, das ich noch nie an ihm bemerkt hatte. Auf der Seite des Hauses, die zum Weinberg und zum Gebirge hinausgeht, sitzen wir in der Sonne und sammeln Ideen für den Garten. Hugh rät zu Obstbäumen, ich schlage für die Fassade eine *Rosa bracteata* vor. Hugh pflichtet mir bei. Rosmarinsträucher, Salbei, aber auch Wolfsmilchstauden. Zur Abgrenzung des Weinbergs etwas Einfaches, Unauffälliges: eine Buchsbaumhecke und am Übergang zum Weinberg zwei rund geschnittene *Buxus rotundifolia*. Für die Pergola vielleicht weiße

Erdbeertraube, vielleicht eine Glyzinie. Auf dem Heimweg erzählt Valter mir von seinem Freund At, der sich auf den Hängen des Vulkans von Surabaya die Kopie einer Palladio-Villa gebaut hat. Ich bin nicht mehr die Moralistin von früher, die das missbilligt hätte. In meiner Verunsicherung bleibe ich neutral.

Im Hintergrund dröhnt weiter der Presslufthammer: Die Durchbrüche für die Gas-, Wasser- und Abwasserleitungen in Giulios Appartement werden geschlagen. Die Wand des Badezimmers ist fast fertig. Mitten in alldem kam Lani, um eine Minestrone zu kochen, und aus Versehen auch Maria, um mir eine Lymphdrainage zu machen (ich hatte sie für Samstag erwartet). Gegen sechs finde ich dann endlich die Zeit, um den aus Israel zurückgekehrten Patienten anzurufen, dessen Handynummer mir eine Ärztin aus Pisa gegeben hat. Sie hatte mich vorgewarnt, dass er schlecht spricht, und in der Tat versteht man fast nichts, außer dass er mit dem Hotel im Zentrum von Tel Aviv zufrieden war. Zum Glück ist gerade seine Cousine bei ihm, die mir sehr freundlich alles erklärt. Vorerst wurde in Tel Aviv nur die Entnahme aus dem Knochenmark durchgeführt. Die Stammzellen werden als Kultur angesetzt und dann nach ein paar Monaten in der Schweiz injiziert, weil das in Israel nicht erlaubt ist. Vor der Abreise nach Israel muss man 23 000 Euro überweisen, was die gesamte Behandlung abdeckt. Die Cousine dieses Patienten ist optimistisch bezüglich der Kur und empfiehlt sie mir wärmstens, auch wenn natürlich in Wirklichkeit die Ergebnisse noch ausstehen. Sie rät mir, die italienischen Ärzte zu meiden, die ihren Worten nach zu konservativ seien.

Während ich auf Louise, Pietro und die kleine Anna warte, lese ich, was Laurie Anderson über Lou Reeds Tod schreibt: »Im letzten Frühjahr bekam er eine Lebertransplantation, die anfangs wunderbar wirkte – er gewann beinahe sofort seine Gesundheit und Energie zurück. Dann versagte auch diese Leber, es gab keinen Ausweg mehr. Doch als der Arzt sagte: ›Es ist so weit. Wir können nichts mehr tun‹, hörte Lou als Einziges das Wort ›tun‹ – er resignierte nicht, bis auf die letzte halbe Stunde seines Lebens, als er plötzlich alles auf einmal und vollkommen akzeptierte. Wir waren zu Hause – man hatte ihn wenige Tage zuvor aus dem Krankenhaus entlassen –, und obwohl er sich sehr schwach fühlte, wollte er ins helle Morgenlicht hinaus. Als Meditierende waren wir bereit dazu, die Energie vom Bauch ins Herz und aus dem Kopf hinaus zu schieben. Nie habe ich so viel Staunen auf einem Gesicht gesehen wie bei Lou, als er starb. Mit den Händen machte er die Figur 21 des Tai Chi, das fließende Wasser. Seine Augen waren weit offen. Ich hielt den Menschen im Arm, den ich am meisten auf der Welt liebte, ich sprach zu ihm, während er starb. Sein Herz blieb stehen. Er hatte keine Angst. Es war mir gegeben, ihn bis ans Ende der Welt zu begleiten. Mehr kann man vom Leben – das so schön, so schmerzlich und blendend ist – nicht verlangen. Und der Tod? Ich glaube, der Zweck des Todes ist die Freigabe der Liebe.« Schön: Ob dies das Licht ist, das man sieht, wenn man stirbt, das Licht der Liebe?

Gestern bekam ich den Erzählungsband eines Freundes, von dem ich mich irgendwann verletzt gefühlt habe. Als ich beim Lesen in der Frau mit dem leichten Rock und den Gummisandalen seine Frau wiedererkannte, fiel mir ein, wie sehr ich die beiden gemocht hatte. Und es war, als fühlte ich diese Liebe erneut. Auch wenn sie fehl am Platz war, was macht das schon. Jetzt bin ich über das Kalkül hinaus, ob eine Liebe vernünftig ist oder nicht. Ich urteile nicht mehr über meine Gefühle. Die Liebe ist nur eine Energie, die fließt, wohin sie will; sich zu fragen, wer es verdient, geliebt zu werden, und wer nicht, würde sie nur blockieren.

Mit Louise, Pietro und der kleinen Anna in Marina di Vecchiano, ein warmer Tag am ruhigen, ab und zu von einer einsamen, schaumgekrönten Welle durchzogenen Meer. Macchia spielt glücklich, Pietro schwenkt sie herum, und Louise macht es mit Anna ebenso. Ich fotografiere sie, während Hund und Kind durch die Luft wirbeln. Wir haben den Rollstuhl ins Auto geladen. Zum Meer hinunter schiebt Pietro mich, doch den Weg zurück zum Restaurant bin ich mit meinen Stöcken gelaufen.

Ich finde Stevens Antwort, was den Ruf des Stammzellenarztes angeht. Ein Freund, der Chefarzt der Inneren Medizin in Tel HaShomer war, hat ihm geschrieben: Ich würde keinem aus meiner Familie raten, sich von dem behandeln zu lassen. Mal sehen. Als ich auf die Homepage dieses Arztes ging, fand ich sie ziemlich unseriös. Das Video, in dem er sich mit geretteten Patienten zeigt, hat mich nicht überzeugt: zu künstlich, zu gestellt. Fehlte mir vielleicht gerade das Vertrauen, habe ich vielleicht genau deshalb an Steven geschrieben, weil ich sicher war, dass er sich vernichtend äußern würde? Habe ich vielleicht schon nicht daran geglaubt, als ich mit der Cousine dieses Patienten gesprochen habe, wollte ich vielleicht noch einige Monate abwarten, um die Resultate zu sehen?

Louise, Pietro und Macchias Freundin, die kleine Anna, sind wieder abgefahren. Sie empfahlen mir einen Dokumentarfilm über eine Freundin von ihnen, eine Einsiedlerin, die bei einer Kirche oben auf einem Berg lebt, wo wir vor vielen Jahren einmal zusammen gewesen sind: Sie begleitet Sterbende und glaubt an die Madonna. Eine Patientin von ihr sagt: Es gibt keine Heilung, wenn man es nicht spirituell angeht. Oder so ähnlich.

Was für ein Durcheinander! Schon wieder werde ich mit Ratschlägen bombardiert. Auf der Website von alsworldwide.org habe ich BuNaoGao gefunden und schreibe mir jetzt mit Frau Dr. Mengqi Xia. Heute Morgen finde ich eine Menge Artikel vor, die ich lesen soll, und die – einleuchtende – Bitte um mein medizinisches Profil. Das Gemisch aus chinesischen Kräutern soll das Fortschreiten der Krankheit verlangsamen.

Der Besuch von Pietro und Louise ist nicht ohne Folgen geblieben: Hinsichtlich der elektromagnetischen Felder sind sie wieder zum Angriff übergegangen, haben mich überredet, das WLAN abzustellen, und dann hat Louise einen bretonischen Naturheilkundler und Radioästhesisten entdeckt. Er schickt mir einen Haufen Seiten zum Lesen: Patientenberichte, Artikel über die Schäden durch Elektrosmog. Ich solle ihn vor 11.30 anrufen; ich tue es. Mit dem Lärm des Presslufthammers und Lenuca, die im Haus herumputzt, ist das Reden schwierig. Wir telefonieren morgen wieder, sagt er, einstweilen schicke er mir einen Artikel über ein kleines Gerät aus Keramik und Kupfer, einen sogenannten »Harmoniseur«, der die schädlichen Wellen neutralisiert. Gut, so habe ich den ganzen Tag was zu lesen! Menschliche Irrationalität: Mich durchzuckte folgender Gedanke – und wenn der Bretone mich nun heilt, wozu habe ich dann den Treppenlift bestellt? Wozu lasse ich das Zimmer für Giulio ausbauen? Bei dieser absurden Frage fällt mir wieder ein, was Paul Polak in seinem Buch *Out of Misery* geschrieben hat: Als sein Vater und sein Großvater ihre Auswanderung organisierten, bevor die Nazis kamen, weigerten sich ihre Nachbarn im Schtetl, ihrem Beispiel zu folgen: Sie wüssten nicht, wohin mit den Möbeln, wie könne man weggehen und alles zurücklassen?

Ich lese die achtunddreißig Berichte der Patienten des Bretonen: Die Rede ist von Gebeten, von geheimnisvollen Wesen, von ausgetriebenen Dämonen. Doch vor allem von Gebeten. Es gibt sogar eines mit vierzehn Energien, die in der Lage sind, die Stammzellen wiederzuerwecken. Lustig finde ich den Fall des Katers Bouboune, der von Wesen befreit wurde, die auch seiner Besitzerin schadeten. Rührend der Bericht eines zwölfjährigen Jungen, der mit dem vor Energie vibrierenden Fläschchen in der Hand, die Rechte auf dem Herz-Chakra, die Augen schließt und sagt, er habe noch nie etwas Schöneres erlebt, er habe ein Feld voll herrlicher Blumen gesehen; er will die Erfahrung wiederholen, denn es ist, als erinnerte es ihn an etwas, das er schon kannte.

Am Abend, als ich mit schmerzendem Knie mein Abendessen und das Futter für Macchia zubereite, sage ich mir: Eines Tages werde ich vielleicht an all das wie an eine glückliche Zeit zurückdenken. Hängt wohl damit zusammen, dass Francesca mir heute das Buch ihrer Freundin Marinella Raimondi gebracht hat, die vollständig gelähmt ist, seit fünfzehn Jahren künstlich beatmet wird und schreibt, indem sie etwas zwischen den Knien drückt, die einzige, schwache Bewegung, die sie noch ausführen kann. Im Vergleich zu dem, was mich erwartet – falls ich denn bereit bin, darauf zu warten –, kommt es mir vor, als könnte ich noch sehr viel tun. Heute Morgen in der Frühstücksstille – ich hatte vergessen, das Radio für die Nachrichten einzuschalten, mochte aber die drei Stufen zwischen Küche und Wohnzimmer nicht noch einmal steigen – fragte ich mich, ob ich bereit wäre, bis zur künstlichen Beatmung zu gehen, ob denn ein Leben wie das von Marinella noch Sinn habe, ob man in fünfzehn Jahren der Unbeweglichkeit noch Entdeckungen machen könne oder ob nicht alles entsetzlich immer gleich bleibe, doch dann sagte ich mir: Aber sie hat Kinder und Enkel, vielleicht möchte sie sie weiter um sich spüren. Und auch die alten Gedanken tauchten wieder auf: Welchen Sinn hat es, so viele Ressourcen einzusetzen, um einen einzigen gelähmten Menschen am Leben zu erhalten, wenn die gleichen Ressourcen … und so weiter. Dann dachte ich an Marinellas Enkel, die die Dinge so akzeptieren, wie sie sind, die eine Art finden, mit der Oma zusammen zu sein, ihre gelähmte Hand nehmen, sich damit übers Gesicht fahren, damit sie sie streicheln kann. Ich dachte an die Spontaneität der Kinder, die dem Herzen entspringt und nicht dem Verstand, der einen abstrakten, universellen Standpunkt einnimmt. Ich dachte an Leopardi, der sich im *Zibaldone* gegen die Tyrannei der Vernunft auflehnt, die für ihn all das repräsentiert, was wider die Natur ist, und seine Mutter anführt, die sich aus einer theologischen Schlussfolgerung heraus über den Tod der Kinder freut (so kommen sie gewiss in den Himmel), während Natur und Herz gewiss keinen Anlass zur Freude sähen.

Ich lese weitere Berichte über den bretonischen Heiler. Seine Lesart der neurologischen Krankheiten ist: durch Impfungen kommt Aluminium ins Gehirn, kombiniert mit Borrelien und/oder WLAN. Für die Heilung WLAN-Verbindung trennen, die Wellen mit einem Harmoniseur, den Fläschchen, in denen bestimmte Substanzen vibrieren, und mit Beten neutralisieren, vor allem mit Beten. Na ja …

Ich lese Marinellas Buch und bin erleichtert, dass ich die Hände noch bewegen kann, ein wenig auch die Beine, dass ich kochen, mit zehn Fingern tippen, atmen, mich ankleiden kann. Mir fällt wieder ein, wie Louise mich gefragt hat: Wie würdest du leben, wenn du wieder gehen könntest? Ich glaube, ich würde voll Dankbarkeit leben, in dem Bewusstsein, dass ich so, wie es ist, ein reiches Leben führe, ohne den untergründigen, nagenden Zweifel, es handle sich bloß um eine Schönrederei, denn um es vollständig zu machen, fehle die Liebe eines anderen Menschen, und ohne aus Selbstmitleid zu behaupten, es sei nicht meine Entscheidung, allein zu sein. Doch um das zu beweisen, brauche ich nicht gesund zu werden, ich erlebe es jetzt schon, auch im Rollstuhl, obwohl es nicht genau das Leben ist, wie es vorher war, als ich noch im Garten arbeitete und Gemüse zog, ohne die (gewiss, relative) Autonomie von früher und vor allem: ohne laufen zu können.

Ein echter Gewinn: endlich habe ich die Gegensprechanlage hier am Schreibtisch und muss nicht mehr jedes Mal, wenn es klingelt, in die Küche hinaufhinken, mit der Sorge, es nicht rechtzeitig zu schaffen. Es regnet in Strömen. Gegè und Paganucci arbeiten in dem Zimmer, das für Giulio bestimmt ist, an den Anschlüssen. Der Installateur Pagini verlegt die letzten Rohre. Ich rufe den Bretonen an, er sagt, es sei ihm miserabel gegangen, nachdem er mit mir gesprochen hatte, da, wo ich lebe, müsse ein fürchterlicher Elektrosmog sein, es gebe offenbar auch bei abgestelltem WLAN noch eine Internet-Verbindung, von der ich nichts wisse. Dann bekomme ich eine Mail, in der er schreibt, die Energien in meinem Haus seien total negativ, er habe sich ausgepumpt gefühlt, und solange die Energien sich nicht veränderten, könne ich nicht gesund werden.

Ich lese Marinellas Buch zu Ende. Schön die Erinnerungen an das Mailand ihrer Kindheit: Sie machen mir Sehnsucht nach der Stadt, nach dem dichten Netz ihrer Beziehungen. Eines beeindruckt mich: Sie schreibt, sie habe alle willkürlich steuerbaren Muskeln verloren, sie werde leben, solange der unwillkürlich gesteuerte Muskel funktioniere, das Herz. Wirklich seltsam, eine Krankheit, die nach und nach jede vom eigenen Willen veranlasste Bewegung ausschaltet.

Der Bretone redet immer wieder von Stromverlusten, von schädlichen Energien, ich solle unter dem Spülbecken in der Küche nachsehen, am Kühlschrank. Der Elektriker sagt, da sei absolut gar nichts, das WLAN sei abgeschaltet und es gebe keine Schmarotzer, die das Modem angezapft hätten, es werde nicht einmal die Verbindung des Nachbarn angezeigt, es gebe auch keine Stromverluste, höchstens die bei manchen Apparaten wie etwa den Wasserpumpen tolerierten, die seien aber niedriger als 0,003 Ampère. Ich verstehe das nicht, aber vielleicht gibt es nichts zu verstehen, außer dass es sich eben um eine geschickte Zermürbungstechnik handelt. Der Bretone sagt, er fühle sich erschöpft, ausgeleert von den schädlichen Energien, die ihn von meinem Haus erreichen, und weigert sich, mit mir zu telefonieren, mir dagegen geht es wunderbar, ich bin fröhlich, habe viel Kraft. Und außerdem ist es so angenehm, von Giulio umsorgt zu werden: Er geht in den Supermarkt, kocht mir Minestrone, setzt die Pflanzen um, verpackt die Zitronenbäume winterfest, weil es kalt werden soll (für Donnerstag sind bis 3 Grad unter null angesagt). Er ist eine wohltuende Präsenz, stört mich überhaupt nicht, ist offen und direkt.

Heute sind es fünfzig Jahre seit dem Tod von JFK, sie bringen es im Radio. Als ich die Nachricht hörte, hockte ich auf allen vieren unter dem Tisch im Esszimmer meiner Großeltern. So jedenfalls ist meine Erinnerung, aber was trieb ich wohl mit sieben Jahren unter dem Tisch der Großeltern? Spielte ich vielleicht mit Chicco, dem Pudel? Daher habe ich heute gedacht: Damals waren wir alle da, auch Großvater Nino, Großmutter Giuseppina, mein Vater, Onkel Ugo. Jetzt sind nur noch Mama, Tante Laura und ich übrig.

Macchia ist so eine nette kleine Hündin: Sie drängt mich nicht, extra aufzustehen, um sie hinauszulassen, wenn sie jedoch sieht, dass ich mich aus irgendeinem Grund – in diesem Fall, um den Wasserbehälter wieder auf den Heizkörper zu stellen – vom Schreibtisch entferne, nähert sie sich der Tür und blickt mich an. Lege ich dann die Hand auf die Klinke, gibt es kein Halten mehr – sie muss draußen eine Katze gerochen haben –, jede Verzögerung wird unerträglich, jede Langsamkeit beim Drehen des Schlüssels löst erregte Sprünge, Gebell, empörtes Knurren und Jaulen aus, denn wie soll man, wenn der Wunsch schon so gut wie erfüllt ist, auch nur den geringsten Aufschub ertragen?

Skype mit Sarina. Sie kommt extra her, um mir BuNaoGao zu bringen.

Ich widme Marinella meine Februar-Seite in *Gardenia.*

»Wenn ich über die Freude nachdachte, die ein Garten schenkt, hatte ich immer konkrete, materielle Gärten vor Augen, wo man sich die Hände schmutzig macht, spazieren geht, Gärten, wo es immer etwas zu tun gibt. Dann bringt eine Freundin mir das Buch von Marinella Raimondi, die eine sehr schwere Krankheit bewegungsunfähig gemacht hat. Unwillkürlich ein wenig ängstlich beginne ich zu lesen, wie immer, wenn ich, von Natur aus eher leichten und fröhlichen Dingen zugeneigt, auf Themen stoße, die meine Unbeschwertheit bedrohen. *Was macht es schon, wenn ich nicht rennen kann* lautet der Titel. Ich setze mich im Korbstuhl zurecht, lege die Füße auf das Tischchen und vertiefe mich in die Lektüre. Zu meiner Überraschung betrete ich eine Welt der Gelassenheit im Sturm. Ein Wunder: Nichts ist wirklich ein Weltuntergang, wenn nur die Seele stark, das Gefühlsleben stabil, der innere Reichtum groß ist. Aus dem Gedächtnis lässt die Autorin schreibend einen Sehnsuchtsort auferstehen, das geschäftige Mailand der ersten Nachkriegszeit. Am meisten von allen Wohnungen der Kindheit liebte sie das Haus von Onkel und Tante, das einen kleinen, aber üppigen Garten hatte. Von der Küche gelangte man über ein paar Stufen in eine Laube aus wildem Wein; dort konnte man an einem schönen Steintisch essen. Dann kam man in den eigentlichen Garten, der in Beete unterteilt war, mit Pflanzen aller Art und ein paar nicht zu hohen Bäumen, vielleicht weil es an Erde mangelte. Die Erinnerung an die wunderbaren Stunden, die sie in diesem kleinen, überfüllten Garten verbrachte, ist immer noch lebendig. Der Zauber des kleinen Mädchens, das allein Prinzessin spielt und mit den Pflanzen, ihren Hofdamen, spricht, ist nicht verblasst, strahlt bis in die Gegenwart. Wie ein unterirdischer Fluss taucht er wieder auf in der Veranda mit Blick auf einen anderen Garten, den des Erwachsenenalters. Eine andere Hecke, zwei Birken, eine Pinie und ein paar blühende Sträucher: Hier sind die Töchter und die Enkel aufgewachsen, hier singen die Nachtigallen. Hinter der Hecke haben sich Robinien angesiedelt, vom Fenster aus sieht man zwischen den stacheligen Zweigen des Baums ein großes Knäuel aus Ästchen, Blättchen, Federn und Daunen schweben, in das zwei Elstern hineinschlüpfen, eine von einer Seite und eine von der anderen. Dieser Anblick weckt eine neue Erinnerung: an die Schachtel mit den Vögelchen, ein Miniaturkrankenhaus, in das die hineinkamen, die beim ersten Flugversuch weniger Glück hatten. Während ich das Buch zuklappe, erwäge ich die Bedeutung dieser Entdeckung: ein einfacher Garten strahlt über die Zeit hinweg heitere Ruhe aus, tut auch aus der Ferne gut, nährt Erinnerungen, die in schwierigen Augenblicken hilfreich sein können.«

Die Füße habe ich keineswegs auf das Tischchen gelegt. Ich bin noch nicht bereit, mich meinen Lesern gegenüber zu outen – sie sollen sich lieber noch vorstellen, dass ich in meinem Garten in Sicherheit bin, glücklich und unbeschwert.

Im Ristorante dello Scompiglio mit Laura, Patrizia und Diana, die zusammen gerade eine schöne Platte aufgenommen haben. Patrizia spricht über die Memoiren von Saint-Simon, davon, wie die Gegenstände einst hochgehalten und geschätzt wurden. Wieder zu Hause, zeige ich ihr die Seite aus dem *Zibaldone*, wo Leopardi vom Garten spricht wie von einem einzigen Krankenhaus, eine Seite, die ich befremdlich fand, kindisch in ihrer Trotzhaltung, so als stampfte er mit den Füßen auf, um zu beweisen, dass alles schlecht ist. Patrizia liest sie so, dass alles märchenhaft wird, schwebend, inspiriert, grandios und genial. Als ich wieder allein bin, überkommt mich Schläfrigkeit, vielleicht wegen der stehenden Luft dieses Nachmittags, dieser fast schon nach Schnee riechenden Kälte. Verflogen die Energie von gestern, ich lege mich aufs Sofa und mache ein Nickerchen.

Wer weiß, ob das WLAN, falls es wirklich schädlich wäre, für unsere Zivilisation das ist, was das Blei angeblich für die Römer gewesen sein soll. Die Haltung war vermutlich die gleiche: Was soll schon ein bisschen Blei ausmachen … Womöglich haben sie es gar nicht gemerkt, dass sie am Blei gestorben sind. Dies vorausgeschickt, überzeugt mich der Bretone dennoch nicht. Er zieht sich zurück, seine Tochter schickt Gebete, gerichtet an die heilenden Steine, die er in seinen vibrierenden Flacons verkauft. Muss man sich wirklich von so viel Aberglauben umgarnen lassen? Als ich die Heilungsberichte las, kam mir der Verdacht, sie seien erfunden. Doch das ist nicht gesagt. Manche Menschen genesen tatsächlich dank des Glaubens. Dank ihrer Leichtgläubigkeit. Dank Autosuggestion. Ich schaffe das nicht. Ich kann nicht glauben wie ein Kind, dem man vom Weihnachtsmann erzählt. Würde ich es wollen? Ich weiß nicht. Meine Wahrheitsliebe ist zu groß, um sie für die klingende Münze der Heilung zu verhökern. Ich weiß genau, dass die Wahrheit unerreichbar ist, doch ist das kein guter Grund, sich vor der Gerissenheit zu verneigen.

Herrlicher, kalter Sonnentag. Ich hole die »Impossible Boots« heraus – außen Fohlen und innen Lamm – und gehe ein paar Schritte im Garten, lasse die rötlichen Staubwolken hinter mir, die beim Zuschneiden der Fliesen für Giulios Bad entstehen. Ich erreiche den Judasbaum, finde ihn mit hochinteressanten Flechten bewachsen: gelblich und fein die einen, andere seegrün, kraus und üppig. Unten ist der Baumstamm schräg gewachsen, kriecht fast am Boden entlang und ist von leuchtend grünem, weichem Moos bedeckt. Wirklich eine schöne Form, ich habe sie durch sorgfältiges jahrelanges Zurückschneiden erreicht. Flechten sind auch auf dem Hirschgeweih *(Cervus virginianus)* gewachsen, das ich aus dem Keller meines Vaters gerettet habe – das Wahrzeichen der Gehörnten, nannte es mein Vater, der sich, meiner Ansicht nach grundlos, gern als solchen bezeichnete. Ich habe die Hörner an den Judasbaum gehängt, um ihnen dank der Ähnlichkeit der Formen ein zweites Baumleben zu schenken: pflanzliche und tierische Verzweigungen. Ich lehne mich mit dem Rücken an den Stamm, ziehe die Handschuhe an, wickle den Schal fester um den Hals gegen die Windstöße. Von weitem erkenne ich einen lichten Blätterteppich unter der Pergola. Gut, die Glyzinie hat begonnen, ihr Laub abzuwerfen, bald wird man sie zurückschneiden können: Im Lauf der Jahre ist sie so schwer geworden, dass ein Pfosten zerbrochen ist. Im Gehen zieht etwas leuchtend Rotes meine Aufmerksamkeit an – die Yuletide blüht, die Kamelie der Wintersonnwende, eine *Camellia sasanqua* mit einfachen Blüten, ein dichtes Kissen aus Goldfäden zwischen fünf fleischigen, himbeerroten Blütenblättern. Hier bei mir blüht sie nicht jedes Jahr. Dass es in diesem Dezember noch so lange warm war, hat sie begünstigt, und nun scheint sie die Kälte nicht zu bemerken, vielleicht, weil die Knospe schon bereit war aufzugehen. Wer weiß, ob noch andere Sasanquas blühen – doch ich bin es leid, durch die Kälte zu gehen, in den dünnen Handschuhen werden mir allmählich die Finger steif: Als das Handy läutet, kann ich nicht antworten, es gelingt mir nicht, den minimalen Druck auszuüben, der notwendig ist, um die Aktivierungstaste zu betätigen. Das muss ich mir merken: Wenn ich draußen hinfalle, könnte es sein, dass ich nicht in der Lage bin zu telefonieren, um Hilfe zu rufen. Wahrscheinlich muss ich mir schnellstens diese Art Notrufknopf besorgen, den man sich umhängen kann und von dem mir der Elektriker erzählt hat. Aber den muss man auch drücken. Werde ich das schaffen?

Ich komme aus Pisa zurück. Sehe die Hügel rund um das Haus wieder: nicht sehr hoch, von der Zeit abgerundet. Ihr sanftes, allzu sanftes Profil verleiht ihnen etwas Demütiges, das sie auch gehindert haben muss, sich die Achtung der Menschen zu verdienen. Außerdem sind es viele: einer mehr, einer weniger … Keiner sticht aus den zahlreichen anderen heraus, keiner flößt Respekt ein wie ein Berg. Sie scheinen eher dafür geschaffen, sich nützlich zu machen. Daher haben die Pisaner an ihnen zu nagen begonnen, um Baumaterial zu gewinnen, in manchen Gegenden Kieselerde, in anderen Kalkstein und Felsblöcke. Zuerst waren es kleine, kaum erkennbare Einschnitte, dann klafften mit der Zeit und der Bevölkerungszunahme ringsum, dem Bau von Gehöften und Kirchen und dem Dom mit Baptisterium und Turm, immer größere Löcher. Wenige Hügel sind intakt geblieben, fast alle sehen mittlerweile aus wie hohle Zähne. Wäre der vor vielen Jahrhunderten begonnene Steinabbau fortgesetzt worden, wären diese sanften Höhen ganz verschwunden. Sie überleben zerfetzt, gespalten, das Innerste nach außen gekehrt, das Skelett bloßgelegt. Eine Schändung, dennoch ist es unmöglich, ihre betörende Schönheit nicht zu erkennen. Diese aufgelassenen Steinbrüche haben den Zauber der verlassenen Orte, an denen die Narben des Raubbaus durch den Menschen noch sichtbar sind. Bei Sonnenuntergang glühen sie auf der Straße von Migliarino nach San Giuliano Terme orangerot zwischen dem Grün des schütteren Baumbestands. Kommt man näher, sieht man auf den hohen Kalksteinstufen wenige schlanke Zypressen aufragen. Niemand hat sie gepflanzt, sie sind aus Samen gewachsen, die der Wind dorthin geweht hat. Sie sind in einer Spalte liegen geblieben und haben in der Feuchtigkeit gekeimt, die der Stein in der Schwüle der Sommertage aufgesogen hat. Die Wurzeln sind in die Ritzen des Felsens eingedrungen und haben sich im Stein festgekrallt. Wie lange wird es wohl brauchen, bis die klaffende Wunde wieder von neuer Erde bedeckt ist? Jahrtausende. Nach und nach werden sich den Zypressen weitere Pionierpflanzen zugesellen.

Louise ruft an und macht mir folgenden Vorschlag: Am 10. Januar besucht sie mich zusammen mit zwei Schweizer Ingenieuren. Mit denen werden wir versuchen, die Sache mit den schädlichen elektrischen und elektromagnetischen Energien zu klären. Es wird sein, als hätte man ein Team von *ghostbusters* aus dem Tessin hier. Zu Louise hat der Bretone gesagt, dass in meinem Haus keine Dämonen oder Geister spuken, sondern ein anderes Problem vorliegt. Kann das sein? Es stimmt, dass die unheilbar Kranken statistisch gesehen am leichtgläubigsten sind, am ehesten bereit, alles zu probieren. Und tatsächlich probiere ich zwar nicht sofort alles, ziehe aber alles Mögliche in Erwägung. Und wenn am Ende irgendetwas funktionieren sollte, was dann? Ich habe so viel angefangen, aber nach einer Weile auch alles wieder aufgegeben. Das Riluzol. Die Kur der Ärztin aus Rom. Die Diät der Ärztin aus Alghero funktioniert im Großen und Ganzen, ich bin aber nie mehr bei ihr gewesen. Die Chelat-Therapie zur Ausleitung der Schwermetalle. Die ayurvedischen Medikamente: Ich glaube, ich werde die zu Ende nehmen, die ich habe noch, ohne sie nachzubestellen, ich bin jetzt mehr an der chinesischen Front engagiert. Astragalus, Tian-ma *(Gastrodia elata)*, chinesische Angelica, die Vittoria mir aus Mailand mitbringt, BuNaoGao, das Sarina mir aus New York schicken wird. Kombiniert mit Qi Gong und Akupunktur. Mal sehen.

Louise hat mit zwei Experten Kontakt aufgenommen, die sie mir so beschreibt: Peter, ein Ingenieur, gehört zu den wenigen Schweizern, die echte, offiziell anerkannte Gutachten für alles erstellen können, was elektrische und elektromagnetische Felder mit Hoch- und Niedrigfrequenz angeht; er ist eine Autorität auf seinem Gebiet, aber auch eine sehr umgängliche, herzliche Person, und er spricht gut Italienisch. Louise und Pietro kennen ihn schon seit Jahren. Der andere, Pier, ist ein Architekt mit deutschem Diplom in Geobiologie, spezialisiert auf das Auffinden von Hartmann-Knoten und alles, was den Untergrund betrifft (Wasser, geologische Bruchstellen, Knoten). Sie kennen sich gut und haben schon Seminare zusammen gegeben; mit modernsten Instrumenten führen sie wissenschaftliche Untersuchungen durch, können aber auch gut zuhören, Gespräche führen und sich mit den unterschiedlichsten Situationen auseinandersetzen, sie helfen einem, realistische Lösungen zu finden, um eventuelle, bei den Untersuchungen aufgetauchte Probleme zu beseitigen. Der Besuch mit den beiden Ingenieuren am 10. Januar ist ihr Weihnachtsgeschenk für mich. Abgemacht, antworte ich. Was den Bretonen angeht, findet Louise korrekt, was er mir gesagt hat, sie meint, ich solle ihn über den Besuch der zwei Spezialisten informieren, dann würde er vielleicht in der Zwischenzeit »ein bisschen für dich beten«. Louise hat auch mein Foto ausgedruckt, sie will es an Madame Hélène, ihre Wahrsagerin, schicken und sich dann sagen lassen, wann ich sie anrufen kann. Was ich bei alldem empfinde? Ich bin gerührt von der Zuneigung, die ich um mich spüre, angestrengt von der Flut belangloser Ratschläge, erstaunt, dass ich plötzlich mit Magiern und Hellsehern in Kontakt stehe, wobei ich mich frage, wie es wohl ist, wenn man wirklich an das alles glaubt, und mir zwischendurch sogar fast wünsche, ich könnte es auch. Denn es entgeht mir nicht, dass Louise und Pietro in einer Welt leben, die beruhigender und wärmer ist als meine.

Heute Morgen bin ich mit dem Gefühl aufgewacht, die Heilung könnte auch so erfolgen, statt durch diese Stammzellen, von denen alle reden, die mir aber, ich weiß nicht, warum, fragwürdig erscheinen, obskur, eine Art großes Finanzunternehmen (Brain-Storm ist schon eine Aktiengesellschaft, noch bevor die Therapie auf dem Markt ist). Wir werden sehen, wir werden sehen.

Eiskalter, sonniger Tag, der Maurer Gegè arbeitet in Giulios Zimmer bei geschlossener Tür, um sich ein bisschen vor der Kälte zu schützen.

Gestern sehr nervös, wahrscheinlich, weil ich es unerträglich fand, dass das Waschbecken in Giulios Zimmer verkehrt angebracht worden war, mit einem schmalen Marmorsockel davor, der die Linie des roten *Graniglia* verunstaltete. Heute ist endlich Fabio gekommen, vielleicht können wir es noch in Ordnung bringen. Sonst würde ich mich jedes Mal aufregen, wenn ich es sehe, das weiß ich.

Die Kälte lähmt mir die Finger. Wahrscheinlich sollte ich im Haus die Handschuhe anbehalten.

Fabio hat das Waschbecken gerichtet, jetzt ist es eine elegante Linie, und ich habe mich beruhigt. Das Zimmer soll schön sein.

David schreibt mir: Ich habe genug Leben gehabt, nun ist es Zeit, es zu verlassen. Es wäre mir nicht unrecht, in einem Lichtblitz zu verschwinden.

Wie bescheiden!

Um elf Uhr warte ich auf den Anruf der Tochter des Bretonen. Schweigen. Nach etwa vierzig Minuten schicke ich ihr zur Sicherheit noch einmal meine Nummer. Nach zwölf Uhr ruft sie schließlich an: Sie bekam keine Verbindung, weil sie statt oo nur eine o gewählt hatte. Es langweilt mich, mit ihr zu reden – sie erkundigt sich, worum es sich handelt – offensichtlich hat ihr Vater ihr nichts gesagt – und fragt mich nach Adresse, Geburtsdatum, Name, Größe des Hauses – bei dem Volumen werden drei Harmonisierapparate nötig sein, sagt sie –, sie wird ihr Pendel befragen und mir dann die Auswertung schicken. Ich bin sehr genervt, vor allem bei dem Gedanken, die Massage mit Maria aufgeschoben zu haben, um mit dieser Frau zu reden. Nach dem Essen mache ich einen kleinen Spaziergang im Garten, setze mich ein wenig in die Sonne, so warm wie eine Frühlingssonne, und lege mich dann auf das mit Moospolstern gefleckte Mäuerchen.

Natalja Gorbanewskaja ist in Paris gestorben. Sie war siebenundsiebzig Jahre alt. Im August 1968 hatte sie in Moskau mit ihrem Baby im Arm gegen den sowjetischen Einmarsch in Prag demonstriert. Wehmütig erinnere ich mich an jenen Abend, als wir zusammen Flipper spielten, Natalja ganz klein, in Jeans und Turnschuhen. Und ihr Sohn Jasik (Jaroslav), der Maler, wie lange habe ich nichts von ihm gehört. Ich schreibe an Masha, dass ich mich an sie erinnere, wie wir Flipper spielten. Und Masha antwortet: Auch mir hat sie das Flipperspielen beigebracht, es war ihre Leidenschaft.

Eiskalter Wind. Giulio hat beim Abschleifen der Querbalken (eine Arbeit, die er hervorragend macht) zwischendurch die letzten Salate im Gemüsegarten geerntet. Jetzt kocht er sie mir in der Küche (der ayurvedische Arzt meinte, ich solle vorerst nichts Rohes essen). Vorige Woche waren die letzten Roten Rüben dran. Ich glaube, nun ist nichts mehr da. Wer weiß, ob die Gründünger-Samen, die Barbara mir geschenkt hat, es bei diesem strömenden Regen geschafft haben zu keimen.

Was für eine Kälte! Giovanni und Francesca treffen mit heiserer Stimme und tropfender Nase ein. Ich bin erledigt, sagt Francesca hustend, und schon macht sie sich ans Zurückschneiden der Glyzinie. Während er mit der Motorsense den Grundstückssaum bearbeitete, hat Giovanni viele Wühlversuche eines Tieres unter dem Zaun entdeckt. Der größte Haufen war auf der Höhe des Hühnerstalls. Giulio bereitet die Suppe vor: die Bohnen köcheln, er schneidet Stangensellerie, Rüben, Fenchel, Kohl, Karotten, Schalotten und Kürbis klein und gart sie separat, bevor er sie den pürierten Bohnen beifügt.

Beim Aufwachen denke ich an das Fremdheitsgefühl, das ich meinem Zimmer und jeder mir vertrauten Umgebung gegenüber empfunden hatte in jener Nacht vor kurzem, als ich fürchtete, wahnsinnig zu werden, und in einem Zustand grundloser Angst – also der Panik – zu meditieren anfing. Es gab niemanden, den ich hätte umarmen, niemanden, den ich hätte anrufen können. Dann erinnerte ich mich an die einzig noch übrige Zuflucht; ich kreuzte die Beine, schloss die Augen, konzentrierte mich auf den Atem. Die Meditation beruhigte mich. Ich hatte etwas Unvorstellbares empfunden: Die mir vertraute Umgebung war nicht mehr vertraut. Statt Wärme strahlte sie Kälte und Starre aus. Die Angst, dass mich die Gegenstände angreifen könnten. Den Schrecken, dass ich den Verstand verlieren, in Wahnsinn verfallen könnte. Das kann passieren, so, wie es mir schon passiert ist, die Beine zu verlieren. »Gib Gott, dass mich nicht Wahnsinn packt«, mit den Worten Puschkins (7). Der Wahnsinn erscheint mir noch schrecklicher als die Lähmung. Und ich habe ihn gefährlich nahe gefühlt. Um Haaresbreite … Danach, beim Meditieren, das wiedergefundene Vertrauen, die Erinnerung an die einzig wahre Zuflucht. Seit zu langer Zeit schon meditiere ich nicht mehr regelmäßig. Drei Jahre? Seit ich erkrankt bin, genau bedacht. Wie auch immer: Heute Morgen habe ich verstanden, dass ich eine Nahtoderfahrung gemacht habe, soweit das im Leben möglich ist. Der Tod ist, wenn uns das, womit wir uns immer identifiziert haben – der Körper –, plötzlich fremd wird, keinerlei Stütze oder Schutz mehr bietet. Der tote Christus von Holbein in Basel. Das muss Dostojewskij gemeint haben, als er im *Idiot* schrieb, dort habe er verstanden, was ein wirklich toter Körper ist. Der angstvolle Gesichtsausdruck von Jesus angesichts der Offenbarung des Nicht-Seins des Körpers, des Körpers, der zur Leiche geworden ist, fremd, sogar feindselig gegenüber dem Leben, Quelle von Frost, Verwesung und Verderben.

Louise schreibt mir, vermutlich zur Ermutigung: Wenn die Japaner einen zerbrochenen Gegenstand reparieren, werten sie die Bruchstelle auf, indem sie den Riss mit Gold füllen. Sie glauben, wenn etwas verletzt wurde und eine Geschichte hat, werde es schöner. Diese Technik heißt »Kintsugi«. Gold anstelle von Leim. Wertvolles Metall statt durchsichtigem Klebstoff. Darin liegt der Unterschied: Die verlorene Ganzheit vertuschen oder die Geschichte der Wieder-Zusammenfügung preisen?

Angst um die Hände: in der Morgenkühle gelingt es mir nicht, den Reißverschluss meiner Hose zu öffnen. Zuletzt schaffe ich es, aber danach schließe ich ihn nicht mehr, ich lasse »den Hosenstall offen«, es wäre schrecklich, nicht auf die Toilette gehen zu können. Später fällt mir die Lösung ein: ein Stückchen Draht im Griff des Reißverschlusses.

Mit Giulio die Traubenhyazinthen, die *Tulipa batalinii* (Zwergtulpen) und die *Scilla hispanica* (spanisches Hasenglöckchen) draußen in die Töpfe gepflanzt und im Haus die *Amaryllis hippeastrum Ferrari* – sie wird also rot sein, vermute ich – in einen großen Topf, den wir danach in der Küche vor die Glastür gestellt haben, wo viel Licht ist, auch wenn ich dann die hölzernen Läden nicht zumachen kann. In zwei gläserne Töpfe, auf einem Substrat aus weißen Kieseln, den gleichen, die wir für den Fußboden in Giulios Badezimmer verwendet haben, kommen die Paperwhite-Narzissen, die zu Weihnachten duftend blühen müssten. Lauter Geschenke von Fabio.

Gestern Abend hat Beth, frisch aus New York zurückgekehrt, mir das BuNaoGao von Sarina ausgehändigt. Von Mengqi Xia, den ich über die Dosierung um Rat gebeten habe, bekomme ich eine beruhigende Mail: Er ist gerade in Mailand auf dem Internationalen Neurologie-Kongress, zu dem auch die Ärztinnen aus Pisa gefahren sind. Demnach gehört er zur wissenschaftlichen Gemeinschaft.

Giulio ist zu mir gezogen. Und Lorenza ist mich besuchen gekommen: Symbolisch richtig, da sie letztes Mal, als sie hier war, die Umwandlung des Holzschuppens bzw. der Bibliothek in ein Zimmer für Giulio wärmstens befürwortet hatte. Zum Mittagessen sind wir nach Valgiano zu Laura gefahren, am Abend haben wir zu Hause gespeist, von Giulio zubereitete Dorade in der Folie, dazu das von Lorenza bestellte Bier. Macchia immer hinter Giulio her, der sie mit Leckerbissen füttert; wir staunten, als wir ihn im T-Shirt mit Flipflops an den Füßen draußen in der Frostnacht sahen. Merkwürdig: Tagsüber trägt er dicke Wollsachen, nachts fordert er die Unbilden der Witterung heraus. Heute allerdings strahlender Tag, ich habe mit dem Rollator einen Spaziergang im Garten gemacht – große Freiheit im Vergleich zum Rollstuhl. Dann habe ich mit Giulio und Nali, seiner Frau, die ihn an ihrem freien Tag besuchen gekommen ist, draußen am Tisch in der Loggia gegessen. Ich habe nach ihren Kindern gefragt, Lakshami und Piero. Lakshami kommt dieses Jahr auf die Mittelschule, Piero geht mit sechs Jahren noch in den Kindergarten. Er möchte seine Eltern in Italien besuchen. Nali will nach Sri Lanka zurückgehen, um bei den Kindern zu sein, und Giulio soll ihr aus Italien Geld schicken. Die Schulden haben sie teilweise abbezahlt, im nächsten Jahr müssten sie es schaffen, den Rest zu tilgen, hoffentlich können sie dann alle zusammen nach Hause zurückkehren.

Eine ständige Hilfe zu haben ist bequem, aber ganz habe ich mich noch nicht daran gewöhnt. Etwas schlechte Laune, weil ich sehe, wie schnell die Zeit unproduktiv verstreicht.

Nach dem Essen ist Giulio ausgegangen, als er spät zurückkam, war er betrunken. Er hatte mit Freunden gefeiert, die er lange nicht gesehen hatte: Einige sind arbeitslos und schlafen auf der Straße, andere gehen zur Caritas zum Essen, er hat ihnen Geld geschenkt, und sie haben ihm einen ausgegeben. Er überreichte mir ein Päckchen Süßigkeiten, dann setzte er sich an das Tischchen im Wohnzimmer, redete zusammenhangloses Zeug, über das Gras, das bei Frost nicht wächst, dass es auf dem Feld nichts zu tun gibt, dass er im Holzschuppen mit Sand irgendetwas gemacht hat, was ich nicht verstanden habe, er will es mir zeigen, konnte es aber nicht erklären. Morgen zeige ich, sagte er. Hast du getrunken?, fragte ich ihn. Er nahm lachend meine Hand. Er roch nach Alkohol und Tabak. Sarina ruft an, ich erzähle ihr, was passiert ist. Das ist schlimm, sagt sie. Morgen muss ich mit ihm reden: Ich brauche jemanden, auf den ich mich immer verlassen kann. Ich habe mir den Autoschlüssel zurückgeben lassen. Zu Silvester leihe ich ihm das Auto bestimmt nicht, das ist ausgeschlossen.

Heute Morgen habe ich mit Giulio gesprochen: Was gestern passiert ist, darf nie wieder vorkommen. Hätte ihn die Polizei angehalten, stünde er jetzt ohne Führerschein da. Ich brauche jemanden, auf den ich mich verlassen kann. Er wirkte zerknirscht. Heute hat er gearbeitet. Die Türen für seine Wohnung sind gekommen, die Küche, und für mich der Treppenlift. Jetzt bin ich erschöpft vom x-ten unstrukturierten Tag, gegen fünf Uhr entlasse ich ihn bis zum morgigen Frühstück. Nach dem Qi Gong mache ich mir allein mein Abendessen. Ich verspüre das absolute Bedürfnis, niemanden um mich zu haben. Eine der unangenehmsten Seiten der Krankheit ist, dass es kein Alleinsein mehr gibt. Es ist überhaupt nicht lustig, eine Hilfe zu haben. Es ist unvermeidlich und bedrückend wie jede Sache, ohne die man nicht auskommen kann. Ich nehme das BuNaoGao und beginne, in dem Buch über Calvino und die Landschaft zu lesen. Ich bin müde und durcheinander.

Es macht mich rasend, nicht allein zurechtzukommen! Heute Morgen gehe ich zum Frühstück hinunter, Giulio hat sich verspätet, ich mache mir das Frühstück selbst, als er erscheint, behandle ich ihn kühl, er merkt, dass ich verstimmt bin. Ich muss ihm genau erklären, was ich will, sonst gibt es Spannungen. Ich habe ihm gesagt, dass das Frühstück um 8.30 Uhr fertig unten auf dem Tischchen stehen muss. Ihn betrunken gesehen zu haben hat mich mit Zweifel erfüllt, ob meine Entscheidung klug war. Heute Nacht ein Moment Panik, als mir seine Gestalt wieder einfällt, die sich im Dunkel der Loggia vor der Tür seines erleuchteten Zimmers abzeichnete, er sah aus wie ein lachender Tölpel mit der Schüssel voll dampfendem Reis in der Hand, den er für Macchia gekocht hatte. Ich war bedrückt. Es ist so schwierig, sich einem anderen ausgeliefert zu fühlen. Zusammenzuleben. Ausgerechnet ich, die Theoretikerin der Selbstständigkeit. Der Freiheit. Die Krankheit ist ein Gefängnis, nun geht es darum, sich trotz allem die innere Freiheit zu bewahren. Wenigstens die.

Den ganzen Tag lese ich Calvinos *Wo Spinnen ihre Nester bauen*: ein Meisterwerk. Der Junge Pin, Bruder einer Prostituierten in den Gassen von Genua. Er findet die Welt der Großen unverständlich – den Krieg, die Frauen – und ist allein in der Natur wie ein Vagabund von Tschechow, aber auch wie ein armer Gerald Durrell, fasziniert von der Natur und den Insekten.

Heute regnete es, oder auch nicht, vielleicht war es nur grau, jedenfalls bin ich nicht aus dem Haus gegangen, während ich gestern den dritten Spaziergang mit dem Rollator gemacht habe und bis zum großen Kirschbaum vorgedrungen bin: jedes Mal ein kleines Stückchen weiter. Giulio kam dazu, als ich ihn gerade wirklich brauchte: Er hat mir das hölzerne Gartentörchen geöffnet und mit Macchia gespielt, während ich zum Kirschbaum ging. Ich muss zugeben, dass seine Gegenwart trotz allem sehr angenehm ist. Er bringt mir Mangos und Papayas mit. Heute haben wir gefüllte Ente gemacht.

Ich beglückwünsche Mauro, der mir aus Dakar diesen reizenden Zweizeiler von Amelia Rosselli gesandt hat: »Die Welt ist dünn und flach: / Ein paar Elefanten gehen dort stumpfsinnig im Kreis.« Ich schreibe an Cécile, Christines Freundin, die mir via Skype Yogaübungen für neurologisch Kranke beigebracht hat. Ich frage sie, ob ihr Buch fertig ist, sie antwortet, andere Dinge seien vorgegangen, darunter ein Seminar über ein Märchen, das in *Close to the Bone – Life-Threatening Illness as a Soul Journey* zitiert sei, einem Buch, das ihr geholfen habe, die Abläufe zu begreifen, die ein derartiges Abenteuer mit sich bringe, und das sie sehr inspiriert habe. Sie schlägt mir vor, extern an dem Ideenaustausch teilzunehmen – falls ich die Kraft fände, ihn zu lesen, denn sie habe eine Weile gebraucht, bis sie den Mut aufbrachte, hineinzulesen, doch dann sei sie belohnt worden. Ich werde ihn lesen, auch wenn mich immer mehr der Gedanke begleitet: Gibt es diese Seelenreise denn wirklich, oder ist es nur eine hübsche Geschichte, die uns hilft, das zu verkraften, was wir sowieso nicht verhindern können?

> Es gibt kein Leben,
> das nicht wenigstens für einen Augenblick
> unsterblich wäre.
>
> Der Tod
> Kommt immer um diesen einen Augenblick zu spät.
>
> Umsonst rüttelt er am Griff
> der unsichtbaren Tür.
> Er kann, was jemand erreicht hat,
> nicht rückgängig machen.

Verse, die ich in *Auf Wiedersehen. Bis morgen* von Wisława Szymborska gefunden habe (8). Ich habe darin geblättert, weil ich in der Erzählung von Katarzyna Kolenda-Zaleska über den Dokumentarfilm, den sie über und mit Szymborska gedreht hat, lese, dass Woody Allen, der Hypochonder, das Gedicht *Bekleidung* immer neben dem Bett liegen habe: Nur so kann er die Nacht überstehen.

Um neun Uhr weckt mich das Klingeln des Kuriers: *Der Weg nach San Giovanni und andere Geschichten* von Italo Calvino. Seit ich nicht mehr in der Lage bin, die Bücher aus dem Regal zu nehmen, finde ich es praktischer, sie mir neu zu kaufen.

In der Nische der Fenstertür ist die *Amaryllis hippeastrum* aufgeblüht. Jeden Tag lasse ich den Blick lange auf den tiefrot leuchtenden Blütenblättern ruhen; die drei äußeren, größeren bilden so etwas wie ein gleichschenkliges Dreieck, die drei inneren, weniger ausladenden, ähneln ebenfalls einem Dreieck und, über die anderen gelegt, einem Davidstern. Ich betrachte die zwei riesigen Blüten, eine mit längerem Stiel als die andere, und während ich sie ansehe, ist mir, als hielte man auf diese Weise schweigend inne vor einem geliebten Gesicht. Dann fällt mir auf, dass diese Blütenkronen keine Gesichter sind, sondern geöffnete Geschlechtsteile, die den Bestäuber anlocken sollen. Da wird diese Schönheit weniger schön, sie wird aggressiv, indiskret, schiebt sich über das Bild eines menschlichen Geschlechtsorgans, das sich schamlos darbietet.

Mein Leben lang habe ich mir gesagt: Was für ein Unglück, nicht als Mann auf die Welt gekommen zu sein und keine Ehefrau haben zu können, die mich versorgt. Jetzt habe ich Giulio, der kocht, einkauft und die Hausarbeit erledigt. Viel besser als eine Ehefrau. Ich kann schreiben, lesen, meine Übungen machen. Die Küche betrete ich nur zur Essenszeit.

Es mag ja am feuchten, regnerischen Wetter liegen, aber in den letzten Tagen empfinde ich nicht mehr dieses Gefühl von Besserung, ich konnte nicht mehr mit dem Rollator durch den Garten spazieren, und ich habe den Eindruck, dass meine Schenkel allmählich ebenso schrumpfen wie meine Waden, immer öfter muss ich sie mit den Händen hochheben. Mir scheint, als vollzögen sich gerade zwei parallele Prozesse: einerseits der körperliche Verfall, dessen Dynamik niemand versteht, andererseits eine Vorwärtsbewegung der Seele, die sich befreit.

David zum Frühstück. Er spricht von »göttlicher Indifferenz«: Es interessiert ihn nicht mehr, ob er veröffentlicht wird oder nicht, auch die Kritiken sind ihm egal. Er schreibt, was er will, ohne sich um die mögliche Wirkung zu kümmern. Ob dieses Gefühl der Freiheit die Vorahnung einer Freiheit ist, die auf den Tod folgt?

Heute kam *Close to the Bone*, das Buch, das Cécile mir empfohlen hat – die Reise der Seele im Endstadium der Krankheit.

Gestern Abend sind Louise, Pietro, die kleine Anna und Peter, der schmächtige Ingenieur des Züricher Polytechnikums, eingetroffen. Peter hatte mir einen deutschen Scharlatan empfohlen, vom dem er meinte, er habe einen Fall von Elektrosensibilität gelöst, mit dem er selbst nicht zurande gekommen war. Als er dann erfuhr, wie sich der Deutsche mir gegenüber verhalten hat, wie habgierig und nutzlos er gewesen war, war es ihm schrecklich peinlich. Der Deutsche war im Januar vorigen Jahres aus Zürich in Florenz gelandet. Ich hatte ihn gegen Mittag mit dem Auto am Flughafen abgeholt. Nachmittags hatte er mit seiner Wünschelrute das Haus inspiziert, Magnetfelder aufgespürt und, so sagte er, annulliert. Danach hatte er sich mit mir beschäftigt. Eine seiner Fragen hatte mich beeindruckt: Was ist das Wichtigste in deinem Leben? Macchia, hatte ich verdutzt geantwortet. Nein, du selbst, hatte er mich korrigiert. Ich musste zugeben, dass er recht hatte. Dann diskutierten wir über die Dinge, die mich zu der Zeit beschäftigten. Beeindruckt hatte mich, dass ihm an meiner rechten Achsel eine Narbe aufgefallen war, die ich vergessen hatte, Überbleibsel einer Biopsie. Am Abend lud ich ihn ins Restaurant Orti di Elisa zum Essen ein, fuhr ihn anschließend ins Hotel Universo, zeigte ihm am nächsten Tag Lucca, den Schiefen Turm von Pisa, Marina di Vecchiano und brachte ihn schließlich wieder nach Florenz, von wo er am Abend zurückflog. Der Deutsche hatte mich ein Blatt ausfüllen lassen – *lines list*, hatte er es genannt –, auf dem er meine Symptome aufzählte, mit Strichen daneben. Ab und zu telefonierten wir, und er überprüfte mit der Wünschelrute aus der Ferne meinen Zustand und sagte mir, an welchem Punkt ich sei. Diese Telefontermine fanden bis Mai ungefähr alle drei Wochen statt. Zum Schluss ging er so weit, mir zu sagen, im Sommer würde ich wieder tanzen können.

Der Deutsche, die Ärztin aus Rom, der Elektrotherapeut: Ich könnte sagen, es war die Zeit meiner Intensivkuren bei Scharlatanen aller Art. Ohne je wirklich daran zu glauben, aber doch mit einer Mischung aus Neugier und Verzweiflung und einer reichlichen Dosis selbstschädigender Ironie sagte ich mir, schlimmer als so könne es nicht werden, zugleich aber hegte ich die vage Hoffnung, trotz meiner Skepsis vielleicht doch auf die Wunderkur zu stoßen. Dabei entfaltete ich alle meine schlimmsten Charakterfehler: Oberflächlichkeit,

Nachgiebigkeit und Leichtgläubigkeit, in der Hoffnung, dass die Dinge auch ohne ernsthaften Einsatz irgendwie in Ordnung kommen könnten. Jetzt habe ich keine Lust mehr, auf so etwas hereinzufallen. Und deshalb vertraue ich diesem Bretonen nicht, den Louise aufgetan hat. Sie hat auch ihren für fünfzig Euro erworbenen »Harmoniseur« mitgebracht, um ihn mir zu zeigen: ein etwa vier Zentimeter großer Kupferring auf einem kleinen Gipsständer. Ein irrer Preis für so eine Idiotie. Wir werden hören, was Peter davon hält.

Im Internet sehe ich, dass die römische Ärztin ihre Webseite vorsichtshalber verändert hat. Ich finde darauf einen recht schlampig geschriebenen, mit Grammatikfehlern gespickten, im Wesentlichen nicht vertrauenswürdigen Beitrag über Amyotrophe Lateralsklerose, die im Gegensatz zum Schlaganfall von einem Defekt an einer angenommenen »Schnittstelle« zwischen ätherisch/astraler und physischer Dimension herrühren soll, von der Somatisierung eines Konflikts, vom Ausbruch heftiger, plötzlicher Emotionen, die »zuerst die astrale Seite, die die Gefühle steuert, dann die Schicht der Schnittstelle zum Gehirn, die ätherische Schicht und danach reflexartig die Neuronen, die vom Ätherischen aktiviert werden«, befallen. Wie leicht rührt man mit solchen Argumenten an Ängste bei Menschen, die an einer Krankheit leiden, über deren Entstehung und Behandlung man nichts weiß und deshalb dazu neigt, eine emotional-psychologische Erklärung dafür zu finden.

Gestern Abend sind auch Pier und seine Frau eingetroffen. Heute Morgen hat Louise ihnen den »Harmoniseur« gezeigt. Ein Amulett, hat Pier ihn genannt. Danach hat er lange über magisches Denken gesprochen, für das wir anfällig seien, da wir in einem von Katholizismus und Werbung geprägten Umfeld leben. Er hat erzählt, wie sauer die verschiedenen Scharlatane und Amulett-Verkäufer auf ihn sind, weil er sie entlarvt und ihr lukratives Spiel nicht mitspielt. Was er macht, sagte er, kann nicht angezweifelt werden: Obwohl kein professioneller Wünschelrutengänger, spürt er das Vorhandensein von Wasser. In der Nähe von Todi hat er welches in einem Mergelgebiet mit undurchdringlichen Felsen gefunden. Pier sagt, er sei in der Lage zu spüren, wie alt ein Gegenstand ist, und erzählt, er habe ein Fresko ganz genau datiert. Ich sagte ihm, das Leitungswasser habe einen üblen Geschmack. Pier nahm Aluminium und noch ein anderes Metall wahr, vielleicht Eisen, er sagte, das Wasser sei giftig. Es tauge nicht mal zum Kochen.

Wir waren in Marina di Vecchiano – 16 °C im Januar – zum Essen, danach sind alle abgefahren. Im Unterschied zu dem, was der Bretone behauptet hat, sagte Peter, die elektromagnetische Situation im Haus sei gut, es gebe nur einige Punkte, die man in Ordnung bringen müsse, andere habe er schon verbessert, indem er unnütze Dinge entfernt habe. Pier wiederum sagte, der schwierigste Bereich sei das Schlafzimmer: Abgesehen von einer Stelle vor der näher am Fenster befindlichen Tür zum Arbeitszimmer, an der eine positive, spiralförmig aufsteigende Energie vorhanden ist (handelt es sich um die gleiche Art von Energie, die im Giardino di Ninfa einen wunderbaren *Prunus subhirtella* (Winterkirsche) mit bläulicher Rinde spiralförmig wachsen lässt?), steht selbst das Bett auf einem Hartmann-Knoten, einem Knoten im Currynetz und einem überaus schädlichen unterirdischen Wasserlauf. Diese Stellung des Bettes, sagt Pier, habe mich durch die Häufung im Lauf der Jahre krank gemacht und verhindere jetzt die Wirksamkeit von Kuren durch Blockierung. Die Lösung sei, das Bett etwas mehr als einen Meter zur Tür hin zu verschieben. Und außerdem funktioniere das Eisenbett als Antenne für die zahllosen Radiowellen der modernen Welt – früher habe es dieses Problem nicht gegeben, man konnte ruhig in eisernen Betten schlafen, aber jetzt sei es besser, wenn sie aus Holz sind. Ich denke, ich mache es so: Mein jetziges Bett kommt ins Gästezimmer und umgekehrt.

Heute sind die Schreiner gekommen, Vater und Sohn, um die Betten auszutauschen. Jetzt, mit dem Kopfteil in den lebhaften Farben des balinesischen Stoffes, finde ich mein Schlafzimmer viel schöner. Alles ist luftiger, heller, man atmet freier.

An der Loggia, zu Füßen des Pfeilers, blühen schon die ersten Veilchen. In einem leuchtenden, aber dunklen Ton, als wollten sie nicht zu viel Aufmerksamkeit erregen, spitzen sie unter den herzförmigen grünen Blättchen hervor wie unter einem Mantelkragen. Sie duften zart. Am Morgen, mit glitzerndem Raureif bestäubt wie mit Zuckerkristallen, lassen sie einem das Wasser im Mund zusammenlaufen wie die Süßigkeiten in der Vitrine einer Konditorei: die beißende Kälte weckt Bilder von dampfenden Teekannen und dunkler, heißer Schokolade. Dennoch haben sie eine Macht, diese ersten Veilchen, wie ein Lockruf. Sie sind eine Einladung, nicht ins Warme zurückzukehren, sondern bis in den Wald zu gehen, um zwischen den längst verrotteten Blättern nach anderen, ersten, kühnen Blümchen Ausschau zu halten. So winzig und wohlgestaltet, so vollkommen in ihren klaren Formen, erinnern sie an die Verse von William Wordsworth, in denen Bäume, Felder und Blumen zu ihm sprechen »von etwas, was es nicht mehr gibt«.

Gibt es das nicht mehr oder noch nicht? Oder gab es das vielleicht schon damals? Mir kommt in den Sinn, wie ich als Kind staunte, wenn ich im Schulbuch die schwarz-weißen Zeichnungen der Kornfelder im alten römischen Reich betrachtete. Verwundert musterte ich die farblosen Landschaften. Mein Vater lachte mich aus und sagte, auch dieses Korn sei leuchtend grün gewesen wie die süßen Grashalme, an denen ich auf dem Gehöft in Montecarlo gelutscht hatte. Gewiss, alles habe sich verändert, vergangen die Reiche und die dunklen Jahrhunderte der Trutzburgen, doch Gras und Blumen seien gleich geblieben. Gleich die Geste, sie an die Nase zu halten, sie zu Sträußchen zu binden. Selbstverständlich und dennoch erstaunlich. Niemand könnte das Veilchen, das vor dem Haus wächst, von jenem unterscheiden, das eine unserer Vorfahrinnen in grauer Vorzeit pflückte. Wenn aber das Veilchen immer noch gleich ist, sind vielleicht auch wir nicht so anders, jedenfalls vom Standpunkt des Veilchens aus gesehen: die gleiche Hand, die nach der Blume greift, die gleichen Nasenflügel, die ihren Duft einatmen, vielleicht zwei leicht geöffnete Lippen, die ihre Blütenblätter kosten.

Sarina ist angekommen, jetzt schläft sie, nach einer Nacht im Flugzeug. Riesig, der purpurrote Koffer voller chinesischer Kräuter.

Ich lese Jean Shinoda Bolen, *Close to the Bone*. Er misst dem Glauben, dem Beten, dem Visualisieren und Aktiv-Annehmen von allem, was heilen kann, größte Bedeutung bei. Mir fällt Ossian wieder ein und wie ich das, was er mir sagte, nicht voll Energie angenommen und daran geglaubt habe, als er mich aufforderte, die Logik, in der ich gefangen war, zu sprengen. Du musst daran glauben, dass es möglich ist, deine Füße zu bewegen, sagte er zu mir.

Eine Mail von Cécile. Ich hatte ihr geschrieben und, da sie ja auch an einer neurologischen Krankheit leidet, gefragt, wie sie die Hilfe der weißen Blutkörperchen visualisiert. Shinoda Bolen, auf den sie mich doch aufmerksam gemacht hat, erzähle von Menschen, die vom Krebs geheilt wurden, indem sie die weißen Blutkörperchen anspornten und visualisierten, wie sie gegen den Tumor kämpfen – aber bei einer neurologischen Krankheit? Sie antwortet, was die Visualisierung betreffe, das habe sie sich nie gefragt, sie nehme das nie so genau; sie denke, es gehe vor allem darum, seinem Körper zu vertrauen und das Leben mit Freude anzunehmen. Sie schildert mir die Gedanken, die sie einsetzt, um die Heilung zu fördern, Gedanken über die göttliche Liebe, die das Bewusstsein mit Gesundheit, die Körperzellen mit Licht überflutet, Gedanken über Vergebung und Versöhnung, Frieden und Lebensfreude. Und was mache ich? Ich zögere. Mich bremst, dass ich mich nicht sicher fühle, ob es sich um authentische Worte und Gedanken handelt. Sie kommen mir zweckdienlich vor anstatt ehrlich. Etwas daran klingt für mich falsch. Ein Teil von mir ahnt im Innersten, worum es sich handelt. Doch der schamhafte Teil in mir, für den Zurückhaltung oberstes Gebot ist, überwiegt, dieser Teil hasst den Jargon, fühlt sich unwohl bei dem Gedanken, dass solche Worte in einer Gruppe ausgesprochen, zum Gegenstand von Seminaren und »Arbeit« gemacht werden.

Ich lese bei Shinoda Bolen, dass das, was er *healing process*, Heilungsprozess nennt, nicht immer auch den Körper umfasst. Es kommt vor, dass der Körper im Verlauf der Krankheit unterliegt, dass aber während der Krankheit die Seele und die Gefühle eine spirituelle Heilung erfahren. Die einzige wirklich wichtige, würde ich sagen, da ja der Körper früher oder später notgedrungen verschwinden muss. Nur schade, dass die Einladung, sich mit einer spirituellen Heilung zu begnügen, im Kontext dieses Buches etwas zu sehr nach vorsorglicher Absicherung klingt.

Gestern haben wir mit Sarina das erste Päckchen BuNaoGao-Kräuter abgekocht, heute nach dem Frühstück habe ich die Kur begonnen, mit 200 ml Kräuterextrakt und danach einem halben Teelöffel Kräuterpaste – schmeckt köstlich!

Sarina reist morgen ab. Eine großherzige, aber anspruchsvolle Freundin: In ihrer Gegenwart ist es schwierig, zu lesen oder zu schreiben oder einfach nur zu denken. Ich nutze dazu die Augenblicke, in denen sie außer Haus ist. Es ermüdet mich, dass ich mich nicht zurückziehen kann, wenn ich es brauche, dass ich den inneren Fluss unterbrechen muss, der mein Leben ist, das derzeit einzig mögliche Leben. Doch ich weiß wohl, dass es denen, die mich besuchen, sehr schwerfällt, das zu verstehen.

Lungenuntersuchung im Klinikum Cisanello. Sauerstoffzufuhr im Blut perfekt, auch der Rest ist gut. Allerdings soll ich im Mai wiederkommen.

Vor einer Stunde ist Sarina abgereist. Gestern Abend hatte sie Tränen in den Augen: Du bist in Lucca der einzige Mensch, der mir wichtig ist, hat sie gesagt (ein Glück, dass es auch noch die Wohnungen und die Freunde in New York, Rio, Peking gibt). Seltsam, wenn jemand um uns weint, weil wir todgeweiht sind. Ich habe ihr versprochen, gesund zu werden, habe gesagt, dass ich nicht so bald sterben werde. Es ist das, was ich fühle. Ich glaube nicht, dass ich so bald sterben werde oder mein Zustand sich verschlimmern wird. Das Gefühl, geliebt zu werden, war angenehm, aber mir fiel auch die Zeichnung ein, auf der Yuna, Christines Enkelin, die gerade gestorbene Großmutter auf dem Bett liegend dargestellt hat: das haltlose Weinen der Zurückbleibenden, der selige Ausdruck auf dem Gesicht der Großmutter.

Ich lese noch einmal den Brief, in dem Ossian davon spricht, wieder zum Kind zu werden. Es ist der alte Traum, die Jugend wiederzufinden, und erinnert mich an die Stammzellentherapie. Bisher ist ihre Verwendung nicht sehr zufriedenstellend: Die Wirkung hält, wenn überhaupt, nur eine gewisse Zeit lang an, nach einer Weile muss die Stammzelleninjektion wiederholt werden. Vielleicht kann man ja solange versuchen, seine Seele zu reinigen, bis man zu einem ersehnten Urzustand zurückkehrt. Der Körper ist dem Verfall bestimmt. Die Seele, sagen manche, ist auf die Erde gekommen, damit sie die Möglichkeit hat, zu verstehen, zu gesunden, sich zu reinigen. Der Körper ist am Ende der Reise verschlissen. Aber vielleicht reißt er auch die Seele mit, egal, wie schön sie ist.

Morgens kalt, aber herrliche Sonne, nach und nach ist es wohlig warm geworden. Ich bin hinausgegangen, um zu begutachten, wie Giulio die Bäume zurückgeschnitten hat. Er war tüchtig, die Olivenbäume haben eine schöne Form, es gefällt mir, den Kranz abgeschnittener Äste auf dem Boden zu sehen, den Kreis silbriger Blätter auf dem satten Grün des Grases, dem die milde

Feuchtigkeit der letzten Woche gutgetan hat. Auf dem Bänkchen des Rollators sitzend, werfe ich für Macchia den Pinienzapfen, den sie mir immer wieder zwischen die Stiefel legt. Ich zeige Giulio einen Brombeerstrauch neben der Weide, der entfernt werden muss, und einige Zweige, die den Pflaumenbaum behindern. Der ein wenig zu kahl geschnittene Obstgarten wirft auf der Wiese lange Schatten. Ich bringe Giulio bei, dass Knospe auf Italienisch ›gemma‹ heißt, und zeige ihm die Eiche, den Baum, zu dessen Füßen in anderen Gegenden die Trüffel wachsen, von denen ich ihm bei Tisch erzählt habe.

Ich schaue mir *Indestructible* an, den Dokumentarfilm von Ben Byer, dem Schauspieler, der 2008 im Alter von siebenunddreißig Jahren gestorben ist. Ich überwinde mich, bis zum Ende durchzuhalten, nicht meinen Ängsten nachzugeben. Es hat sich gelohnt: Ich finde ein Interview mit Yong Chao Xia, Erfinder des BuNaoGao und, wie ich jetzt entdecke, Vater von Mengqi Xia, über den ich es beziehe. In einer seltsamen Einstellung schräg von oben sitzt Yong Chao Xia auf einem Stuhl, von Dunkelheit umgeben wie auf einem Porträt des 17. Jahrhunderts, und sagt, mit dieser Krankheit müsse man handeln wie ein Politiker: versuchen, ein Gleichgewicht wiederherzustellen, sonst gebe es Krieg und Zerstörung. Ein Neurologe zitiert *Iwan Iljitsch* von Tolstoj: die Betroffenheit zu sterben, nicht mehr tun zu können, was die anderen tun. Ben Byer selbst zitiert, meine ich, Camus und den Sisyphos-Mythos. Am Ende des Films dreht er sich mit einem schmerzlichen Lächeln zum Publikum, deutet das Drama an, keine Zeit gehabt zu haben, um sein Talent zu entwickeln: Der einzige Film, den er gemacht hat, ist der über seine Krankheit.

Meine Stimmung hebt das nicht: Ich denke wieder an Exit,

daran, baldmöglichst zu gehen, viele schöne Abschiedsbriefchen zu schreiben. Dann esse ich im Wohnzimmer zu Abend, weil mir nicht danach ist, die drei Stufen zur Küche hinaufzuklettern. Macchia legt ihre Pfoten auf die Armlehne des Rollstuhls, ich sage mir, dass ich sie nicht einfach so verlassen kann. Ich fühle mich traurig und unruhig: Ich weiß nicht, ob es mit der Schwäche heute Morgen zusammenhängt (Folge eines sehr schlechten Essens, bei dem es viel zu spät wurde), mit der Trostlosigkeit des Dokumentarfilms von Ben Byer, der ein wenig die auf das BuNaoGao gesetzten Hoffnungen ins Wanken bringt (bei ihm hat es anscheinend nicht viel geholfen), oder mit dem Bedauern darüber, nicht mit den anderen Schritt halten zu können.

Der Fehler ist, sich unter dem Stichwort Motoneuron-Krankheit einzuordnen, das eigene Schicksal an dem anderer zu messen und die unermessliche Besonderheit jedes einzelnen Organismus zu vergessen. Wehe, man sieht sich als Teil einer Gruppe, einer Statistik. Ich darf an mich nicht nur wie an eine Kranke denken.

Vor einigen Tagen habe ich dem Verlag die ersten Seiten dieses Buches geschickt. Wir haben darüber gesprochen. Ich lese den Text erneut, streiche einige allzu persönliche Episoden. Wie Dr. Yong Chao Xia sagt: Es geht darum, ein Gleichgewicht zu finden, die innere Harmonie. Ich fühle, dass der Garten dabei eine Rolle spielt. Die Worte von Marinella, der Autorin, deren Buch Francesca mir gegeben hat, fallen mir wieder ein: »Frohe Weihnachten, und wenn ich mir einen Rat erlauben darf, bleiben Sie in dem großen Haus mit seinem Garten: Die Motivation kann Wunder wirken.«

Ja, die Motivation: Auch Macchia motiviert mich. Ich würde alles tun, um sie nicht allein zu lassen.

Ich merke, dass ich den Dialog mit Marinella habe einschlafen lassen, und in der Tat spricht sie mich in ihrer letzten Mail mit Signora an, nicht mehr mit Pia. Also schreibe ich ihr, dass ich in dem Haus mit Garten geblieben bin, denn die Motivation ist wichtig, ja: »Der Garten und Macchia, es liegt mir viel daran, sie nicht allein zu lassen. Das ist doch eine seltsame Krankheit – ab und zu fragt man sich, was sie ausgelöst hat. Auch wenn man vielleicht nicht zu viel grübeln, sondern Augenblick für Augenblick leben sollte. Manchmal frage ich mich, wie weit ich gehen will – schon meine aktuelle Situation ist etwas, wovon ich früher nie geglaubt hätte, dass ich es akzeptieren könnte. Doch jetzt scheint es einfach so zu sein, dass die Dinge sind, wie sie eben sind, mit schönen und hässlichen Momenten, genau wie vorher auch.« Was ich von Marinella wissen möchte, aber nicht zu fragen wage, ist Folgendes: Bedauert sie es nun, da sie völlig gelähmt ist und nicht mehr allein entscheiden kann, ob sie gehen möchte oder nicht, dass sie sich nicht rechtzeitig umgebracht hat? Ich denke an die Juden, die nicht rechtzeitig geflohen sind, solange noch eine Möglichkeit dazu bestand. Die Juden, die sich verhaften ließen. Ich denke an Anita Lasker-Wallfisch, die im Orchester in Auschwitz Cello spielte. In *Ihr sollt die Wahrheit erben* erzählt sie, dass sie aus Angst, den Nazis in die Hände zu fallen, einen Freund um Zyankali gebeten hatte; dieser hatte zunächst eingewilligt, es sich dann aber anders überlegt und ihr stattdessen Puderzucker gegeben. Auf diese Weise haben sie und ihre Schwester überlebt, sind dem Freund dankbar, dass er beschlossen hatte, sie zu täuschen. Und hier enden die Analogien, denn Anita und ihre Schwester waren zwei gesunde junge Mädchen, und Anita hat hinterher eine glanzvolle Karriere als Cellistin gemacht.

Ob Marinella froh ist, am Leben zu sein? Vielleicht begreift man doch irgendwann, dass dieses Leben, egal, wie beeinträchtigt, das Einzige ist, das wir haben. Und dann tut es einem leid, sich des einzigen Fensters zur Welt zu berauben, auch wenn es kaum mehr ein Spalt, ein Schlüsselloch ist. Ob man an eine Fortdauer glaubt oder nicht, ist unwichtig: Wir hängen an diesem Leben, an dieser Welt, von der wir uns nur schweren Herzens lösen.

Seit mindestens einem Jahr färbe ich mir keine hellen Strähnchen mehr. Es gefällt mir so. Im Nacken sind meine Haare noch dunkelblond, ansonsten eine Mischung aus Dunkelblond und Weiß, die ungefähr so wirkt wie Blond. Strähnen, fleckig wie Herbstblätter, und wie diese nicht ohne Schönheit. Wenn auch welk, gewiss. Und das bringt mich wieder zum Garten, zu dem Gefühl, dass wir gemeinsam das Vergehen der Zeit erleben, die Metamorphose. Als wäre ich zu einer seiner vielen Pflanzen geworden.

Ich lese *Kandinsky und ich*, von seiner Frau Nina. Zauberhaft die erste Begegnung, nach der sie sich nicht mehr getrennt haben. Es macht mich glücklich, ihre Erinnerungen zu lesen (eine ähnliche Atmosphäre habe ich in Maria Savinios Buch gefunden). Ich brauche solche Bücher. Ich kann nicht immer nur an ernste Dinge denken. Giulio sagt, ich denke zu viel, wenn ich gesund werden wolle, müsse ich aufhören zu denken.

Ich habe dem Verleger weitere Seiten gesandt. Er sagt, beim Lesen fühle man sich frei und neu. Kommt es etwa daher, dass diese Zeit der Krankheit die glücklichste meines Lebens ist, vielleicht auch die freieste? Wer weiß, ob man zwischen so vielen materiellen Hindernissen eine tiefere Freiheit findet – dazu fällt mir ein, was man von bestimmten, starren metrischen Regeln in Lyrik oder Musik sagt, nämlich dass sie, indem sie eine Struktur vorschreiben, den Verstand schärfen, einen zwingen, mehr Einfallsreichtum zu entfalten.

Ein kalter Tag. Als ich heute Morgen das Fenster öffne, sehe ich die Zweige der Hume's Blush-Rose, kahl und zurückgeschnitten glitzern sie unter dem Raureif, den die Morgensonne schon aufgeweicht hat. Hume's Blush Tea Scented China, Mutter der Teerosen, genannt *Rosa indica odorata* zu der Zeit, als die East India Company aus China Pflanzen importierte, die in Kalkutta verschifft wurden. Mir hatten Don und Lindsay eine geschenkt, als sie noch in Venzano wohnten und ich mich in die weichen, duftenden, weiß schimmernden Blüten verliebt hatte.

Gestern hat Nali, Giulios Frau, im Krankenhaus eine Ultraschalluntersuchung an der Schilddrüse machen lassen, und man hat sie für die Biopsie dortbehalten. Wir machen uns Sorgen. Zum Glück scheint heute die Sonne, und Giulio kann beim Ausschneiden der Bäume die Ruhe wiederfinden. Gartentherapie!

Seit einer Weile fällt es mir schwerer, die drei Stufen zur Küche hinaufzusteigen. Wenn ich aber im Geist dabei bete, gelingt es mir, sie mühelos zu bewältigen.

Jetzt, da ich weiß, dass ich aus diesen Notizen wirklich ein Buch machen will, frage ich mich, ob ich nicht wissen müsste, wie es enden, wohin es führen soll. Zu einem Gedanken? Er könnte so lauten: Ich bin nicht mehr der Gärtner. Ich bin eine Pflanze unter Pflanzen, auch ich brauche Pflege. Was hat sich im Vergleich zu früher geändert? Früher goss ich, grub um, mulchte, säte, erntete, harkte, schnitt zurück, verbrannte trockene Äste, düngte, spritzte Kupfervitriol, mähte. Jetzt nichts von alledem. Ich gehe spazieren, schaue, überlege, sage, was zu tun ist, aber vor allem: Ich werde bekocht, werde bei Tisch bedient, meine Sachen werden gewaschen und gebügelt, ich werde im Auto herumgefahren. Langsam gleiche ich immer mehr einer Pflanze, die man versorgen muss, ich werde zur Schwester all dessen, was im Garten lebt, werde Teil dieser unermesslichen Materie, deren Grenzen und Tiefe ich nicht kenne.

Ich bin eingeladen, meine Bücher in einer Bibliothek in Bollate vorzustellen, wo sie einen Gemüsegarten anlegen wollen. Ich sage die Wahrheit, dass ich nicht kann. Erleichterung: nicht reisen zu müssen, nicht die moralische Pflicht zu haben, bei lobenswerten Initiativen mitzuwirken. Ein Verdacht: Und wenn ich diese Krankheit bekommen hätte, um mich vor all dem zu retten, was ich nolens volens mitmachte, weil ich nicht Nein zu sagen wagte? Aus Auflehnung gegen einen Teil meiner selbst, der mich zwang, überall hinzugehen, auch wenn ich keine große Lust dazu hatte?

So grau, feucht, kalt. Der kahle, zurückgeschnittene Feigenbaum sieht aus wie in Cellophan gehüllt, er tropft. Tereglio ist durch einen Erdrutsch von der Welt abgeschnitten. Die ganze Garfagnana bröckelt.

Ich habe ja dieses Buch über die Krankheit als Reise der Seele gelesen. Aber mir scheint, es war überhaupt nicht hilfreich. Es hat mich eher genervt beim Lesen. Als beinhaltete die Tatsache, krank zu sein, in den Augen der Autorin die Verpflichtung, sich mit der Geschichte von Persephone, Psyche und Ereschkigal zu messen. Ich spüre allerdings keinerlei inneres Bedürfnis, diese Geschichten zu studieren und mich damit auseinanderzusetzen. Und dass diese jungianische Psychoanalytikerin meine Krankheit ausnützt, um mich mit Gewalt in das Heer ihrer Anhängerinnen einzureihen, die gehalten sind, sich mit den Archetypen ihrer Wahl zu konfrontieren, irritiert mich. Psyche ist für mich eine andere Geschichte: die verlorene Liebe, wenn man dem vom Neid anderer eingeflüsterten Zweifel erliegt, die dann nach unsäglichen Mühen wiedergefundene Liebe. Von Ereschkigal wiederum habe ich noch nie gehört, und die Vorstellung, in die Unterwelt hinuntersteigen zu müssen, um mich mit dieser Göttin zu versöhnen, die sich in mir eingenistet haben soll, kommt mir lächerlich vor. Als ließe man sich von einer völlig fremden Religion vereinnahmen. Christines Freundin hat darin anscheinend Anregungen zur Vergebung und Versöhnung gefunden. Während ich die Anmaßung einer eingebildeten Analytikerin spüre, die entschlossen ist, eine neue, von ihr erfundene Liturgie einzuführen.

Heute ist der Himmel weiß.

Ich denke wieder daran, was Ossian mir gesagt hat, dass man lernen muss, Nein zu sagen: Darum geht es jetzt, ich muss lernen, meine Bedürfnisse über die der anderen zu stellen.

Entsetzlich flach dieser feuchte, graue Neumond-Tag. Ein Foto von vor fünf Jahren fällt mir in die Hand, und es macht mich tieftraurig zu sehen, wie sehr ich verfallen bin.

Ossian hatte mir über die Sehnsucht nach der Vergangenheit geschrieben, das sei der Bann, in dem ich gefangen sei. Sehnsucht wonach, frage ich mich jetzt. Die gestern gefundenen Fotos mit Macchia: Auf diesen Fotos finde ich mich schön. Und da hat mich heftige Sehnsucht nach diesem Zustand gepackt, auch als ich sah, wie üppig der Garten damals war. Diese Zeit, die in dem Jahr gipfelte, in dem ich mich in voller Blüte fühlte, kommt mir nun vor wie ein herrlicher, verlorener Augenblick voll Kraft, Gesundheit und Vertrauen, jede Hürde überwinden zu können. Dann zerbrach der Zauber. Es ist die Geschichte, die in den Mythen erzählt wird: Alles läuft wunderbar, bis die Heldin es in ihrer Hybris versäumt, einer Fee oder einem Gott zu huldigen, und alles zusammenbricht.

Heute Nacht hatte ich wieder Schwierigkeiten mit dem Schlafen. Wie vor einigen Monaten bin ich nach einer Stunde aufgewacht vor Schreck, nicht atmen zu können. Ich bekomme immer mehr Angst vor den Nachtstunden, als bärge die Nacht eine Gefahr. Auf allen vieren ist es mir dann gelungen, wieder tief durchzuatmen. Erneut, wie beim letzten Mal, empfand ich den Wunsch, jemanden anzurufen, mit jemandem zu sprechen, habe sogar überlegt, mit der Alarmglocke Giulio zu rufen, aber das war natürlich Unsinn, was hätte er für mich tun können, und außerdem, was für ein hässlicher Präzedenzfall! Wie würde er denn schlafen gehen, mit der Vorstellung, dass ich ihn ohne vernünftigen Grund jederzeit aus dem Bett holen könnte. Ich habe erst versucht zu meditieren, dann gebetet.

Wie viele Märchen, wie viele Mythen handeln davon: Auf die Probe gestellt, erweist sich, dass der Protagonist der Prüfung nicht standhalten kann. Er passt nicht durch die enge Pforte der Auserwählten. Er war nicht scharfsinnig, rasch, wach genug, und vor allem: er hatte nicht spontan, sofort, intuitiv erfasst, worum es ging.

Die Atembeschwerden sind in Wirklichkeit Angstanfälle: Hätten die Ärzte sie mir nicht schon angekündigt, würde ich wohl nicht so somatisieren. Meine Großmutter litt an Asthma, mein Vater an einem Emphysem. Bevor ich mir eine Lungenschwäche vorstelle, sollte ich mich vielleicht fragen, ob ich womöglich Asthma habe. Auch wenn ich gar nicht genau weiß, was das ist.

Als kurz die Sonne scheint, gehe ich nachsehen, ob die Narzissen schon blühen, und finde außer den Tazetten und Dichternarzissen einen Teppich aus blühenden Winterheliotrop von zarter Schönheit mit diesen merkwürdigen Blütenständen, die aussehen wie Pinsel aus Schweineborsten, farblich irgendwo zwischen Schmutzig-Weiß und Rosa. Duftend ragen sie aus den Blättern hervor, die herzförmig sind wie die der Veilchen, aber viel größer und fleischiger. Ich mache ein Foto und sende es an Marco, dem ich bei seinem Besuch letztes Jahr einen Ableger davon geschenkt hatte. Blühen und duften deine auch schon?, frage ich, und er antwortet, ja, es gehe ihnen auch bei ihm gut, rund um Paris sei es so warm, dass sogar schon die Krokusse und die Schwertlilien blühten. Den Winterheliotrop will er umpflanzen, damit er ihn im Winter öfter sieht. Ich habe eine ganze Menge dieser wildwachsenden Pflänzchen verschenkt, die ich in einem Winkel des Parks meiner Eltern entdeckt habe, wo sie die unbarmherzigen Mähaktivitäten so genannter Gärtner nur deshalb überlebt haben, weil diese sie übersehen hatten. Anscheinend sind sie nicht sehr bekannt. Ich bin stolz, zu ihrer Verbreitung an neuen Orten beizutragen.

Schlafen wird immer lästiger: Angst, keine Luft zu bekommen. Ich meditiere, ich bete. Seltsamerweise fällt mir das Atmen bäuchlings leichter – vielleicht, weil die Schultern sich krümmen, ohne das Brustbein vorzuschieben? Außerdem wache ich dauernd auf, um die Lage zu wechseln. Ich schaffe es nicht, mich im Schlaf umzudrehen – die Beine gehorchen nicht, deshalb wache ich ganz auf und muss zum Umdrehen Arme und Hände benutzen. Dann macht das rechte Bein Zicken, findet keine Ruhe, weiß nicht, wohin mit sich, hält mich mit etwas wach, was einem Schmerz sehr ähnlich ist. Bei diesem ständig unterbrochenen Schlaf muss man gelegentlich auch häufiger auf die Toilette, und dann, Alarmglocke um den Hals, Stock in der Hand, wage ich mich mit größter Vorsicht bis zum Klo vor. So wird die Nacht immer unattraktiver, und morgens bin ich froh, wenn sie vorbei ist, diese Tortur, diese lästige Sache, die man machen muss, die aber keine Erholung mehr ist. Im Erdgeschoss habe ich wenigstens etwas mehr Zerstreuungen, im Erdgeschoss habe ich nicht die Vorstellung, schlafen oder liegen zu müssen. Das Nickerchen auf dem Sofa macht kurioserweise gar keine Probleme. Jedenfalls bis jetzt.

Das Schöne an dieser Krankheit, kommt es mir beim Lesen eines Buches über Moose in japanischen Gärten in den Sinn, ist, dass sie mich zwingt zu tun, was ich mir immer gewünscht, mich aber nie getraut habe: da zu bleiben, wo ich bin.

Giulio kommt zu mir: Etwas Schlimmes, sagt er, eine schlechte Nachricht. Die Hühner sind tot. Wer war das, der Fuchs? Nein, ein anderes Tier, so eines gibt es auch in meinem Land, nein, es gibt sogar zwei, die klettern können und dann die Hühner totmachen, um das Blut auszusaugen, fressen tun sie sie nicht. Wiesel? Marder?

Seit ich Mengqi Xia, der chinesischen Ärztin, bei der ich das BuNaoGao kaufe, Glückwünsche zum neuen chinesischen Jahr des Pferdes geschickt und ihr geschrieben habe, ich hätte den Dokumentarfilm von Ben Byer angeschaut, ihrem Patienten, an den sie sich voll Bewunderung erinnert und der ihr immer fehlen wird, ist sie irgendwie zugänglicher geworden. In ihrer letzten Mail schreibt sie so, dass sie mir vorkommt wie eine verletzliche und ätherische Gestalt aus einer Erzählung von Banana Yoshimoto oder vielleicht auch Murakami, eine dieser Figuren, die sich in einer schwer greifbaren Welt aus zarten Gefühlen und undefinierten, virtuellen Dimensionen bewegen. Sie schickt mir auch einen Link für ein YouTube-Video mit den zehn berühmtesten Songs von Abba und fordert mich auf, sie anzuhören wie etwas, das meine Stimmung heben könnte, und falls ich interessante Musikstücke entdecken sollte, möge ich es ihr bitte mitteilen. Leicht gerührt schaue ich mir das Abba-Video an, eine alte Popgruppe aus meiner Jugendzeit, und bemühe mich, meinen Snobismus zu zügeln. Ich finde sie so komisch mit ihren weißen Kleidern, wie Halbwüchsige im Sonntagsstaat, mit ihren Schuhen mit Plateausohlen, ihren gefälligen Melodien. Dann denke ich an die Wirkung der Musik und der Vibrationen auf die Zellen, die Seele, die Vitalität, ich denke zurück an alles, was beim Gespräch mit Ossian über meinen steifen Vater zur Rede kam, über die düstere, ernste, verzweifelte Haltung, die ich von ihm übernommen habe, gewissermaßen »mit der Vatermilch eingesogen«, wenn man so sagen könnte. Ich denke wieder daran, wie ich ihn als Zwölfjährige in der Buchhandlung Baroni gebeten hatte, mir ein paar Krimis zu kaufen: Er weigerte sich – Krimis, das war etwas für gewöhnliche Leute – und kaufte mir stattdessen Edgar Allan Poe. Und ich zwang mich, ihn zu lesen und gut zu finden, um eine würdige Tochter meines Vaters zu sein. Das ging so weit, dass ich meine Identität an dieser Lektüre orientierte und ständig Totenköpfe malte, eine Vorliebe für Makaberes entwickelte, als das Monster Jonathan firmierte, kindlich begeistert, dieser lächerlichen Figur aus Arsen und Spitzenhäubchen nachzueifern. Deshalb war Abba undenkbar, wie so viele andere Dinge, denen ich keine Chance gab. Und nun kommt Mengqi Xia daher, die keine Ahnung hat, mit welchen Vorurteilen ich aufgewachsen bin, drängt mich, Abba zu hören, vermutlich, weil die vier aus Schweden fröhlich und lebhaft sind und in eine Strategie passen, die sie folgendermaßen definiert: BuNaoGao, positive Einstellung, Ruhe, Vitamin D plus Kalzium in diesen lichtlosen Monaten. Denn, schreibt sie mir, bei der Behandlung eines Patienten muss der Arzt »wissen, wie er die Gesundheits- und Krankheitspolitik lenken soll: Wenn die Stimmung des Patienten zu lange am Tiefpunkt bleibt, geraten das Immunsystem, das endokrine und das Nervensystem aus dem Gleichgewicht; wenn der Patient an Kalzium- und Vitamin-D-Mangel leidet, können sich seine Nerven und Muskeln nicht entspannen, und wenn dieser Zustand zu lange andauert, können mehrere Systeme davon betroffen werden und die Krankheit kann ungehemmt wüten. BuNaoGao hilft dem Körper insgesamt, die Krankheit anzugehen, dennoch müssen die Ursachen des Problems behoben werden, um bessere Ergebnisse zu erzielen«. Hier finde ich eine Übereinstimmung mit dem, was Ossian mir in Bezug auf eine Möglichkeit von Zukunft geschrieben hatte und was ich nicht gleich begriffen hatte: »aber nur wenn man bereit ist, eine von mächtiger Sehnsucht und unwiderstehlicher, giftiger Faszination durchdrungene Welt hinter sich zu lassen«, nur, wenn ich mich frei mache und geistige Unabhängigkeit, viel Fröhlichkeit und Heiterkeit beweise. Damals hatte ich das nicht verstanden, aber jetzt bringt mir diese kuriose Mail von Mengqi Xia, die mich mit den Spleenen konfrontiert, mit denen ich aufgewachsen bin, plötzlich in Schwierigkeiten, denn sie macht mir etwas bewusst, was so tief in mir steckt, dass ich es nicht mehr wahrnahm. Meine erste Reaktion auf Mengqi Xias Mail war gewesen, sie insgeheim als Idiotin abzustempeln.

Ich telefoniere mit dem Tierarzt, einem Freund von Laura, der Stammzellentherapien bei Pferden und Hunden anwendet und nun daran denkt, auch Menschen damit zu behandeln. Er sagt, ich solle auf meine Ernährung achten, möglichst viele frisch gepresste Gemüsesäfte trinken (vor allem Gurke, Rote Rübe, Karotten), entspannt und unbeschwert leben, auf das Wasser achten, um den Faktoren Boden zu entziehen, die die genetische Mutation ausgelöst haben, auf der die Krankheit beruht. Erst dann, wenn die Krankheit bezwungen ist, können die Stammzellen etwas ausrichten und die Lage verbessern.

Sonst ist es, als schüttete man Wasser in einen lecken Eimer, füge ich hinzu. Ja, sagt er, ungefähr so.

Alles, was ich vorher geschrieben habe, heißt allerdings nicht, dass mir Abba jetzt unbedingt gefallen müssen. Auch wenn mich einen Augenblick lang die Vorstellung amüsiert hat, dem Titel »Der Gärtner und der Tod« als Untertitel hinzuzufügen: Wie Abba dir das Leben retten können. Es liegt etwas reizvoll Mystisches in der Vorstellung, ein Song von Abba – *Dancing Queen*? – könne einen, wie der Ariadne-Faden, aus dem Reich des Minotaurus herausführen. Was habe ich gesagt? Da kann ich machen, was ich will, alle meine Gedanken passen sich letztendlich den Konventionen des humanistischen Gymnasiums an. Ich bin einfach unverbesserlich. Ich komme so weit anzuerkennen, dass die singhalesische Musik, die Giulio im Auto spielt, fröhlich und angenehm ist, aber nur, wenn ich in Giulio eine Art wohltätigen Papageno sehe. Dass ich eine Leidenschaft für Abba entwickle, halte ich für schwierig, ich kann aber versuchen, auf etwas weniger ernste Musik umzusteigen, ausgehend von dem, was ich kenne. Gerade habe ich mir einen Song angehört, den ich phantastisch finde, *Motocicletta 10HP* von Lucio Battisti. Ich kann ihn auswendig.

Heute ist vielleicht der einzige Sonnentag im ganzen Februar. Mengqi Xia hat das Lied von Lucio Battisti gefallen, sie hat mir im Gegenzug Stücke aus dem Musical *Oliver!* geschickt, zusammen mit einigen chinesischen Songs, die ich aber nicht öffnen kann. Sie schreibt, es gibt so viel Schönes auf der Welt, wenn ich mich darauf konzentriere, werde ich immer mehr davon finden, unendlich viel, und keine Zeit zum Grübeln mehr haben. Guter Schlaf und innerer Frieden stärken das

Gehirn, schreibt sie, und all das wird mir helfen, meine Heilungschancen zu verbessern. Ich frage mich, wie ich es angestellt habe, einen so deprimierten Eindruck auf sie zu machen. Vielleicht, weil ich etwas über das schlechte Wetter geschrieben habe und wie schwierig es ist, unter diesen Umständen die Wirkung des BuNaoGao einzuschätzen?

Ich sehe mir eines der Stücke aus *Oliver!* an, die sie mir geschickt hat. *You've got to pick a pocket or two.* Natürlich hatte ich den Film schon gesehen. Er ist nett, lustig, macht gute Laune. Aber muss man deshalb gleich zum Kind werden? Sorglos? Manche würden sagen, oberflächlich. Bin ich denn dazu fähig? Mir fällt der Brief ein, den meine Mutter mir geschrieben hat, bevor ich geboren wurde – sie befürchtete, sie könnte eine Tochter bekommen, die sich nur für Kleider und andere Dummheiten interessiert. Mir fällt mein Vater ein, der zu mir sagte, wer mit Intelligenz begabt sei, könne nicht anders, als sich umzubringen. Ist es wirklich nötig, sich an das alles zu erinnern? Nein, nein, man muss diese Vergangenheit loslassen, auch die Erinnerung daran.

Massage bei Charlotte. Jedes Mal verfalle ich in einen Zustand wie beim Samadhi, totale Passivität und tiefe Meditation, Bilder kommen und gehen, unaufhaltsam, dann Momente der Entspannung, in denen ich nicht genau weiß, wo ich bin, obwohl es kein Schlaf ist. Wer weiß, was diese Bilder sind, an die ich mich später nicht mehr erinnere, und woher sie stammen, wer weiß, ob sie dann freigesetzt werden und sich in Mini-Videoclips verwandeln, wenn Charlotte eine Spannung löst, einen Knoten, die Stellen, wo es mir manchmal wehtut und in die ich hineinatme. Hinterher bin ich wie gereinigt und muss ganz viel trinken, um all die Toxine auszuscheiden, die wieder zirkulieren. Mir scheint, dass sich auf diese Weise der Bodensatz löst, die Schlacken fortgespült werden, diese ganze Vergangenheit, die ruhig wegdriften kann. Es ist herrlich, wenn Charlotte mich nach der eigentlichen Massage ohne mich zu berühren mit den Händen ausstreicht und ich ihre Wärme spüre. Ein wundervoller Samstagmorgen, fast zwei Stunden absolute Entspannung, in Charlottes Energie aufgehend, die Güte und Stärke ausstrahlt.

Was für ein Wind, diese Nacht. Dauernd bin ich aufgewacht. Rescue-Tropfen. Gegen fünf Uhr gebe ich auf: Schlaflosigkeit. Zuletzt lese ich einen kurzen Roman. Zwischendurch, im Lauf der Nacht, mehrmals die Vorstellung, ich sollte mich schnellstens bei Exit einschreiben, ja. Ich visualisiere mich wie den absoluten Herrscher auf dem Umschlag des *Leviathan* von Hobbes: ein großer Kopf, der nach unten blickt. Auf einen Körper, der nicht mehr in der Lage ist zu antworten. Bald sind wir so weit. Um aus dem Bett zu steigen, stütze ich mich mit den Armen ab und lasse die Beine über das Laken gleiten. Vielleicht ist es Wahnsinn, es noch weiter hinauszuzögern. Ich denke an die Briefe, die ich schreiben muss, damit sie nach meinem Tod von Zürich aus abgeschickt werden. Am Morgen beim Aufwachen kommt Macchia in mein Bett. Wir sehen uns in die Augen. Tja, Macchia. Wenn man sich bloß nicht umbringen könnte!

Aber die Angst, in der Falle zu sitzen, ist zu groß. Ich bemerke, dass meine Finger den Bleistift, mit dem ich schreibe, schlecht halten können. Mir graut bei dem Gedanken, dass meine Hände irgendwann genauso werden wie meine Füße, vollkommen gefühllos, taub für jeden Reiz. Auf die Hände kann ich nicht verzichten. Ich werde eher gehen müssen.

Was Sarina sagt, stimmt nicht. Ich habe Angst, große Angst. Nur, dass es mir nie bewusst war. Heute ist mit dreiundfünfzig Jahren ein Mann gestorben, der fünfzehn Jahre lang an einer Motoneuron-Krankheit gelitten hatte, davon die letzten neun Jahre ans Bett gefesselt. Dann gibt es Marinella, die seit mehr als zwanzig Jahren unbeweglich ist. Damit kann ich mich nicht abfinden: die allmähliche Lähmung und Ohnmacht mitzuerleben. Der bloße Gedanke entsetzt mich. Während ich das schreibe, stehen mir nicht die Haare zu Berge, ich schwitze nicht, habe kein Herzklopfen. Was ich empfinde, ist kalt, eine Sache des Verstands. Ich sehe voraus, wie verzweifelt ich wäre, so eingeschränkt zu sein. Man weiß, dass viele Menschen, die wie sie in dieser Lage sind, um eine Hilfe flehen, die zu leisten niemand bereit ist. Sie sind in einem Käfig eingesperrt, und niemand will das Risiko auf sich nehmen, ihnen die Tür zu öffnen.

Die Nacht, die Schlaflosigkeit, mittlerweile fürchte ich mich davor, zu Bett zu gehen. Ich nehme den *Kleinen Prinzen* zur Hand. Schon sehr oft habe ich ihn gelesen, glaube ich, und doch kommt es mir so vor, als läse ich ihn erst jetzt wirklich, mit Geduld, ohne eine andere Absicht als die, ihn zu lesen, ohne von Seite zu Seite zu eilen auf der Suche nach etwas, was ich schon im Kopf habe. Und wer weiß, vielleicht weil ich gestern in Avivah Gottlieb Zornbergs *The Beginning of Desire* über die von der Sintflut ausgelöschte Generation gelesen habe und über Noah, der als Einziger gerettet wurde, aber nicht, weil es so richtig gewesen wäre, einfach so, und weil für mich die Erkrankung meine persönliche Sintflut ist, frage ich mich in meiner Schlaflosigkeit, ob mein altes, der Generation der Sintflut ähnliches Selbst ausgelöscht wurde und ob ich nicht, wie der in der Arche geschützte, aber auch gefangene Noah, in einer Krankheit gefangen bin, die mich verwandeln und auf dem Berg Ararat landen lassen könnte. Nachtgedanken, die mir am Morgen wie an den Haaren herbeigezogen vorkommen, wie Träume (die die Schlaflosigkeit ja verhindert), eine willkürliche Collage aus Erinnerungsfetzen des vorhergehenden Tages.

Francesca hat mich besucht und mir Krimis mitgebracht. Darunter ein echter Krimi vom Verlag Mondadori mit gelbem Einband, einer von denen, die ich mir mit elf Jahren gewünscht hatte: *Der große Schlaf* von Raymond Chandler. Auch vom Titel her perfekt für die Schlaflosigkeit.

Ich lese *The David Story* mit Anmerkungen von Robert Alter und komme zu *1 Samuel, 16*, wo Gott Saul, der nicht mehr König ist, einen bösen Geist schickt. Saul ist außer sich vor Schrecken, deshalb sucht man jemanden, der ihm auf einem Instrument etwas vorspielt, um ihn aufzuheitern. Dieser Jemand ist David, schon zum König gesalbt, sein Nachfolger, erfüllt vom Geist Gottes, der Saul verlassen hat. Da ist sie wieder, die Musik als Therapie. Für mich Abba, für Saul David.

Dancing Queen von Abba strahlt tatsächlich Lebendigkeit aus; in der monarchischen Version von 1976 in der Oper von Stockholm, mit Kostümen aus dem 18. Jahrhundert vor der königlichen Familie, ist der Song außerdem komisch. Heute Nacht ging es besser mit der Schlaflosigkeit. Als ich gegen

2.30 Uhr plötzlich aufwachte, habe ich den *Großen Schlaf* angefangen. Mir ist, als hätte ich ihn schon auf Englisch gelesen. Ich erinnere mich, dass ich den Film von Howard Hawks gesehen habe. Das Buch ist hervorragend geschrieben, der Trick ist also dieser: die Schlaflosigkeit als Chance zu sehen. Nachts in der Stille einige Stunden bei Kräutertee ein spannendes Buch lesen zu können. Unter anderem frage ich mich, was für eine stereotype und verzopfte Vorstellung mein Vater eigentlich von Intelligenz hatte. Worin *Der große Schlaf* einer Erzählung von Edgar Allan Poe nachstehen soll, ist mir nicht klar. War es vielleicht nur der gelbe Umschlag einer populären Krimireihe, der ihn verdächtig machte? Das Gelb für die Krimis ist doch bloß eine verlegerische Entscheidung, sonst nichts. Wie wäre mein Leben wohl verlaufen, wenn ich statt Poe, dessen schauerliche Stimmungen ich verinnerlichte, Kriminalromane gelesen hätte, wie es mein eigener Wunsch war? Wer weiß, vielleicht hätte ich selbst welche geschrieben. Vielleicht auch nicht, aber jedenfalls hätte ich möglicherweise einen weniger verschlungenen Weg gefunden, um meinen tatsächlichen Geschmack zu entdecken.

Marinella schreibt mir, am Sonntag hätten sie sich alle bei ihr zum Kaffee getroffen, sogar die Enkel hätten die Seite gelesen, die ich ihrem Buch gewidmet habe, und Bianca sei überzeugt, dass ich eine Klassenkameradin ihrer Großmutter aus der Grundschule sei. Ich schreibe ihr, dass es in gewissem Sinn ja stimme, dass wir Schulkameradinnen seien. Marinella antwortet, sie sehe mich als Freundin, und schlägt vor, wir sollten uns schreiben. Ich frage sie nach dieser Enkelin. Der Beginn der Freundschaft mit Marinella erinnert mich wieder daran, wie ich damals auf die Frau aus Gallarate, wenn ich mich nicht irre, reagiert habe, mit der ich vor einigen Jahren zu meinem großen Ärger das Zimmer in der auxiologischen Klinik in Mailand teilen musste. Ich war entsetzt, dass ich in ein Zimmer mit einer »Sterbenden« gelegt wurde, wie ich diese völlig gelähmte, an ein Beatmungsgerät angeschlossene, zum Sprechen unfähige Frau insgeheim nannte, die mir mit dem Blick folgte, während ich das tat, was ihr versagt war: ins Bad gehen, allein essen, beschließen, das Krankenhaus mit einem Taxi zu verlassen. Es hatte mich empört, so brutal in die Dimension eines Todes in Zeitlupe katapultiert zu werden. Ich hinkte doch kaum und wollte mit diesem ganzen Thema absolut nichts zu tun haben. Es war brutal, so mit der eigenen Zukunft konfrontiert zu werden. Ich trug eine betonte Unbeteiligtheit zur Schau, als könnte es mir helfen, wenn ich Abstand wahrte. Ich war freundlich, gewiss, förmlich und höflich, rief die Krankenschwestern, wenn ich merkte, dass es nötig war, doch wie oft tat ich auch, wenn die Kranke gern fernsehen wollte, so, als bemerkte ich es nicht. Und wie akkurat vermied ich jedes Gespräch. Erst am letzten Tag, als ich sicher war, dass ich nun entlassen war und nie wieder zurückkehren würde, war ich etwas milder gestimmt und stellte zum Abschied anstandshalber einige Fragen. Aber erst, als ich sicher war, dass das Gespräch nicht mehr als wenige Minuten dauern konnte. Und so, während sie mir mit dem Finger auf einer Tafel die Buchstaben der Wörter zeigte, die sie nicht mehr aussprechen konnte, erfuhr ich, dass sie eine Mutter von vier Kindern war, und als ich sagte, es sei ein Skandal, dass sie uns so leben ließen (oh, wie unsensibel: mit »so« meinte ich den Zustand, in dem sie sich befand und in den ich zu geraten fürchtete), tippte sie: Sie behalten uns nur wegen dem Geld hier. Sie kommt mir oft in den Sinn, diese Frau, der ich damals nicht mehr Raum geben wollte, von der ich nichts wissen wollte und zu der ich so viel Abstand wie möglich hielt, empört, dass uns etwas so Schreckliches verbinden könnte. Ich, so wie sie? Unmöglich. Undenkbar. Ich glaubte, mich vor diesem Schicksal retten zu können, indem ich kalt und distanziert blieb (aber natürlich wahrte ich den Schein und ließ es mir nicht anmerken!). Deshalb verstehe ich auch durchaus eine früher enge Freundin, die verschwand, als klar wurde, wo mein Weg hinführt. Ich verstehe das: die instinktive Angst vor Ansteckung, die törichte Hoffnung, verschont zu bleiben, indem man sich so weit wie möglich fernhält von dem, was man nie erfahren möchte.

Bei dem Kummer darüber, so egoistisch zu der Frau aus Gallarate gewesen zu sein, fällt mir ein Märchen wieder ein, das ich oft wie eine Frage an mich empfand, eine Furcht in Bezug auf mein wahres Wesen, und das mir mein Leben lang in Abständen immer wieder in den Sinn kommt. Als Jugendliche hatte ich es in *Die Brüder Karamasow* (siebtes Buch, drittes Kapitel) gelesen. Es wird Aljoscha von Gruschenka erzählt, jener Gruschenka, die die gemeinste Seite der Männer kennt und weiß, wie sie einen verletzen können. Hier ist es:

Es lebte einmal ein Weib, das war böse, sein Leben lang böse, und eines Tages starb es. Und nicht eine einzige gute Tat hatte es hinterlassen. Die Teufel packten es und warfen es in den Feuersee. Sein Schutzengel aber stand dabei und dachte: Ich sollte mich an eine gute Tat erinnern, um sie Gott zu erzählen! Und er erinnerte sich und sagte zum Herrn: Sie hat, sagte er, in ihrem Gemüsegarten ein Zwiebelchen aus dem Beet gerupft und einer Bettlerin gereicht. Und der Herr antwortete ihm: Nimm also du, sagte Er, dieses selbige Zwiebelchen und reiche es ihr in den See hinunter, sie kann sich daran festhalten und sich von dir herausziehen lassen, und wenn du sie aus dem See herausgezogen hast, darf sie ins Paradies eingehen. Wenn aber das Zwiebelchen abreißt, muß das Weib bleiben, wo es ist. Der Engel eilte zu dem Weib und hielt ihm das Zwiebelchen hin. Hier, sagte er, halt dich daran fest, ich ziehe dich heraus. Und er zog behutsam an dem Zwiebelchen und hatte das Weib schon fast herausgezogen, aber die anderen Sünder in dem See wollten, als sie merkten, daß sie herausgezogen wird, mit ihr zusammen herausgezogen werden und klammerten sich an die Alte. Das Weib aber war böse, war sein Lebtag böse gewesen, und begann, nach den anderen mit den Füßen zu treten: ›Ich werde herausgezogen und nicht ihr, das ist mein Zwiebelchen und nicht eures!‹ Kaum hatte sie das gesagt, als das Zwiebelchen abriß. Und das Weib fiel in den See zurück und brennt dort bis auf den heutigen Tag. (9)

Dieses Märchen hat mir lange Kopfzerbrechen bereitet. Der Sinn war mir klar: Indem sie die anderen Verdammten verjagt, die einen Ausweg suchen, entschlossen, nur sich selbst zu retten, hat die Frau die Härte ihres Herzens bestätigt und noch einmal bewiesen, dass sie nichts begriffen hat. Dass nämlich nur eine Geste größter Güte, ein Akt radikaler, wahnsinniger Freigiebigkeit jenseits jeder Berechnung das Wunder hätte vollbringen können, die Aufhebung jenes unwiderruflichen Urteils, das sie zur Hölle verdammt hatte. Wie vorher war ihr Herz von Egoismus erfüllt, als sie sich an die Zwiebel klammerte. Deshalb konnte die unverhoffte Gnade nicht erfolgen: Die Frau hatte gezeigt, dass in ihr nichts geschehen war, dass ihr Herz sich nicht gewandelt hatte. Sie war sich gleich geblieben, unzugänglich für jede Lektion. Unverbesserlich. Und dumm obendrein: Sie hatte nicht gemerkt, dass in der Hölle nur immaterielle Seelen sind, Seelen ohne Körpergewicht – wird Dante nicht in der Hölle als Lebender erkannt, weil er als Einziger von allen die Erde mit seinem Gewicht beschwert? Versuchte Odysseus nicht vergeblich, im Hades den Schatten seiner Mutter zu umarmen? Deshalb hätte die Zwiebel, diese einzige, schwache Zwiebel nicht nur die Frau, sondern die gesamte Masse der Verdammten retten können, da auch die Summe aller Seelen immateriell und bar jeder Schwerkraft ist. Der Einzelne ebenso unermesslich wie die vielen.

Ich fürchtete, jener bösen Frau zu gleichen. Was hätte ich an ihrer Stelle getan, fragte ich mich, wenn sich ein Verdammter an mich gehängt hätte, während ich versuchte, aus der Hölle herauszukommen? Es entsetzte mich, zugeben zu müssen, dass ich den Ärmsten gewiss verjagt hätte. Doch wenn ich stattdessen dank meiner Intelligenz und Schläue begriffen hätte, dass nichts von meinem Egoismus durchsickern durfte? Dass die Prüfung gerade darin bestand, eine dem wahren Wesen völlig fremde Freigebigkeit zu beweisen? Hätte ich das Spiel bis zum Ende durchgehalten und riskiert, dass sich alle an mich klammerten? In diesem Fall hätte ich mir eine vorteilhafte Position verschafft, jedoch ohne mich wirklich tief in meinem Inneren zu wandeln. Eine Rettung als Resultat von Berechnung, nicht von wahrem Verdienst. Doch lässt sich Gott täuschen, der doch in die Herzen schaut?

Dieser warme Winter ist ein Segen für die Kamelien, nie sind sie schöner gewesen, mit ihren unbefleckten, schwellenden, überbordenden Blütenblättern. In jedem anderen Jahr bekamen sie hässliche, bräunliche Frostflecken, die den Altersflecken auf den Händen alter Menschen glichen.

Nacht für Nacht schreckliche Schlaflosigkeit, so schlimm war es noch nie. Man möchte fast sagen, dass das Austauschen des Bettes im Schlafzimmer die gegenteilige Wirkung erzielt hat. Ganz allgemein habe ich den Eindruck, dass diese ganze Gruppe von *Ghostbusters*, die mich veranlasst hat, das Bett auszuwechseln, und überall Gefahren lauern sieht, der Paranoia verfallen ist. Ich denke an Louise, die jedes Mal, wenn sie zu mir kam, fürchtete, irgendetwas sei schädlich: vom Alarmsystem bis zur Pergola, die sie bedrückend fand (zum Glück habe ich nichts gemacht, und jetzt, da die Pflanzen gewachsen sind, hat selbst Louise nicht mehr das Gefühl, dass der Hügel sie erschlägt), und an Louises Arzt, der jedem Patienten die Feinde aufzeigt (Getreide, Nachtschattengewächse, Milchprodukte).

Aldo rät mir zu Ventolin-Sirup, einem Broncholytikum gegen das, was vielleicht Asthmaanfälle sein könnten. Heute Nacht war es etwas besser, auch wenn es mittlerweile so aussieht, als könnte ich nicht länger als eine Stunde am Stück schlafen. Gegen 5.30 Uhr habe ich meditiert. Gestern Abend habe ich Pema Chödrön, *Liebende Zuwendung. Freude im Herzen*, zu lesen begonnen. Lenuca, die die Reihe buddhistischer Bücher auf der hohen Kommode abgestaubt haben muss, hat es gut sichtbar liegen gelassen. Ich habe das als Zeichen gedeutet und angefangen, darin zu lesen. Ich glaube, es hilft mir mehr als *Der große Schlaf*, den ich nach der ersten Nacht beiseitegelegt habe. Gut geschrieben, aber ich habe jetzt mehr das Bedürfnis, nach innen zu gehen – auch mit dem Atem –, als mich abzulenken.

Unzufrieden mit dem Qi Gong: Die Abfolge langweilt mich, seit einer Weile spüre ich nichts mehr, als wäre es eine Reihe sinnloser, mir von außen aufgezwungener Bewegungen. Vielleicht drückt sich in den Erstickungsanfällen, diesem Hunger nach Luft meine psychische Angst aus, weil ich sehe, wie mein Leben immer eingeschränkter wird.

Zum zweiten Mal im Schwimmbad: Das tut mir gut, o ja! Es regt mich an, gibt mir das Gefühl, völlig gesund zu sein, weckt die Erinnerung daran, was Gesundheit bedeutet. Vielleicht bringt nicht einmal die Akupunktur etwas. Und ich habe auch keine Lust, die ganzen Formalitäten für die Umschreibung des Führerscheins anzugehen. Was habe ich denn am Ende davon, dass ich Auto fahren darf. Wenn ich mich sowieso in Begleitung sicherer fühle. Nein, ich habe schon genug Zeit nutzlos vergeudet, das reicht jetzt, ich lasse es sein. Heute Nacht habe ich geschlafen, nach einer halben Stillnox.

Marinella hat mir geschrieben. Sie sagt, sie habe »die Kameradinnen« auf das Erscheinen meines Artikels in *Gardenia* hingewiesen, einige hätten die Zeitschrift gekauft und »den Artikel sehr schön gefunden«. In meiner Antwort frage ich sie: »Was meinst Du mit Kameradinnen? Vielleicht die aus der neuen Schule, zu der ich auch gehöre?«

Marinella erwidert: »Ich habe Dir nicht geschrieben, dass ich durch mein Buch alle Klassenkameradinnen aus dem Gymnasium wiedergefunden habe, oder vielmehr: Sie haben mich wiedergefunden. Francesca ist eine davon; die erste Begegnung nach vierzig Jahren war beinahe komisch, dann haben wir wirklich wieder zusammengefunden und sehen uns jetzt ziemlich häufig. Es ist seltsam, ich weiß, aber das sind die

Abenteuer bei dieser Krankheit. Und nun gibt es noch Dich, ein neues Freundschaftsabenteuer.«

Gestern ein Augenblick der Verzweiflung, als der Akupunkteur da war. Ich habe ihm gesagt, ich sei mit dem Qi Gong unglücklich, es habe keinen Sinn mehr für mich. Dann hatte ich einen Panikanfall, bekam keine Luft mehr und konnte nur auf drei Kissen gestützt liegen. Danach habe ich mich beruhigt. Ich habe die Ärztin, Frau Vignocchi, angerufen, sie hat mir gesagt, ich solle eine Woche lang Samyr nehmen; wenn die Anfälle von Atemnot auf diese Weise vorbeigehen, heißt das, dass es sich um Angst oder Depression handelt. Es ist eine schwierige Jahreszeit, und dazu noch dieser düstere, dunkle und verregnete Monat. Am Abend, vielleicht wegen des verspäteten Abendessens oder was weiß ich, wieder ein Moment der Verzweiflung, ich könnte heulen. Ungnädig setze ich mich zu Tisch. Mich ekelt sogar vor dem Spinat, den Giulio mir bringt, und ohne es zu wollen, werfe ich ihm einen so tragischen Blick zu, wie er es noch nie bei mir gesehen hat. Ich esse nur etwas Quinoa und das weiche Ei, danach lasse ich mir das Pascossan geben und nehme es mit dem Yoghurt ein. Ich muss leicht essen, sonst drücken mir die Speisen auf den Magen und ich habe das Gefühl, zu ersticken. Als ich fertig bin, spaziere ich mit dem Rollator durchs Zimmer: Aufrecht kann ich besser atmen, bekomme keinen Magendruck wie beim Sitzen. Giulio hilft mir zu atmen, ich bin kurz davor, in Tränen auszubrechen, er sagt, ich könne ihn auch nachts rufen, er lasse das Handy an. Er ist ein Engel. Doch ich will ihn nicht verrückt machen mit meinen Stimmungsschwankungen. Ich darf nicht zusammenbrechen. Dann gehe ich ins Schlafzimmer hinauf und beschließe, kein Stillnox zu nehmen. Mit drei

Kissen, damit der Kopf höher liegt als der Körper, versuche ich zu schlafen. Versuche, den Kern der Angst zu betrachten, anstatt mich überwältigen zu lassen. Es ist Angst, keine Atemnot, schließlich atme ich ja. Ich betrachte, fühle, dass ich mich Gott anheimstellen und furchtlos annehmen muss, was ist, dass ich mich fallen lassen muss, und selbst wenn es hieße zu sterben, so kann es doch nur das Beste für mich sein, auch wenn ich nicht in der Lage bin, mir das klarzumachen. Sich nicht auflehnen, nicht fürchten, das Ungemach betrachten und ertragen in dem Bewusstsein, dass das Leben nicht immer nur angenehm sein kann, leben und akzeptieren, dass es das Leiden gibt. Ich denke an das Blutbad, das gerade in Afrika stattfindet, an die Ukraine, wo der Bürgerkrieg tobt, an Syrien, an all die Menschen, die in diesem Moment keinen Platz zum Schlafen und keinen Ausweg haben. Was ist denn die Angst beim Atmen, die meinen Schlaf stört? Etwas Minimales, ein klitzekleines bisschen Leiden. Der Schock, zu entdecken, dass ich Schlafen und Atmen nicht für selbstverständlich halten kann. Gegen fünf Uhr gelingt es mir, vom Ausruhen in einen von schrecklichen Träumen überschatteten Schlaf zu gleiten. Beim Aufwachen beschließe ich, dass etwas getan werden muss, und schicke Giulio los, um mir das Samyr und die kleine Pumpe mit dem Broncholytikum zu kaufen. Ich gehe draußen spazieren, die Sonne scheint, Giulio habe ich gesagt, er solle das Gras auf den Gartenwegen mähen, damit ich nachschauen kann, ob die Kamelien hinten im Garten blühen. Es ist wirklich Frühling! Ich entdecke das leuchtende Rot der Zierquitten, einer schönen, sehr eleganten Sorte: kein Gewirr von Ästen, sondern nur zwei deutlich auseinanderstrebende Zweige mit wenigen, aber verführerischen Blüten, nicht die übliche Ballung blassroter Flecken, die zu dieser

Jahreszeit die Gärten verunzieren. Narzissen und Anemonen stehen in voller Blüte, alles ist unglaublich früh dran. Ich gehe bis ans nördliche Ende des Gartens – wie die Stecheiche gewachsen ist, nachdem sie so viele Jahre lang gleich geblieben war! Dann lasse ich Giulio den Rollstuhl holen – ich bin aus der Übung, und wenn ich bis zur südwestlichen Grundstücksgrenze laufen wollte, dorthin, wo ich die letzten Kamelien gepflanzt habe, bekäme ich heftige Knieschmerzen. Unterwegs halte ich an, um am Wintergeißblatt zu riechen. Macchia rennt wie verrückt herum, glücklich, nicht mehr durch den Regen ins Haus verbannt zu sein. Ich stelle fest, dass einige Kamelien gar keine Knospen haben, während die rosafarbene mit den gefüllten Blüten, die sich nach dem Einpflanzen sechs Jahre hintereinander verweigert hat, sich nun endlich doch herabgelassen hat zu blühen. Bei der letzten Pergola angelangt, finde ich die *Clematis armandii*, die sich vor vier Jahren vor der kleinen Pergola am Haus spontan im Kies ausgesät hatte und später hierher umgesetzt wurde. Sie ist voller Knospen. Ich werde noch einmal kommen müssen, um zu sehen, welche Farbe die Blüten haben. Dieser lange Spaziergang zur Erkundung und gewissermaßen Wiederaneignung des Gartens hat mir gutgetan. Ich habe keine Anfälle von Atemnot gehabt und spüre neue Kräfte. Darum wage ich etwas, wovon ich dachte, dass ich es nie wieder probieren würde: Ich steige zur Küche hinauf. Auch das hatte mich vielleicht deprimiert, den Kontakt mit einem so lebenswichtigen Teil des Hauses zu verlieren, mit seiner Seele, dem Feuer. Mit Giulio zusammen mache ich Ordnung, angefangen bei der Schublade mit Pasta und Hülsenfrüchten, ich erkläre ihm, dass ich von nun an leichte Kost essen möchte, eine Hülsenfrucht kombiniert mit einem Getreide. Heute machen wir die dicken Bohnen von

Santorin, die David als Püree zubereitet hatte, mit Dill, fein gehackter roher Frühlingszwiebel, Öl und Pfeffer darüber. Dicke Bohnen und Quinoa, ein perfektes Abendessen, nahrhaft, ohne zu belasten. Gleich danach mache ich noch einen Spaziergang im Garten, anstatt mich schläfrig von der Völlerei aufs Sofa zu legen. Langsam begreife ich, wie ich aus der Krise herauskomme: weniger essen, mehr laufen.

Angelo kommt zu Besuch und bringt mir den *Index seminum* mit. Ganz stolz zeige ich ihm meine Higo-Kamelien in einer Vase aus blauem Glas auf dem Tisch und sage, welch gesegnetes Jahr das für sie war: Es war nicht zu kalt, und die Blütenblätter sind nicht vom Frost verunstaltet. Alles falsch, sagt er: Die Flecken, die ich für Frostbeulen hielt, sind ein Pilz, der bei der ersten Frühlingswärme auftaucht, wenn die Kamelien normalerweise blühen. Jetzt ist es für diesen Pilz noch zu früh, denn auch wenn es warm ist, ist es doch nachts nicht so warm wie gewöhnlich im März/April.

Den ganzen Tag keine Atemprobleme: Du wirst sehen, dass es genügt hat, etwas weniger zu essen. Wirst sehen, dass es nur ein kleiner Angstkrampf war.

Leider nein, die Panik kehrt zurück. Sehr merkwürdig. Wenn mein Vater Panikanfälle hatte oder meine Mutter ein Beruhigungsmittel nahm, zuckte ich die Achseln, fast als spielten sie sich auf, als wäre irgendetwas nicht in Ordnung mit ihnen. Jetzt merke ich, wie unbegreiflich das alles ist: Woher kommt es? Man könnte sagen: Der Körper hat Angst.

Mittlerweile kann ich ohne meine kleine Tablette nicht einschlafen.

Vera schreibt mir, sie habe als Kind unter Panikattacken gelitten. Habe gemeint zu ersticken. Sie fragt mich, wie es mir geht, ich antworte, dass der Bronchodilatator nichts bringt, dass ich mich langsam an die Anfälle gewöhne und versuche, nicht zu viel daran zu denken. Auch wenn ich mich dabei ertappe zu hoffen, dass der Tag nie zu Ende geht, dass es nie Nacht wird. Aber man darf nicht zu viel darüber reden, denn diese Attacken werden ja von mir selbst erzeugt – die Macht des Gedankens hat etwas Schreckliches. Vieles ist schrecklich, wahrscheinlich überlebt die gute Laune nur, weil wir uns nicht darauf fixieren. Wenn man es recht bedenkt, was gibt es denn überhaupt Schlimmeres, als einen Körper zu haben? Was für ein böser Scherz, einen Körper zu haben! Es regnet, ich fühle mich unendlich traurig wegen der Verletzlichkeit und Unvollkommenheit jedes Menschen, aller Dinge. Ob das Liebe ist?

Ich habe das Video über Dignitas angeschaut, das Paul mir geschickt hat. Terry Pratchett, ein englischer Schriftsteller, hat es ihm weitergeleitet. Ich habe nicht geweint, wie Paul und seine Frau, als sie es angesehen haben, aber völlig die Lust verloren, mich da anzumelden: Mich in diesem blauen Häuschen in einem Industrieviertel zwanzig Kilometer außerhalb von Zürich vom Leben zu verabschieden, indem ich eifrig Einwilligungserklärungen zum begleiteten Suizid unterzeichne, begeistert mich nicht.

Da ist mir der Cockney-Taxifahrer lieber, der in aller Ruhe im Hospiz liegt und ganz im Augenblick lebt. Während die anderen wirken, als könnten sie es kaum abwarten vor Furcht, sich nicht rechtzeitig vom Acker zu machen. Und darum gehen sie zu früh, während sie das Leben doch noch genießen könnten. Sie sind gezwungen, sich zu beeilen, da es illegal ist, das Mittel zu spritzen, man muss es sich unbedingt selbst verabreichen können.

Vielleicht habe ich mich gestern zu sehr verausgabt, um die Freunde zu unterhalten, erst Kino, dann Restaurant, und vorher Plaudern und Mittagessen und keine Meditation, und nun gelingt es mir heute zum ersten Mal nicht, in die Dusche zu steigen, das rechte Bein lässt sich einfach nicht heben. Ich musste Giulio zu Hilfe rufen. Mir ist bewusst, dass es mich kalt erwischt hat – dabei war es klar, dass meine Leistungsfähigkeit am Anschlag war. Noch ein Millimeter weniger, noch ein Motoneuron weniger und ich wäre blockiert gewesen. Nun, der Tag ist gekommen. Und ich muss mich mit Verspätung darauf einstellen.

Sonne und Kälte, draußen ist die gestreifte, gefüllte Kamelie mit ihrem Kissen goldener Stempel aufgeblüht.

In Pauls Memoiren habe ich den Namen des Arztes aus einem Hospiz in Florenz gefunden. Paul hatte sich bei ihm gut aufgehoben gefühlt. Was mich beruhigt: Im Fall einer Atemkrise kann man Beruhigungsmittel bekommen und im künstlichen Koma sterben, ohne zu leiden – das alles, nachdem man klar den Willen ausgedrückt hat, dass man weder künstlich ernährt noch beatmet werden will.

Seltsam, was passiert ist. Es ist, als hätte ich mir selbst gratuliert, mich auf meinen Lorbeeren ausgeruht, mich dem illusorischen Gefühl einer gut gemachten Arbeit hingegeben. Ich habe alles richtig organisiert, dachte ich, ich habe einen tüchtigen Betreuer mit eigener, abgetrennter Wohnung, habe einen Treppenlift, habe Griffe anbringen lassen, um auf die Toilette zu gehen, ein kleines Geländer neben der Dusche, und ich gehe ins Schwimmbad, zur Physiotherapie. Nur darauf, die

Küche zu betreten, habe ich verzichtet, Giulio bringt mir das Essen ja sowieso hinunter. Das fand ich ein schönes Arrangement, einen Zustand, in dem ich ruhig auf unbestimmte Zeit hätte leben können. Die Krankheit jedoch hat nicht stillgestanden, sie ist weitergegangen, ist mir nachgerannt und hat mich überholt: Im Bad hat sie mich abgehängt. Ich kann mich nicht mehr allein waschen. Ich bin zu langsam gewesen im Vergleich zur Beschleunigung oder vielleicht auch nur zum normalen Verlauf der Krankheit. Jetzt werde ich mindestens einen Monat brauchen, um die Verspätung aufzuholen. Der Physiotherapeut kann nicht vor Montag kommen. Vom Anfang bis zum Abschluss der Umbauarbeiten vergeht bestimmt ein ganzer Monat. Und unterdessen muss ich mich waschen lassen und hoffen, dass ich wenigstens allein auf die Toilette gehen kann.

Im Teich wimmelt es vor Leben. Und vor Tod. Unzählige Krötenmännchen, die sich an die Körper majestätischer Kröten klammern – so leidenschaftlich und besitzergreifend, dass sie sie schier erdrücken. Kümmerlich die Männchen, mindestens dreimal so groß die Weibchen, die von mehr als einem Verehrer auf einmal belagert werden, auch bis zu je acht Schwimmhändchen und -füßchen gleichzeitig. Vermutlich finde ich deshalb jeden Tag Kröten, die diesem Zusammenfließen von Liebe und Tod im Teich erliegen, eine makabre Parodie auf den *Liebestod*; vielleicht nehmen die Todesfälle noch zu wegen der trügerischen Frühlingstage, die sofort durch unerbittliche, erneute Frosteinfälle widerlegt werden. Ich befürchte, dass mehr Kröten an der Liebe sterben als daran, dass sie überfahren werden. Es kommt vor, dass man gleich zehn an einem Tag findet. Als es mir noch gut ging, fischte ich sie mit einem Netz aus dem Teich und begrub sie am Fuß der Pflanzen, die am dringendsten eine Dosis guten organischen Düngers brauchten. Im klaren, von der überschüssigen Vegetation gereinigten Wasser schwimmen Klumpen von Kröten-, aber auch von Froschlaich: einzelne Albumen mit dem schwarzen Zellkern darin, traubenförmig oder in Schnüren angeordnet. In ein, zwei Monaten ist die Wiese dann ein einziges Gehüpfe von winzigen Amphibien, die dunklen Heuschrecken gleichen. Man muss höllisch aufpassen, um sie nicht zu zertreten. Nicht alle überleben. Auch die Hühner lauern ihnen auf. Wie Regenwürmern, bei denen man nicht einmal in der Erde scharren muss, um sie zu fressen: Sie springen ihnen sozusagen in den Schnabel, wie die goldenen Aprikosen, die einem in den islamischen Paradiesen in den Mund wachsen.

Auf dem Bett ausgestreckt, lasse ich meine Gedanken schweifen, in einem Zustand zwischen Meditation und Halbschlaf. Ich spüre eine Kälte und wünsche mir gleichzeitig, ich könnte gesund werden, könnte meine Zellen überreden zu genesen, den Verfall zu stoppen. Gesund werden: Wenn man weiß, was es bedeutet, die Beine nicht bewegen zu können, und erlebt hat, wie die Hände ihre Kraft verlieren und womöglich auch das Atmen schwerfällt, muss es danach sehr seltsam sein, sich erneut in einem Zustand zu befinden, in dem die Beine rasch gehorchen, der Körper sich gewandt bewegt, man loslaufen, schnell marschieren, sich bücken, sich aufrichten, klettern, tanzen, treten, die Kraft in den Gliedmaßen spüren und das alles als einen natürlichen, selbstverständlichen Stand der Dinge empfinden kann. Die eiserne Gesundheit wiederzufinden, die ich so viele Jahre an mir kannte und für das Mindeste hielt, was das Leben mir schuldete, für den normalen und selbstverständlichen Zustand. Unter der Decke liegend dachte ich, wie schön es wäre, die Augen zu öffnen und meine Beine wiederzufinden, aus dem Bett zu springen, mit einem Satz die Treppe hinunterzusausen. Wie viel Spaß es macht, die eigene Kraft zu spüren. Wie glücklich ich mich beim Fahrradfahren fühlte!

Christine hat mir gerade geschrieben, dass sie mich trotzdem besuchen will, obwohl ich ihr gesagt habe, wie leicht ich ermüde, wie wenig Energie mir noch bleibt. Wie wird sie mit mir in dieser derart eingeschränkten Lage zurechtkommen? Immer auf Zack ist sie, wie ein kleiner Soldat, quirlig und voller Energie, die alles vereinfacht und sie im Flug von der Küche in den Garten und zur Lektüre wechseln lässt wie ein ewig junges, stets begeistertes Mädchen. Wie wird es für sie sein, sich meiner Langsamkeit anzupassen, meinem Tageslauf, der nicht mehr als eine Sache vorsieht – entweder Schwimmen oder Kino oder Restaurant oder ein paar Schritte im Garten. Und wie wäre es für mich, falls ich je genesen sollte, zu erleben, dass die Kraft zurückkehrt? So wie wenn der Tag zurückkehrt und die Nacht wieder erhellt? Beunruhigt mich die Nacht vielleicht deshalb so sehr, weil ich zweifle, ob es wirklich wieder Tag wird? Aber gibt es denn überhaupt ein Zurück, nachdem man all das erfahren hat?

Die Schlaflosigkeit hält an, ich bin müde, kann mich im Schlaf nicht entspannen, weil ich Angst habe, keine Luft zu bekommen. Mir fällt auf, dass ich kaum noch bereit bin zuzuhören: Es ermüdet mich. Ich habe das Gespräch mit einem Freund abgebrochen, der mir seine Missgeschicke erzählen wollte, es interessiert mich nicht im Geringsten, was mir ein anderer Freund über seine Eifersucht erzählen will. Ich habe ein außerordentliches Bedürfnis nach Stille. Die zwischenmenschlichen Beziehungen erschöpfen mich.

Gestern ist die Physiotherapeutin gekommen, um mich zu beraten, wie ich das Bad umgestalten soll. Und Fabio, der die Arbeiten ausführen wird und einen außerordentlich traurigen, schönen Ausdruck im Gesicht hatte. Man wird viel verändern müssen: Ich brauche ein richtiges Behindertenbad. Und außerdem brauche ich einen Nachtstuhl im Schlafzimmer und einen elektronisch gesteuerten Rollstuhl, um allein in den Garten hinauszukönnen. Anstrengend, an das alles zu denken: wieder Maurer, wieder Klempner. Kein Ende abzusehen. Nachts, wenn ich vor Angst zu ersticken nicht einschlafen kann, sage ich mir: Schlimmstenfalls sterbe ich eben. Ich lese Irvin D. Yalom, *Die Reise mit Paula.* (10) Die Geschichte von Irene, für die der Tod des Bruders mit zwanzig und der ihres Ehemanns mit vierzig das Ende der Unschuld bedeuten, die Wahrnehmung der Angst vor ihrem eigenen Tod. Schließlich und endlich erwischt sie uns vielleicht alle: die Angst zu sterben. Das ist etwas anderes, als sich zu sorgen, was aus dem Garten wird. Wären wir nicht alle bereit, unsere Gärten ihrem Schicksal zu überlassen, um nur unsere eigene Haut zu retten?

Ich lese bei Irvin D. Yalom: Manche fürchten sich so sehr vor dem, was sie dem Tod schulden, dass sie das Darlehen des Lebens zurückweisen. O je, das erinnert mich an etwas!

In dem Gedicht *Come In* von Robert Frost finde ich diese Verse:

Too dark in the woods for a bird
By sleight of wing
To better its perch for the night,
Though it still could sing.

Zu dunkel in den Wäldern für einen Vogel
Um mit einem Flügelschlag
Einen besseren Ast für die Nacht zu finden
Obwohl er noch singen könnte. (11)

Das gilt auch für mich.

Dennoch bin ich nicht überzeugt, ob es wirklich der Tod ist, was ich fürchte: Die Angst vor dem Leiden, vor dem Weg dorthin, ist stärker als die Angst, nicht mehr da zu sein. Ich will das Leben Buddhas wiederlesen, so wie Thich Nhat Hanh es als langes, wunderschönes Märchen erzählt hat – geht es in dieser Geschichte vielleicht nicht einzig um eine Antwort auf die bestürzende Erkenntnis, dass es Tod, Alter und Krankheit gibt? Siddhartas Angst wird darin genau analysiert: Sie entspringt nicht nur der Entdeckung des Nichtseins, sondern auch und genauso der Entdeckung der Krankheit (körperliches Leiden) und des Alters (Schwinden der Kräfte). Sich auf den Tod zu konzentrieren – wenn sofortig und schmerzlos noch das geringste Übel – ist irreführend. Der Suizid könnte eine Antwort auf die Angst nicht so sehr vor dem Tod, als vielmehr vor den langsamen, schmerzhaften, demütigenden Vorgängen bei Krankheit und Alter sein.

Unglaublich. Es ist mir gelungen, beim Anhören von *ASMR Magical Ear Sounds* einzuschlafen, einem der Videos, die

Mengqi mir als Alternative zur Stillnox-Tablette geschickt hat. Ich habe mir den Laptop heraufbringen lassen, habe ihn neben mein Kopfkissen gestellt, das Video angeschaltet und im Liegen zugehört, während das Bett anfangs noch vom Bildschirm beleuchtet war. Langsam bin ich eingenickt, und obwohl die Aufnahme zu Ende war, bevor ich richtig schlief, überkam mich eine wohlige, sinnliche Schläfrigkeit, wie man sie aus der Kindheit kennt. Sogar der Anflug eines Albtraums (jemand, der mich erstickte) hatte etwas Spielerisches. Was ebenfalls entspannend wirkte, war der Nachtstuhl: Offenbar hatte die Angst hinzufallen, wenn ich nachts aufstand, um auf die Toilette zu gehen, zu meinem unruhigen Schlaf beigetragen.

Bin zutiefst gerührt über Mamas Geburtstagsgeschenk: ihre Notizen zu *Zenon von Elea*. Sie sind unglaublich schön. Keine andere Mutter hätte ihrer Tochter ein solches Geschenk machen können. Endlich verstehe ich das Geheimnis meiner Mutter: Sie stammt von den antiken Griechen ab, war nur in Sizilien sie selbst und glücklich, in Großgriechenland. Ihre Notizen sind mit der Hand geschrieben, ohne Schreibmaschine oder Computer. Wie Diogenes brauchte sie nichts weiter als das Licht des Geistes, der Suche des Wahren und seiner Betrachtung. Doch aus irgendeinem Grund verstrickte sich dieses wunderbare Geschöpf in solche Schwierigkeiten, dass es sie daran hinderte, ihre weiten Flügel auszubreiten. Beim Meditieren juckt es mich an der Nase: als ich daran denke, wie sehr sie sich, genau wie viele andere, gewünscht hatte, es möge ihr gelingen und wie viel Einzigartiges sie in sich trug, ohne es verwirklichen zu können. Mit diesem Text, den sie als ihren letzten bezeichnete, hat sie mir heute einen Beweis dafür geliefert, den ich endlich verstehen konnte. Nach Jahren, in denen ich mich weigerte, meine Mutter zu schätzen, und ihr nur vorwarf, nicht eine andere zu sein, eine Mutter wie alle anderen. Die Mutter, die das Kind auf egoistische Weise einzig und allein für seine eigenen Bedürfnisse haben will.

Heute Morgen in Pisa im Motoneuron-Labor. Zermürbendes Warten. Siciliano erprobt jetzt ein Medikament mit Kurkuma.

Laura hatte zu einem wunderbaren Essen in der Sonne nach Valgiano eingeladen. Wir waren: Gianna mit Penelope, Tristano, Marcello, Olivia, Massimo, Giovanna, Nicola und Margherita, Emy. Elisa hatte Pappardelle aus Mehl aus Valgiano mit Kaninchenragout gemacht, danach herrlichen Seebarsch im Salzmantel mit Artischocken und Fenchel-Orangen-Salat, dazu Radicchio und köstliches Brot, und dann rosa Grapefruit-Sorbet, das mit kleinen Kerzen serviert wurde. Der schönste Geburtstag meines Lebens.

Im Hospiz von Careggi bei Dr. Morino. Ein stattlicher, außerordentlich freundlicher Herr mit dichtem, schwarzem Schnauzbart. Er empfängt mich im kleinen Salon, zusammen mit einer sympathischen, jungen Pflegerin. Niemand könne einen Patienten zwingen, sich Behandlungen zu unterziehen, die er ablehne, erklärt er mir, die Patientenverfügung habe zwar in Italien bisher keinen juristischen Wert, sei aber sinnvoll, um sich bei einem unerwarteten Unfall zu schützen, doch bei einer langsamen Krankheit wie meiner sei es sinnvoller, sich Schritt für Schritt mit einem Arzt abzusprechen. Er sagte, im Notfall könne ich ihn anrufen. Beruhigt kehre ich von dieser Begegnung zurück. Ich fühle mich beschützt. Das

Wichtige ist, nicht irgendeinem Idioten in der Notaufnahme in die Hände zu fallen.

Ich lese *In die Sonne schauen* von Irvin D. Yalom. Es handelt von der Beseitigung der Urangst, der vor dem Tod, bei den Patienten. Diese Angst ist nicht (nur) unterdrückte Sexualität, sondern auch, vielleicht vor allem, Todesfurcht. Diesbezüglich fallen mir einige Begebenheiten ein, die ich mir nicht erklären konnte. Zum Beispiel jener Traum in London vor vielen Jahren, ein Albtraum, aus dem ich mitten in der Nacht entsetzt aufschreckte, während ich flehte: Ich bin noch nicht bereit, es zu erfahren! Dann war ich wach. Damals vermutete ich, es handele sich um etwas Schreckliches aus der Vergangenheit. Ich irrte mich. Es waren die Schrecken der Zukunft: der Tod, die Krankheit, das Alter, und ich flehte um Aufschub, da ich mich noch nicht dafür bereit fühlte. Jetzt frage ich mich, wie viel von unserer Grübelei über die Vergangenheit im Grunde eine List ist, um die Zukunft zu verdrängen: Letztlich ist es egal, welche Gräuel es gegeben haben mag, wir haben ja die Gewissheit, sie lebend überstanden zu haben.

Nun, da ich Yalom lese, wirkt alles so klar. Der Traum, vor Jahren, in dem ich in einem Raumschiff gefangen war wie die kleine Hündin Laika, weit weg von der Erde, verzweifelt isoliert, der maßlose Schmerz, so eingeschlossen zu sein, getrennt von der Welt: Es war die Angst, zu sterben, begraben zu werden, getrennt von allem. Mein ewiger Kurswechsel: ein Versuch, den Tod irrezuleiten, so wie die Schwimmer, die – so erzählte mir Fräulein Rudan, bei der ich als Kind Deutschunterricht hatte – den Haien entkamen, indem sie im Zickzack schwammen. Der Traum, in dem ich mich im Spiegel betrachtete und plötzlich entdeckte, dass ich eine alte Frau geworden war. Der in meiner Jugend immer wiederkehrende Traum, dass ich fliege, während jemand von unten versucht, mich hinunterzuziehen. Die ebenfalls wiederkehrenden Träume, in denen ich ein Gebäude betrat und, wenn ich versuchte, es zu verlassen, stattdessen in immer engere Zimmer, immer mehr in die Falle geriet… Wie kommt es, dass all dies nie bei seinem Namen genannt wurde, nämlich Todesangst? Wie kommt es, dass ich immer glaubte, keine Angst davor zu haben? Und sollte mein Widerstreben, dieses Buch abzuschließen, etwa auch die Angst zu sterben sein?

Biologisch, die Angst zu sterben – in uns angelegt (vielleicht weil ohne diese Angst die Faulheit überwiegen könnte und wir uns nicht so viel Mühe geben würden, um am Leben zu bleiben?).

Vielleicht ist der Gärtner, wenn es ums Sterben geht, kein Gärtner mehr. Der Schriftsteller kein Schriftsteller mehr. Vielleicht erfährt man, wenn es ums Sterben geht, das Bewusstsein der eigenen Unbestimmtheit. Beim Meditieren lernt man, diese Unbestimmtheit zu akzeptieren. Unbestimmt, ins Unendliche eingetaucht, Teil des Unendlichen. Wie war das noch? Der Tropfen, der sich wieder mit dem Ozean vereint? Ein Tropfen, so widerwillig, seine Hülle zu verlieren. All das bewegte Leopardi vielleicht, als er 1819 schrieb:

Lieb war mir immer dieser kahle Hügel
Und diese Hecke, die dem Blick so Viel
Von fernsten Horizont zu schau'n verwehrt.
Und wenn ich sitz' und um mich blicke, träum' ich,
Endlose Weiten, übermenschlich Schweigen

Und allertiefste Ruhe herrsche dort
Jenseits der niedern Schranke, und das Herz
Erschauert mir vor Grau'n. Und hör ich dann
Den Wind erbrausen im Gezweig, vergleich' ich
Die grenzenlose Stille dort, und hier
Die laute Stimme; und des Ew'gen denk' ich,
Der todten Zeiten und der gegenwärt'gen
Lebend'gen Zeit und ihres Lärms. Und so
Im uferlosen All versinkt mein Geist,
Und süß ist mir's, in diesem Meer zu scheitern. (12)

Gibt es dem noch etwas hinzuzufügen? Die Angst vor dem Tod ist ein Zustand wie jeder andere; die Erschütterung, die er auslöst, unterscheidet sich nicht wesentlich von den Hormonstürmen, die uns in der Pubertät beuteln. Sie ist physiologisch, betrifft den Körper. Man hält sie mit einem Beruhigungsmittel im Zaum.

Ich glaube nicht, dass ich mit diesem Tagebuch noch weitermachen werde. Nun sind die praktischen Dinge an der Reihe, aufräumen, die letzten Anordnungen treffen. Was den Garten angeht: Vielleicht ist es einfach der Ort, an dem man den Abschied versöhnlicher betrachten kann. Ich schöpfe Kraft aus der Tatsache, dass ich in diesen Jahren gelernt habe, das Leben zu lieben, das mich umgibt.

Nach dem Essen fragte mich Giulio: Alles in Ordnung, Signora? Haben Sie geweint? Nein, geweint habe ich nicht, doch er hat meine Unruhe, mein Unglücklichsein gespürt. Ich habe meine Schuhe angezogen, zum Rollator gegriffen und mich in den Garten geflüchtet. Gehen wird immer schwieriger. Aber selbst den Garten nur anzusehen an diesem warmen Frühlingstag war wunderschön, und da habe ich begriffen: Hier bleibe ich. Was ich vor mir habe, ist Augenblick für Augenblick. Am Ende die Erzählung verlassen.

Vor dem Einschlafen bedanke ich mich für das Leben, das ich gehabt habe, ich, die aus dem Nichts gekommen ist. Aus dem Nichtsein, und doch habe ich all dies sehen und kennenlernen dürfen.

Lia schreibt mir: Ich habe viel Kraft verloren, mit meinen zweiundsiebzig Jahren werde ich auf einen großen Gemüsegarten verzichten. Nur Salat und Blumen. Die Horizonte schrumpfen. Ich antworte ihr: Stimmt! Aber auch so, denk daran, dass wir letztlich aus dem Nichts gekommen sind und es dennoch ein Wunder war, auf der Welt sein zu dürfen, wenn auch nur kurz.

Gestern beim Abendessen hat David zu weinen angefangen bei dem Gedanken, dass ich sterben werde. Er meinte, deshalb habe er Angst, mich alleine zu besuchen. Dann sprach er davon, dass er sich als Christ fühle. Ein atheistischer Christ?, frage ich ihn. Ja, erwidert er, zu sagen, gläubig, klingt zu sehr nach Absichtserklärung. Tiefgreifender Gedanke. Betrifft auch die Kunst, das Schreiben. Absicht ist prätentiös, Absicht heißt, nicht über das eigene Ich hinauszukommen. Gestern, als wir darüber sprachen, fand ich es schöner. Jetzt bin ich müde, nach einer Nacht, in der ich schlecht geschlafen habe, und einem Erwachen in der feuchten Luft.

Ich bitte Giulio, mich bis ans Ende des Gartens zu schieben. Ich wusste, dass der *Viburnum davidii* blüht, weil er mir ein Sträußchen davon gepflückt hatte. Auf dem Weg sehe ich die rosafarben blühenden botanischen Tulpen mit dem gelben Herzen. Vielleicht sehe ich sie in dieser Saison nur einmal. Dabei fällt mir ein, wie ich früher einmal, zweimal, unzählige Male am Tag durch den Garten ging und seine Entwicklung Augenblick für Augenblick verfolgte. Jetzt kommt es mir beinahe so vor, als spazierte ich durch einen öffentlichen Park. Der Garten ist immer weniger meiner.

Am Telefon unterhalte ich mich mit Vera. Während ich ihr meine derzeitigen, überaus eingeschränkten Tage schildere (kein Auto, keine Möglichkeit, allein etwas zu unternehmen), schäme ich mich ein bisschen, dass ich mich an ein so elendes Leben angepasst habe. Als wäre es meine Schuld, dass ich so eingeschränkt bin. Fast, als hätte ich es absichtlich gemacht und würde es mir nun vorwerfen: was für eine schlechte Idee, es so weit kommen zu lassen.

Vielleicht gibt mir diese Scham den Anstoß, gesund zu werden?

Es mag an dem Krach liegen, mit dem die Maurer die Mauern einreißen, um das Bad umzubauen, an den Bohrern und Presslufthämmern, jedenfalls fühle ich mich total zerschlagen. Und schäme mich immer heftiger, so tief gesunken zu sein, nicht mehr die Schönheit der Bewegung genießen zu können. Heute, als Francesca mich heimfährt, nachdem sie mich wie einen Flüchtling bei sich aufgenommen hatte, erscheint mir Lucca im weichen Licht der Dämmerung so unerträglich schön. Ich bin es leid, immer hier im Haus zu sitzen.

Gestern Abend bei Ingrid. David las uns aus seinem Tagebuch in Griechenland mit Nikos vor. David und Ingrid fahren zusammen nach Sizilien. Ich verspürte Neid. Aber vor allem bringt mich der Gedanke zur Verzweiflung, dass mir nichts von dem, was ich nun nicht mehr machen kann, besonders wichtig erschien, als es noch erreichbar war. Und dann gab es noch den spöttischen Abwehrmechanismus: Wozu reisen sie überhaupt, wenn sie danach unverändert zurückkommen? Und dann diese ökologisch-fundamentalistische Idee des Nicht-Tuns, also, bevor man irgendetwas tut, zu fragen: Und wenn ich versuchte, es nicht zu tun? Das kommt davon, zuletzt werden die Dinge, auf die ich verzichten muss, immer mehr. Und jetzt kann ich nicht einmal mehr laufen. Es schmerzt mich, dass mir all diese kleinen Dinge, diese bezaubernden Details nun vorenthalten sind. Während ich David zuhörte, fielen mir Bilder von Orten ein, die ich gesehen hatte, der Bazar von Pathmos mit den Pistazien und den *papuzie* – den griechischen Espadrilles aus Wildleder –, das GUM in Moskau, wer weiß warum, die Patriarchenteiche, der Monte Rondinaio, das Häuschen in Tereglio, wo ich nicht mehr hin kann, der Kontrast der schwarz glänzenden Oliven zu dem dicken, weißen Yoghurt, mit ein wenig goldenem Öl darüber, und ich bekam Lust auf alle diese Dinge, die ich vorher nie beachtet hatte. Die ich beinahe verachtete, was mir heute vorkommt wie ein wahnsinniger Hochmut, die Unfähigkeit, einfach zu schätzen, was ich hatte, immer geschmälert durch das, was fehlte. Hätte ich doch einfach Ja sagen können, jedes Mal, wenn ich eingeladen wurde. Aber nein, jedes Mal erkannte ich statt der Chance und der Freude die Sinnlosigkeit. Unbewusste Schülerin meines Vaters, der mir die Eitelkeit aller Dinge, die Unausweichlichkeit des Todes, die Frivolität sinnlicher Genüsse, die Nutzlosigkeit des Reisens eingetrichtert und mich gelehrt hat, der Düsterkeit immer den Vorrang gegenüber der Einfachheit zu lassen. Und ich fand das alles so intelligent, fühlte mich so überlegen dabei, auf die Dinge zu verzichten, die das Leben schön machen.

Diese Verzweiflung jetzt ist nur Habsucht im Nachhinein. Gestern habe ich mich gehen lassen und mich mit diesem Gefühl identifiziert. Sich an die Vergangenheit zu klammern ist Gift. Nun, da ich im Sterben liege, schlagen die Gifte zu: die Ärmsten, es ist ihre letzte Gelegenheit. Und ich muss es jetzt mehr denn je lernen, wie die buddhistischen Mönche angesichts des Bösen zu sagen: Māra, ich habe dich gesehen. Ich muss aufpassen, dass ich kein hungriges Gespenst werde.

Dennoch fühle ich mich weiterhin verwirrt. Vielleicht liegt diese Unzufriedenheit einfach in der Natur der Sache. Ich frage mich, wie ich dahingekommen bin, wo ich nun bin. Denn an den Tod denke ich ja schon seit Jahren. Ich habe aber kein Tagebuch geschrieben – oder besser gesagt, ich habe meine Tagebücher regelmäßig vernichtet – und könnte jetzt nicht mehr sagen, wann und wie es passiert ist, dass ich eines Tages zu glauben anfing, ich müsse den Rest meines Lebens mit Beten, im Sinne von Meditieren, verbringen, um mich auf das Ende vorzubereiten. Mit der fixen Idee, ich müsse vorbereitet sein, wenn der Tod kommt, dies sei das Wichtigste. Derart mit dem Gedanken an den Tod beschäftigt, habe ich vergessen zu leben.

Und welche Rolle spielt die Meditation bei alldem? Was ist Auslöschung? Was ist Überwindung von Bindungen? Ich glaubte doch, glaubte, ich hätte im Garten den Frieden gefunden, indem ich ihn anlegte und jeden Augenblick die Erde bearbeitete.

Und jetzt, da ich nichts mehr von alldem tun kann, da ich aus dem Garten ausgestoßen bin, ihn nur vom Haus aus betrachten kann, am Fenster, oder bei den wenigen kurzen Ausflügen, die ich unternehmen kann, wenn Giulio mich im Rollstuhl schiebt? Jetzt, da das Medikament abgesetzt wurde, das mir gestattete, die Bestürzung über mein Leben zu dämpfen? Jetzt, da ich nicht mehr leben kann, wie ich es geplant hatte, indem ich im Garten arbeite, Gemüse und Blumen ziehe? Jetzt, da *ora et labora* nicht mehr möglich ist, was bleibt mir übrig? Was muss man noch erfinden, nachdem nun diese Festung eingestürzt ist? Aus welchen Quellen schöpfen?

Herrlicher Tag, Bavette mit Pesto aus wildem Fenchel, Auflauf mit jungem Mangold und Borretsch, als Tischgenossen David und Massimo, der gerade aus Brasilien zurückgekehrt ist, wo er eine wundervolle Reise gemacht hat. Er ist begeistert von den Brasilianern und ihrer Fröhlichkeit. Ich erzähle David von meiner Verzweiflung, von meinem Gefühl, nach falschen Ideen gelebt zu haben. Er erwidert, sicher, auch Thomas von Aquin kamen seine Ideen am Lebensende vor wie Stroh, nichts als Stroh. Wenn sich das Ende nähert, bricht alles zusammen, woran wir geglaubt haben, es ist der Augenblick des Zweifels. Die Ideen entpuppen sich als das, was sie sind, ein Halt, eine Abwehr. Auch mit Massimo hatte ich vor Davids Ankunft darüber gesprochen. Über den falschen, ziemlich akademischen Ansatz, über diesen Kult der Strenge, der Tiefe, über diese Haltung misstrauischer Verachtung. Das Übermaß an kritischem Geist, der jede Lebendigkeit, jede Begeisterung zerstört. Doch wozu halte ich mich damit auf – schon Leopardi hat gesagt, dass die Vernunft alles kaputt macht. Nur dass mir bisher nicht klar war, wie sehr ich selbst von dieser Rationalität und diesem Kult der Intelligenz zerfressen war, der mir von zu Hause mitgegeben wurde.

Doch vielleicht gibt es gar keine Alternative, und wenn das Ende naht, erweist sich jede Idee als falsch. Keine Idee kann immun sein gegen den Prozess der Auflösung. Also muss man nur aufhören zu hadern und sich an dem bisschen erfreuen, das man gelernt hat. Auch dieses bisschen hilft. Die Meditation hilft, wissen, wie man sich Raum schafft, hilft. Ein Fleckchen zum Ausruhen inmitten des Sturms hilft. Auch bei dem Albtraum heute Nacht. Ich wache auf. Aber sogar in diesem Albtraum ist es mir, glaube ich, gelungen, ein Gefühl von Ruhe zu bewahren.

Jedenfalls ist es kein Fehler gewesen, in diesem Haus zu bleiben: Der Garten ist schön, die Freunde kommen mich gerne besuchen.

In Wirklichkeit hilft mir der Buddhismus, ich glaube, er ist bei diesem Zusammenbruch eine Zuflucht. Man darf ihn nicht mit der Todesbesessenheit meines Vaters verwechseln, seiner Verhöhnung der einfachen, spontanen Lebensfreude.

Der Buddha erwacht bei der Begegnung mit Tod, Krankheit und Alter. Er verliert sie nicht aus den Augen. Aber er zelebriert auch kein düsteres Festklammern an der Idee vom Ende.

Endlich ist der elektronische Rollstuhl angekommen (ich mache mir einen Spaß daraus, ihn elektrischer Stuhl zu nennen). Nun kann ich den Garten zumindest als Zuschauerin wieder genießen. Ich habe einen gewissen Bewegungsradius. Beobachte ungestört, in aller Stille.

Der über und über weiß blühende Pflaumenbaum gleicht einer Wolke aus Schlagsahne. Ich verliere mich in der Betrachtung: Ich fotografiere nicht, telefoniere nicht, und während der unverbesserliche Geist sich ungeduldig fragt, wie man all das in Worte fasst, versuche ich, mir nicht vorzustellen, wie ich es erzählen werde. Die Bienen umschwirren diese Baumkrone, die nur aus Blütenblättern besteht. Gegen Ende des Winters blüht als Erstes immer der Mandelbaum, nun ist der Pflaumenbaum dran. Die Apfelbäume – noch nicht; die Kirschbäume – noch nicht. Sie blühen nicht alle auf einmal, so genießt jeder seinen glorreichen Augenblick, der Reihe nach kann jeder die größte Anziehungskraft ausüben, die ungeteilte Aufmerksamkeit von Bienen und Hummeln erobern. Ich wünschte, die Menschen machten es genauso, gäben sich damit zufrieden, im Augenblick ihres größten Glanzes zu brillieren und es dann zu akzeptieren, diskret in den Hintergrund zu treten, wie Nebendarsteller, ohne sich mit Hilfe von Haarefärben, Kosmetik, Lifting, Botox, Silikon und anderen Scheußlichkeiten verzweifelt dagegen zu wehren.

Im Garten die letzten botanischen Tulpen, gelb-rosé, im Gemüsebeet die doppelt und dreifach gefüllten, die ich in den Clifton Nurseries gekauft habe. Bald werden auch die Kirschen blühen. Das Feld ist golden von Ranunkeln und rosa von Kuckucks-Lichtnelken.

Im Frühling drängt das Leben. Die Blumenzwiebeln drängen unter der Erde, um ans Licht zu gelangen. Die Knospen drängen, durchstoßen die Rinde, die weich wird, um sie herauszulassen, damit sie aufgehen können. Die Knospen schwellen und schwellen, bis sich die ersten Schuppen lösen. Die Eschenknospen sehen aus wie geballte Fäustchen, die sich dann strecken und in Blütendolden ausdehnen. Am Maulbeerbaum gibt es viele kleine grüne Beeren, die sich dann vielleicht zu kleinen Blüten öffnen. Das ist der Frühling, ist das Leben.

Die Ideen, die »eigenen« Ideen loszulassen, an ihre Vergänglichkeit zu stoßen, ist nicht anders, als alles Übrige loszulassen. Die Füße. Die Bewegungen der Beine. Die Bibliothek, die ich nicht mehr benutzen kann. Alles.

Nacht voller Blitz und Donner, frühmorgens Wolkenbrüche ohne Ende. Ein starker Wind bläst die nunmehr leichten Wolken davon. Ein scheues, aber frisches Blau kommt zum Vorschein; die Sonne lädt es mit Energie auf, jetzt erinnern die Farbtöne an die Emaille von Limoges. Es ist ein unruhiger, aber herrlicher Tag. Mit meinem neuen Fahrzeug endlich unabhängig, steuere ich auf die Grenze des Anwesens jenseits des Waldes zu. Das letzte kleine Feld dort muss, anders als der übrige Garten, wo ich so weit wie möglich die Natur walten lasse, immer gut bestellt sein, denn ich möchte, dass es Staunen weckt, Staunen über diese klar abgegrenzte Insel in den Fluten der Verwilderung. Die Ordnung in dieser Randzone ist eine Art, die Grenze zu signalisieren, ein Äquivalent der Duftmarkierungen der Tiere. Ein Hauch von Magie weht in diesem Winkel, wo nie jemand hinkommt, auf den kein

Fenster hinausgeht, der von außen nur zugänglich ist, indem man sich auf eigene Gefahr durch Stechwinden und Dornengestrüpp hindurchkämpft. Mit dem Rücken zur Balsam-Pappel bleibe ich stehen und betrachte den von flockig weißen Schönwetterwolken belebten Himmel jenseits der hoch wuchernden Hecke aus blühender Hundsrose, auf Italienisch »rosa eglantina«. Eglantina: vom Altfranzösischen *aiglent*, stechend, das wiederum vom Lateinischen *aculentus*, stachlig, stammt. Der *sweetbriar* der Engländer. Ein Strauch, dessen Apfelaroma für die kratzigen Blätter entschädigt: wie gut duften doch seine Blüten! Klein ist dieses letzte Feld, umstanden von dunklen Pinien, dennoch empfängt es einen, als wohnte dort ein *genius loci*, ein körperloses kleines Wesen, das kein Dach braucht, aber leiden würde ohne die Gesellschaft pflanzlicher und tierischer Kreaturen, ohne dieses leichte Rascheln und Huschen, die einem das Gefühl geben, man lauschte dem Atem der Stille. Ich spüre seine Anwesenheit: Bis hierher vorzudringen ist so, als käme man ihn besuchen. Das geschnittene Gras zeichnet die Kontur des Raums nach, umsäumt die *Gallica officinalis* (Apothekerrose) mit tief karmesinroten Blütenblättern, die *Rosa rugosa* (Kartoffelrose) mit einfachen, großen weißen Blüten. Es täte mich nicht wundern, wenn ich wie in *Die Schöne und das Biest* eine Stimme hörte, die fragt: Wer riecht an meinen Rosen? Wer pflückt meine Früchte? Der Wanderer, der den laubüberwucherten Weg herunterkommt, wird sich bei seiner Ankunft unwillkürlich Gedanken machen angesichts der Johannisbeerhecken, der reifen Himbeeren unter der Kastanie, der vielen Anzeichen menschlicher Eingriffe. Wahrscheinlich ist es nicht unbedingt nötig, zum Einzäunen Pfosten und Maschendraht, Lattenzäune oder Gräben zu verwenden, ich glaube, es genügt die Spur einer Präsenz.

Die weißen Blütenblätter des Pflaumenbaums werden allmählich vom Wind verweht. Sie haben die Sammlerbienen angelockt, nun können sie davonflattern und den Früchten Platz machen. Im Frühling ist das Leben auch Sich-Öffnen, Weicher-Werden, Zärtlich-Werden.

Es ist die Angst, die einen dazu bringt, die Ideen der Vergangenheit falsch zu finden. Die Angst verführt dazu, sich zu fragen, ob es einen Weg, den richtigen, hätte geben können, der nicht hierhergeführt hätte. Hierher, wo einem alles genommen wird, hierher, wo der Weg abbricht. Dies ist, weil jenes gewesen ist. Wäre es vielleicht möglich gewesen, nicht bis hierherzukommen? Oder wäre ich sowieso hier angekommen, auch auf einem anderen Weg? Wie soll man das wissen.

Im Wind schaukeln die fallenden Blütenblätter des Pflaumenbaums.

Es hat keinen Sinn, jetzt den nicht eingeschlagenen Wegen nachzutrauern. Sich mit der Vorstellung zu quälen, das Leben hätte reicher sein können. Meine Idee war: in Frieden und Gelassenheit leben, indem ich mich davon freimachte, immer noch mehr zu wollen. Es war ein Ideal der Genügsamkeit, des Widerstands gegen die herrschende Gier. Ich wünschte mir eine weniger von Konflikten zerrissene Welt, in der man lernte, glücklich zu sein mit dem, was man hat, es auszukosten, es zu schätzen. Das scheint mir weiterhin ein erstrebenswertes Ziel zu sein. Es gerät nur ins Wanken, weil die Seele angesichts der Angst vor dem spürbar bevorstehenden Ende von Gespenstern, Versuchungen und Zweifeln heimgesucht wird. Die Auflösung betrifft nicht nur den Körper, sondern auch das Denken und den Glauben und die seelische Kraft. Zum Glück habe ich zumindest ein bisschen Disziplin aufgebracht, um zu meditieren, zum Glück bin ich zumindest ein bisschen gegen den Strom geschwommen: Denn so ist es selbst im Sturm, im Zusammenbruch der Energien nicht ausgeschlossen, dass ich ein wenig Halt finden kann, und sei er noch so winzig. Wenn einem klar wird, was man alles nie mehr wird erfahren können, fragt man sich vermutlich unweigerlich, ob da nicht etwas falsch gelaufen ist. Doch schon während ich mich das frage, schwindet auch die Anziehungskraft dessen, was nicht gewesen ist. Wieso habe ich es denn nicht gewollt, fürchtete ich vielleicht, stärkere Eindrücke könnten die stille Freude über mein Versinken in dem Ausschnitt der Schöpfung, der mich umgab, im Vergleich verblassen lassen? Darauf gibt es keine Antwort. Als es mir gut ging, reagierte ich, wenn mir Reisen vorgeschlagen wurden, die nichts mit dem zu tun hatten, was ich gerade erlebte, empört bei der Vorstellung, mich loszueisen und in Szenarien verwickeln zu lassen, deren Sinn mir nicht klar war. Wahrscheinlich wäre es leichter gewesen einzuwilligen. Aber einfach Ja zu sagen, eine unvorhergesehene Gelegenheit beim Schopf zu ergreifen, entsprach nicht meinem Charakter. Es gibt keine Antwort. Nur diese vielleicht: so ruhig wie möglich zu bleiben in Anbetracht dessen, was den Geist verwirrt, die Identifikation mit derartigen quälenden Gedanken so weit wie möglich zu reduzieren und auf dem eingeschlagenen Weg weiterzugehen. Das Hier und Jetzt zu akzeptieren, und das heißt: keine Energie zu verschwenden in dem vergeblichen Wunsch, das, was gewesen ist, zu verändern, in der Hoffnung, es sei anders gewesen. Sondern so zärtlich wie möglich diese zitternde Seele zu umfangen, die befürchtet, alles falsch gemacht zu haben.

Der Pflaumenbaum ist verblüht. Grüne Krone mit jungen Blättern. Niemand würde jetzt vermuten, wie atemberaubend schön er vorher war. So geht es vielen alten Frauen, die nur wenige Tage lang schön gewesen sind.

Selig streune ich durch den Garten, der einzige Wermutstropfen ist, dass Vera wieder einmal nicht bei mir ist, um all das zu sehen. Vera, meine geliebte Vera, schafft es immer zu kommen, wenn es gerade regnet oder wenn der Garten in den Sommerschlaf verfällt.

Ich lese den Abschnitt in der Biographie von Thomas von Aquin, die David mir geliehen hat: Ja, ihm schien, all seine Ideen seien nichts als Stroh, doch nur gemessen an der sublimen Vision, die dem Tod vorausgeht, wenn das ganze Gedankengerüst schlagartig weggefegt wird angesichts von etwas Lebendigerem, aber vielleicht Unaussprechlichem, für das es keine Kategorie gibt. Etwas, was über das rein Menschliche hinausgeht, etwas Mystisches, etwas, was man erfahren muss. Nein, das Gewesene zu verleugnen hat keinen Sinn. Und mir ist bewusst, dass bei einer tödlichen Krankheit die Versuchung – wie bei dem, der sich in der Wüste befindet, dem Ort der Versuchungen par excellence – genau darin besteht, dem Weg die Schuld zu geben, der uns dahin geführt hat. Hat man die Wüste der Krankheit erreicht, wo vermutlich fast jeder Weg endet, ist es vielleicht eine automatische, aber falsche Reaktion, nicht zu dem gegangenen Weg zu stehen.

Wer weiß, wer weiß. Ich glaube, es gibt vorbildliche Leben, abgeschlossene Wege, die nicht über eine Krankheit geführt haben. Doch das beweist gar nichts. Und ich merke, wie sinnlos es ist, sich jetzt die verpassten Gelegenheiten zum Vorwurf zu machen. Ich habe getan, was ich wollte. Warum sollte ich mich damit quälen, rückblickend Dinge attraktiv zu finden, auf die ich damals überhaupt keine Lust hatte?

Keinen einzigen Augenblick dieser begnadeten Jahreszeit möchte ich verpassen. Ich bin draußen, so viel ich nur kann, und wenn die Arbeit zu kurz kommt, ist mir das egal. Die Wiesenblumen rühren mich. Was soll ich über sie sagen, wie sie beschreiben? So leicht und luftig wirken sie in der Gesamtheit gar nicht wie Blumen. Aus der Nähe betrachtet sind sie unsagbar anmutig. Im schrägen Licht der Sonne, die sich gleich hinter dem Berg verstecken wird, bleibe ich glücklich stehen und schaue, schaue einfach auf die leicht vom Wind bewegte, blühende Wiese. Alles ist so schön, anmutig und harmonisch, dass ich mich dabei ertappe, mir zu wünschen, noch einen weiteren Frühling zu erleben, und zu denken: Wie seltsam, dass mir die Welt jetzt, da ich daran zweifle, da ich sie nicht für selbstverständlich halte, so unglaublich wundervoll vorkommt. Ich frage mich, warum ich diesen Reichtum an Wundern erst jetzt bemerke, jetzt, da ich alt bin, jetzt, da ich gehe, vielleicht weil jetzt die Tyrannei der Selbstsucht nachgelassen und der Betrachtung Platz gemacht hat und damit der Anreiz wegfällt, unglücklich zu sein, bloß weil die richtigen Umstände fehlen, um sich fortzupflanzen – das heißt, weiter die Interessen der Selbstsucht zu verfolgen. Jetzt, da all das hinter mir liegt, da all das unmöglich geworden ist, bleibt nur die Welt. Dieser Teil der Welt, der Natur, der ein Quell reinster Freude ist, jener Freude, die – meiner Meinung nach – keine Interessen verfolgt oder vielleicht purer Selbstzweck ist, nicht dem Kriterium der Nützlichkeit, der Reproduktion, der sogenannten Liebe, der Paarung, der Gesellschaft unterworfen, die keinen Interpreten erfordert. Jetzt ist alles nur reine Schönheit. Zum ersten Mal bemerke ich das Rauchschwarz, ein beinahe absolutes, in der Natur seltenes Schwarz, der noch geschlossenen Knospen der Esche, bemerke das glänzende Grün der kleinen, festen, noch nicht gelben Pflaumen. Ich sehe unendlich viele Einzelheiten, die mich freuen und gleichzeitig beinahe bestürzen, weil sie so schön sind, doch überkommt mich auch Frieden, wenn ich diese *Rosa laevigata* betrachte, eine Kletterrose, die noch einmal in all ihrer Pracht aufgeblüht ist. Ich betrachte die Blumen dieses Frühlings und weiß nichts mehr von denen vergangener Jahreszeiten.

Bei Gottlieb Zornberg lese ich, dass Jakob als Erster einen bewussten Tod wollte – einen langsamen Tod, um Anweisungen geben zu können. Davor waren in der Bibel alle plötzlich gestorben. Jakob bittet um eine Krankheit, um eine Zeitspanne, in der er sich vorbereiten kann.

Manche Rosen sind nicht mehr erreichbar für mich. Von weitem erkenne ich die weißen Blüten der Madame Alfred Carrière oben im Pflaumenbaum, an dem sie hinaufgeklettert ist. Die Hume's Blush sehe ich von der Terrasse hinter dem Haus aus, habe sie aber nicht mehr direkt vor der Nase. Das zarte Gelb ihrer Blütenblätter, wie von Zitronencreme, hilft mir, mich an ihren Duft zu erinnern.

In seiner Nobelpreisrede erinnert sich José Saramago an den weisesten Mann, den er je gekannt hat – seinen Großvater mütterlicherseits, der weder lesen noch schreiben konnte. Als der Großvater ahnte, dass er von der Reise, die ihn von Azinhaga in ein Krankenhaus in Lissabon führte, nicht zurückkehren würde, verabschiedete er sich von den Bäumen seines Gartens und umarmte sie weinend, jeden einzelnen. Zur Großmutter sagte er: Die Welt ist so schön, wie schade, dass man sterben muss.

Und nun ist die Blütenpracht dieser glanzvollen Wochen bald zu Ende. Tage reiner Kontemplation und jenes Gefühls von Seligkeit und Staunen, das einen angesichts der Vollkommenheit erfasst. Es begann mit dem Duft von *Clematis armandii* und *Viburnum davidii.* Und ging weiter mit dem Weiß und dem Gelb der Banksia-Knospen, die sich von Giftgrün zu Weiß verfärben. Dann das Blauviolett der *Iris pallida dalmatica* (Bleiche Schwertlilie) auf dem jungen Grün des frischen Grases. Nun die Fülle der Lijang-Rosen auf der abgestorbenen Eberesche, erstickt an ihrer Umarmung, an all den verwelkten Blütenkronen an den dünnen, biegsamen Zweigen, den Staubblättern, die den Kopf hängen lassen.

Erschreckt von dem Vorschlag, sie schon in diesem Herbst zu veröffentlichen, habe ich diese Seiten länger nicht mehr angerührt. Ich bin noch nicht so weit, das Buch ist noch nicht so weit. In der Einführung der Bühnenversion von *Anna Karenina*, die Emmanuele Trevi mir gestern mitbrachte, als er zum Abendessen kam, sagt er über Giuseppe Bertolucci: »In seiner Vornehmheit, die nicht aufgesetzt, sondern Teil seiner Natur war wie das Gewicht oder die Augenfarbe, erwähnte er seine Krankheit als auch deren Folgen kaum … Und was sollte ein Mensch, der weiß, dass er dem Ende nah ist, sonst auch tun? Seine Gewohnheiten ändern? Ins Kloster gehen? Den letzten Sinn von allem suchen, den wir, auch wenn es ihn gäbe, nicht erkennen können – und den es sowieso nicht gibt? Ich glaube, der höchste menschliche Adel besteht in der größtmöglichen Gleichgültigkeit gegenüber dem Tod, man müsste ihn immer wie einen lästigen Störenfried behandeln, der hinterrücks daherkommt, während wir mit etwas viel Interessanterem befasst sind.«

Das Schönste am Garten ist in diesem Frühling die Glyzinie, die ganz allein aufrecht dasteht. Ein Anblick reinster Schönheit, auch wenn sie mir von weitem, wer weiß warum, wie das Gespenst einer Glyzinie vorkommt mit ihrem Blau-Lila, dem frischen Farbton von Lavendel vor dem smaragdgrünen Gras, eine Zusammenstellung, die an die *Iris pallida dalmatica* (bleiche Schwertlilie) vor den jungen Blättern der Lindenschösslinge erinnert. Hinter diesem Wunder steckt nicht einmal eine Absicht, ein Plan. Vor unzähligen Jahren habe ich diese Glyzinie gesät, nachdem ich in der Nähe von Assisi den indischen Guru Sri Satyananda besucht hatte. Ich hatte ein paar Hülsen mit Samen von der Pergola gepflückt, die vom Ashram zur Kapelle des heiligen Franziskus führte. Ich wollte das Pflänzchen an einer alten Weide mit hohlem Stamm hochklettern lassen, der aber dann vertrocknete. Was tun? Ich stützte die noch blattlose Glyzinie mit einem Bambusrohr und hielt sie immer niedrig, damit sie sich, wenn der Stamm dicker würde, allein aufrecht halten könnte. Lange hatte ich diese ornamentale Pflanze, die zwischen Obstgarten und Olivenhain ziemlich fehl am Platz wirkte, eher kritisch betrachtet. Bis ich sie nun dieses Jahr, vielleicht weil sie eine gewisse Fülle erreicht hat, mit anderen Augen gesehen habe und bemerkte, dass sie viel faszinierender und vor allem natürlicher ist als die vier Glyzinien der Pergola. Denn die bilden zwar ein herrliches, rosa, blau und weiß durchwirktes Schutzdach mit ihren duftigen Blütendolden, die herunterhängen wie chinesische Lampions, aber den Pflanzen als solche fehlt die Ausstrahlung, denn dass sie sich an Pfählen aufrecht halten, um einen vorwiegend niedrigen Dienst zu verrichten, demütigt sie. Während die einsam und frei blühende Glyzinie, die auf den Obstgarten schaut, ohne selbst Früchte zu tragen, umschwirrt von schwarzen Hummeln und von Bienen, nur dasteht, um sich bewundern zu lassen und Staunen auszulösen.

Regen. Noch nie, meine ich, habe ich die Nässe erwähnt, die Tage, an denen man nicht hinauskann, die Tage des Wartens. Angespannte Tage, wenn der Himmel bedeckt ist und die Wolken unsicher, ob sie sich auflösen sollen. Gemütlich dagegen, wenn die Wolken sich entleeren und unter tausend auf die Erde tropfenden Tränen versprechen, es nie wieder zu tun, das Blau des Himmels zu verstecken.

Ich weiß nicht, warum, aber in dieser Jahreszeit bin ich besonders neugierig auf die Dinge, die noch im Werden begriffen sind, noch im Kindheitsstadium. Forschend betrachte ich die verblühten Glyzinien und entdecke voll Freude die zukünftigen Samenhülsen, noch so klein wie gekrümmte Reiskörner, zartgrün und flaumig; am Nussbaum paarweise die winzigen Hüllen der kommenden Nüsse, überwölbt von einer Art Federbusch; die winzigen, glänzend grünen Kirschen, noch kleiner als die Kerne, die sie umschließen werden, wenn sie reif und rot sind; die Miniatur-Quitten, so groß wie Aprikosen und schon perfekt geformt; die dunkelgrünen Körnchen, die später zu den blauen Beeren der Felsenbirne werden und aromatischer schmecken als die Heidelbeeren, denen sie so ähnlich sehen. Das Kleine zu beobachten, das im Begriff ist, sich zum Erwachsenen zu entwickeln, ist fast so, als könnte ich damit weitere mir bevorstehende Metamorphosen aufhalten.

Ich hatte Vera geschrieben: Wenn du kommst, wird es nichts mehr geben, nur noch *silly roses*, törichte Rosen. Jetzt, zu Beginn der Blüte, sind sie eine Freude, bezaubernd, diese Ranken mit weit geöffneten rosigen Blütenblättern, die sich wölben und ins hohe Gras eintauchen. Dennoch, töricht bleiben sie. Sie haben die Anmut mancher Mädchen, die nur in einer kurzen Phase der Jugend frisch und anziehend sind, für den Rest des Jahres sind sie, mit Ausnahmen, die man an einer Hand abzählen kann, nichtssagende, wenn nicht sogar plumpe Pflanzen. Ihre Schönheit ist das, was meine Großmutter als Eselsschönheit bezeichnete. Aber doch Schönheit.

Am Granatapfelbaum gibt es Anzeichen, dass die *Rosa pera* hier war – so hatte ich zum Spaß diesen spontan entstandenen Zwitter aus zwei anderen Sorten, der *Goldfinch* und der *Rosa primula*, getauft. Vor etwa zehn Tagen hatte ich zu meinem Entzücken den »balinesisch« hellgelben, fast weißen Bogen entdeckt, den diese Röschen in die Granatapfelhecke gezaubert hatten: Die Pflanze war von selbst dort hinten gewachsen, hatte sich durch das Laub des Granatapfelbaums geschlängelt, im Schatten dem helleren Licht entgegengestreckt und dann einfach innegehalten, um zu blühen. Sie hatte sich mit Blütenblättern tapeziert und bestickt, ohne das Mosaik aus hellen Granatapfelblättchen zu durchbrechen, ohne sich vorzudrängen, kurz, ohne Missklang, um diesen wunderbar anmutigen Bogen zu zeichnen. Der Akanthus mit seinen dunkelgrün glänzenden, geschwungenen Blättern bildete dazu einen schönen Kontrast. Jetzt welken die Röschen allmählich, es wirkt, als würden sie wieder in die Hecke eingesaugt, und mir ist, als erlebte ich einen Tod mit, den geheimnisvollen Moment, in dem sie sich anschicken, spurlos zu verschwinden.

Eine Tigerschnake lässt sich auf meinem Fuß nieder. Ich kann sie nicht verjagen. Ich kann auch nicht weglaufen. Wie eine Pflanze.

Ich fühle mich wie eine Art König Midas. Die Kirschen reifen, unerreichbar außer denen in Rollstuhlhöhe. Ich ziehe den Zweig zu mir herunter, und anstatt sie abzupflücken – dazu habe ich nicht die Kraft –, biege ich sie mir in den Mund. Auch Walderdbeeren kann ich keine pflücken; ich sehe sie zwischen den Blättern blinken, gerade richtig reif, wie ich an dem Rot erkenne. Nur beim Maulbeerbaum mit den tief hängenden Zweigen gelingt es mir noch, einige Beeren zu ernten. An den Geruch der Rosen erinnere ich mich anhand des Dufts, der ab und zu durch die Luft weht: die Nase hineinzustecken ist unmöglich.

Vor Tagen dachte ich beim Erwachen an die Hintergedanken. An die von Hintergedanken motivierten Handlungen, die nie zu etwas Gutem führen. Nun lese ich noch einmal Richard Gombrich über die Lehre des Buddha und erinnere mich daran, dass Karma Absicht ist. Alles ist Absicht. Der Hintergedanke trübt die ursprüngliche Absicht und verfälscht sie. Reinheit ist, nichts als Ziele zu kennen. Nicht zu wissen, was der Hintergedanke ist. Der Hintergedanke ist immer ein Skandal.

Ich lese weiter Richard Gombrich. Der Buddhismus entsteht in einem Kontext, in dem man nach der Befreiung von dem Zyklus von Geburt und Tod strebt. Der Buddha will das Problem von Geburt und Tod lösen. In der gleichen Epoche behauptet Sokrates, alle Menschen seien sterblich und folglich Geburt und Tod unterworfen. Ist der Buddhismus vielleicht entstanden, weil man sich damit nicht abfinden wollte?

In diesen Tagen ist die Hitze ein Belagerungszustand. Ich sitze hier, spähe hinaus und sehne wie eine Gefangene den Freigang herbei. Der kommt, wenn die Schatten länger werden. Erst dann wage ich mich hinaus: in den Obstgarten, wo grünliche, flaumige Äpfelchen für den Herbst eine gute Ernte versprechen, und in den Olivenhain, blond vom hohen Heu und blau von Wegwarte. Ich erreiche die neue Pergola, wo eine immergrüne *Clematis armandii* Schatten spendet, die einfach zu Füßen der ersten, vor unzähligen Jahren bei einer inzwischen verschwundenen Gärtnerei gekauften im Kies gewachsen ist, weshalb ich sie, wenn nicht als autochthon, zumindest doch als einheimisch bezeichnen könnte. Ich bleibe mit dem Rollstuhl im Schutz ihrer länglichen, ledrigen Blätter stehen, senke die Rückenlehne wie bei einem Liegestuhl, hebe das Fußteil an. Der Blick ruht auf den östlichen Hügeln, auf dem Himmel, der sanft leuchtet wie immer vor dem Sonnenuntergang. Gewiegt vom Summen in der Stille der Felder – ein letztes Zirpen der Zikaden, ein Vogeltrillern, ein Flügelschlag, das ferne Dröhnen eines Hubschraubers, ein jähes Rascheln im Gras –, nicke ich ein. Die Ankunft der Freunde weckt mich wieder. Ich lasse draußen decken, die Lampions verbreiten ein bisschen Licht. In der lauen Nacht taucht der Garten einladend aus der Dunkelheit auf, die Büsche nur noch Schemen, manche düster, manche luftig. Die Konkretheit des Tages – deutliche Farben, scharfe Umrisse – zerfließt zu schattiger Unbestimmtheit. Wir unterhalten uns ein wenig, aber unkonzentriert. Man würde sagen, dass wir nur das Aufatmen nach der glühenden Sonne genießen wollen, sonst nichts, nur dasitzen und versunken den Geräuschkörnchen um uns herum lauschen. Die Stille breitet sich über das Land wie ein riesiges Notenblatt. Klangwellen – das Quaken der Frösche, ab und zu das Pizzicato einer Grille, das Platschen einer Kröte auf Schneckenjagd, das Flügelrauschen eines mir unbekannten nächtlichen Raubvogels. Ein Laut, halb Schrei, halb Quieken, anscheinend aus dem Wald. Indizien für Dramen, die einen friedlichen Klang haben, Laute, die den Bleistiftstrichen einer unvollendeten Skizze ähneln, während wir selbst ein Teil des schlafenden Gartens werden, in seinem Atem aufgehen.

Am Ende. Mittlerweile muss ich mir jedes Mal helfen lassen, wenn ich ins Bad gehe. Morgen Abreise nach Elba. Ich habe meinen eigenen Faden verloren. Wer weiß, welche Taste ich versehentlich gedrückt habe, aber ich habe das Gefühl, dass der Computer meine Schwierigkeiten beim Tippen bemerkt hat: Er hat mich gefragt, ob ich das Sprachprogramm aktivieren will.

In Ferien zu fahren bedeutet, den Schutz des Hauses und der barmherzigen Lügen zu verlassen, sich klarzumachen, dass man eine vollkommen künstliche Daseinsform akzeptiert hat. In Piombino antwortet der neapolitanische Garageneinweiser auf mein »Ich bin behindert« mit: »Was geht mich das an?« Im Wesentlichen hat er ja recht. Hier auf Elba brauche ich bei jeder körperlichen Verrichtung Hilfe. Das Ideal von einer Rückkehr zur Natur wird zur Realität eines Lebens, das auf immer unnatürlichere Weise aufrechterhalten wird.

Die wahre Gefahr bei dieser Krankheit, vielleicht bei jeder Krankheit, ist, im Käfig des eigenen Egoismus eingesperrt zu sein. Seit zwei Tagen bin ich hier und merke, dass ich die ganze Zeit nie daran gedacht habe, dass Louises Vater vor kaum mehr als einer Woche gestorben ist. Am Telefon hatten wir lange darüber gesprochen, als ich mir in der schützenden Hülle meines Hauses noch den Luxus erlauben konnte, nicht nur an mich selbst zu denken, doch hier bin ich ständig von neuen, unerwarteten Problemen bedrängt und davon, dass ich jeder Selbstständigkeit beraubt bin. Die Badezimmertür ist zu eng für den Rollstuhl und den Rollator, ich muss mich von Giulio unter den Achseln hochheben und auf die Kloschüssel setzen lassen. Der Nachtstuhl im Schlafzimmer ist so gebaut, dass ich ihn nicht allein benutzen kann, nachts muss ich Giulio wecken, der im Zimmer nebenan schläft, und mir von ihm helfen lassen. Zwischen Küche und Veranda gibt es eine kleine, für mich unüberwindliche Stufe – jedes Mal, wenn ich hinausmöchte, muss ich um Hilfe bitten. Dann wurde extra für mich eine Rampe angebracht, aber sie ist zu steil; als ich versuchte, sie hinaufzufahren, wäre ich nach hinten umgekippt, wenn Giulio mich nicht blitzschnell aufgefangen hätte. Vom Strand gar nicht zu reden: Ich werde auf den Arm genommen und vom normalen Rollstuhl in den Strandrollstuhl gesetzt, eine Art Liegestuhl mit zwei großen gelben Schwimmrädern. Sie fahren mich unter den Sonnenschirm. Wenn die Sonne weiterrückt, muss auch mich jemand verrücken, sonst wird mir, bewegungslos der Sonne ausgesetzt, innerhalb von wenigen Minuten schlecht. Um zu baden, werde ich auf einem Spezialrollstuhl, der an eine Bahre erinnert, zum Meer geschoben – tum, tum, tum auf dem Sand, manche schauen dem seltsamen Schauspiel zu. Dann werde ich vom Stapel gelassen. Oh, bei der plötzlichen Kälte im Wasser zieht sich das Zwerchfell zusammen, ich bekomme keine Luft. Daraufhin versuchen wir es so, ich mache mich Stück für Stück nass, erst danach folgt das Eintauchen ins Wasser. Und ein Schock: Ich kann nicht mehr kraulen. Im Wasser habe ich kein Gleichgewicht mehr, die Beine sind zu schwach, um mich aufrecht zu halten, die Füße kommen nicht bis zum Sand hinunter, sie werden von den Beinen wieder nach oben gezogen und treiben leblos an der Oberfläche. Nur auf dem Rücken kann ich noch schwimmen. Niedergeschlagen von all diesen Entdeckungen, bringe ich kein Interesse für meine Freunde mehr auf. Ich rufe sie nicht an. Bis ich mich zusammenreiße und in meinem Herzen zu beten beginne, aus dieser schrecklichen Egoismus-Glocke befreit zu werden, die mich von der Welt trennt.

Aus Elba zurückgekehrt, inspiziere ich mit meinem elektronischen Rollstuhl das, was ich immer für meinen Garten gehalten hatte. Doch nun, da der Nahkampf mit der Erde zu Ende ist, bin ich nicht mehr sicher, ob das so stimmt: Ich stutze nichts, mache mir nicht die Hände schmutzig, trage keine Heckenschere am Gürtel. Ich schaffe es nicht mehr, mit dem linken kleinen Finger den Buchstaben a zu tippen. Ich gehe nicht mehr allein auf die Toilette und kann mich auch nicht allein in den Rollstuhl setzen. Wenn ich hinfalle und keiner da ist, der mir hilft, kann ich nicht mehr aufstehen. Ich bewohne einen immer weniger lebendigen Körper. Ich bin verrückt nach Bewegung. Ich werde nie mehr gehen können. So zu leben ist langweilig. Die, die mir helfen, sehen in mir die Füße, denen man Socken anziehen muss, die Hose, die man hochziehen und zumachen muss. Ich ertrinke langsam, und niemand kann mir einen Rettungsring zuwerfen. Die Tage verlaufen gleichförmig. Nicht ganz: Jeder nimmt ein bisschen Kraft weg. Werde ich in all dieser Trauer wieder Frieden finden? Oder spiegele ich vielleicht nur einen stürmischen Himmel wieder? Auch der Garten verkommt: Alles wächst wie wild, allmählich verschwindet die an sich schon zurückhaltende Gestaltung. Einziger Lichtblick: Vera kommt mich besuchen.

Eben ist Vera wieder nach London abgereist. In den wenigen Tagen, die wir miteinander verbracht haben, bin ich allmählich wieder zu mir gekommen. Nie habe ich mich dabei ertappt zu denken, wie schön, dass sie abreist. Ich hatte gar keine Eile, sie abreisen zu sehen. Vera, die als Kind die Augen schloss, sich die Ohren zuhielt und sagte, sie verstehe nichts, vielleicht sogar, sie wolle nichts verstehen – *ne ponemaju, ne ponemaju!* – ich verstehe nichts! –, wenn Großmutter Ivy ihr auf Englisch *Great Expectations* vorlas. Sie wollte ihr nicht gleichen, wollte eine Bäuerin sein wie ihre Kinderfrau. Keinerlei Schlauheit bei Vera. In ihrer Kindheit sagte ihre Schwester Masha zu ihr: Du bist blöd! Und Vera glaubte, zurückgeblieben zu sein, aber das Gleiche dachte Masha auch von sich selbst. Vera mit ihren Jeans und den zerlöcherten T-Shirts. Niemand rührt mich so wie Vera. Ihr *ne ponemaju* ist mir näher als die Effizienz der Menschen, die immer »fit« sind. In ihrem *ne ponemaju* erkenne ich mich wieder, meine Verwirrung angesichts von Herzlosigkeit, angesichts all dessen, was unpersönlich und kalt, schlau und unbarmherzig ist.

Ne ponemaju ist eine Absage an eine Intelligenz, die glaubt, sie könne auf Güte, Zuneigung, auf die Animalität Macchias, auf ihre Wärme und Fröhlichkeit verzichten. *Ne ponemaju* ist die Entscheidung für eine andere Art von Verstehen, Durst nach Nicht-Wissen, der bedeutet, das Herz leer zu halten, unbelastet von irgendwelchem Kram, nur voll von Liebe.

Eines Abends, als wir draußen am Steintisch saßen und ich sagte, bei Einbruch der Dämmerung würde ich mir immer wünschen, dass sie nie zu Ende geht, und dann, wenn es Nacht ist, würde ich am liebsten nie ins Haus zurück, ins Geschlossene, ins Bett gehen wollen, sagte Vera diese Verse von Stevenson für mich auf:

Bed in Summer

In winter I get up at night
And dress by yellow candle-light.
In summer quite the other way,
I have to go to bed by day.

I have to go to bed and see
The birds still hopping on the tree,
Or hear the grown-up people's feet
Still going past me in the street.

And does it not seem hard to you,
When all the sky is clear and blue,
And I should like so much to play,
To have to go to bed by day?

Bett im Sommer

Im Winter steh ich auf im Dunkeln
und zieh mich an beim Kerzenfunkeln.
Im Sommer, wer soll das verstehn,
muss ich bei Tag ins Bett schon gehn.

Ich muss ins Bett und glaub es kaum,
die Vögel hüpfen noch im Baum.
Von draußen dringt der Schall von Füßen
der Großen, die nicht schlafen müssen.

Der Himmel hell, ganz blau und hoch,
ich würd so gerne spielen noch.
Sagt selbst: Leicht ist es wirklich nicht,
ins Bett zu gehn bei Tageslicht. (13)

Quellenangaben

(1) Emily Dickinson, »Noch sagt ich meinem Garten nichts«. Aus: Sämtliche Gedichte, zweisprachig, übersetzt, kommentiert und mit einem Nachwort von Gunhild Kübler, Hanser 2015. Abdruck mit freundlicher Genehmigung des Verlags.

(2) Teodor Cerić, »Éden et Gethsémani: le jardin de Derek Jarman«, in Jardins, Paris, 27.8.2015

(3) Derek Jarman, Modern Nature: The Journals of Derek Jarman, London 1991

(4) Derek Jarman, Chroma: A Book of Colour, London 1994

(5) Pavel Florenskij, Der Pfeiler und die Grundfeste der Wahrheit, Zehnter Brief: sophia, kontextverlag, Berlin, übers. Nikolai von Bubnoff, zitiert nach www.kontextverlag.de

(6) Leopardi, Das Gedankenbuch. Aufzeichnungen eines Skeptikers. Auswahl und übersetzt von Hanno Helbling. Mit einem Nachwort von Alice Vollenweider. Winkler Verlag, München 1985

(7) Alexander Puschkin, Die Gedichte. Hrsg. von Rolf D. Keil. Aus dem Russischen von Michael Engelhard. Insel Verlag, Frankfurt am Main 2003

(8) Wisława Szymborska, »Es gibt kein solches Leben«. Aus: Auf Wiedersehen. Bis morgen. Gedichte. Ausgewählt und übertragen von Karl Dedecius. Suhrkamp Verlag, Frankfurt am Main 1995. Abdruck mit freundlicher Genehmigung des Verlags.

(9) Fjodor Dostojewskij, Die Brüder Karamasow, übersetzt von Swetlana Geier. Amman Verlag, 2003. Ausgabe Fischer Taschenbuch 5. Auflage. Abdruck der Textstelle mit freundlicher Genehmigung des Verlags.

(10) Irvin D. Yalom, Die Reise mit Paula. btb, München 2010

(11) Robert Frost, Gedichte. Hrsg. von Eva Hesse. Langewiesche-Brandt, Ebenhausen 1963

(12) Giacomo Leopardi, Das Unendliche, in: Gedichte und Prosaschriften. Übers. von Paul Heyse, Berlin: Verlag von Wilhelm Hertz, 1889. Herausgegeben von Karl-Maria Guth, Berlin 2017

(13) R.L. Stevenson, Mein Bett ist ein Boot. Der Versgarten eines Kindes. Übersetzt von Klaus Modick. Lappan Verlag, Oldenburg 2002